D1684012

ÜBERETSCH UND UNTERLAND
ALTER WEIN UND STOLZE SCHLÖSSER — 122
- 124 Eppan – Schlösser und Weindörfer in einem Meer von Reben
- 128 Kaltern und der Kalterer See
- 132 *Die Weinkönige – ein Leben zwischen Moderne und Tradition*
- 134 Tramin und sein Gewürztraminer
- 136 Kurtatsch, Margreid, Kurtinig – ruhiges Dreigestirn im tiefen Süden
- 138 Bis zur Salurner Klaus' – das Etschtal unterm Regglberg
- 139 *Castelfeder – rätselhafte Ruinen am Rabenkofel*
- 140 Naturpark Trudner Horn

LADINIEN
WO DIE DOLOMITEN DEN HIMMEL BERÜHREN — 142
- 144 Die Festung Ladinien – rund um den Sellastock
- 146 »Sellaronda« – das längste Skivergnügen der Welt
- 148 Gröden – kein Berg ohne Lift
- 152 *Gröden – das Tal der Herrgottschnitzer*
- 154 Gadertal – Zentrum ladinischer Kultur und Lebensart
- 156 Die »Viles« – Wandern im Tal der Mühlen
- 158 Willkommen in Alta Badia

EISACKTAL UND WIPPTAL
WO DIE KAISER GEN SÜDEN ZOGEN — 160
- 162 Klausen – das Dürerstädtchen
- 166 Eisacktaler Sonnenhang – Kultstätte, Kaiserweg und drei Kirchen
- 168 Villnöss – grünes Tor der grauen Geisler
- 170 Brixen – Bischofsstadt ohne Bischof
- 174 *Kloster Neustift – Ziel für Kunstkenner und Weinbeißer*
- 176 Franzensfeste und Sachsenklemme
- 178 Sterzing und die Silberlinge
- 180 Die Sterzinger Seitentäler: Pfitsch, Ridnaun, Ratschings
- 184 Vom Brenner bis Gossensass
- 185 *Brenner – wieder eine Grenze*

PUSTERTAL
DAS GRÜNE TAL HINTER DEN BERGEN — 188
- 190 Das untere Pustertal von der Mühlbacher Klause bis Bruneck
- 192 Bruneck – Stadt Michael Pachers
- 194 *Landadel, Kleinhäusler und Bauernstand – das Volkskundemuseum Dietenheim*
- 196 Das Tauferer Ahrntal – steile Hänge, wilde Wasser
- 200 Antholzer Tal – Wanderparadies für jede Jahreszeit
- 202 Welsberg und das Gsieser Tal
- 204 Das Hochpustertal: von Prags in die Sextner Dolomiten
- 205 *Der Zauber der Drei Zinnen*

SÜDTIROL KOMPAKT
ALLES AUF EINEN BLICK — 208
- 210 Die Geschichte Südtirols im Zeitraffer
- 214 Südtirol von A bis Z
- 216 Veranstaltungen im Jahreslauf
- 221 Register
- 224 Impressum/Bildnachweis

Vinschgau

Meran und
Burggrafenamt

Eisacktal und Wipptal

Überetsch und Unterland

SÜDTIROL

Pustertal

Vorwort

Ich darf mich wohl als Glückspilz bezeichnen. Schließlich lebe ich dort, wo andere gern ein Leben lang Urlaub machen möchten: in Südtirol. Ich staune über voreilige Frühlingsboten, während die Winterkälte den Rest Europas noch fest im Griff hat. Ich sitze in der Sonne und lese verwundert in der Zeitung, dass nördlich der Alpen frostige Herbststürme toben. Ich lebe in einem Land, das der liebe Gott mit so viel Natur ausgestattet hat, dass es den Menschen noch nicht gelungen ist, allzu viel Schaden anzurichten. Vielleicht aber ist der Grund auch der, dass in einem Bauernland die Menschen mit ihrem Lebensraum respektvoll umgehen und in einem Gebirgsland dem Wirtschaftsdenken ab einer bestimmten Höhe natürliche Grenzen gesetzt sind. Ein Glücksfall für Südtirol. Die politischen Grenzen sind indes längst durchlässig geworden. Auch das ein Glücksfall für das Land an Etsch und Eisack. Es ist ein Anliegen dieses Buches, Südtirol als Ferienland mit hohem Freizeitwert vorzustellen. Es soll den Lesern aber auch die Menschen und Eigenheiten näher bringen, die Geschichte und Kultur eines uralten Durchzugslands, seine zweisprachige Realität. Aus dem einstigen Problemkind wurde ein Muster- und Ferienland. Lernen Sie es kennen und lieben.

Robert Asam

Robert Asam
Autor des Buches

Rund um Bozen

Ladinien

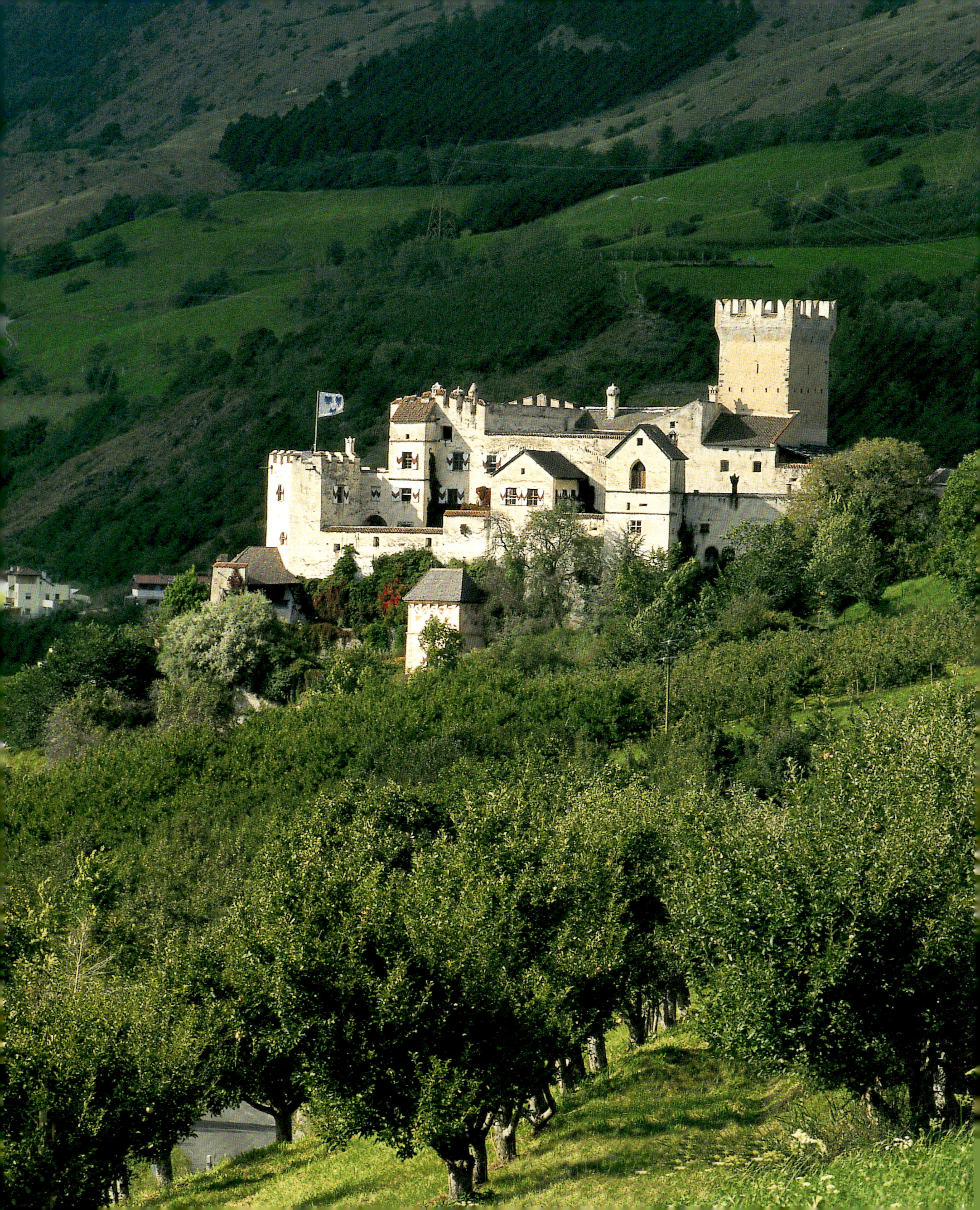

Tor zum Süden

Am Schnittpunkt zweier Kulturen – hier vermischen sich alpine Tradition und mediterrane Leichtigkeit. Wir sind schon ein bisschen in Italien, aber noch nicht ganz. Südtirol ist eine seltsame Mischung, geprägt von zwei Kulturen, die unterschiedlicher nicht sein können. Wer an Südtirol denkt, hat Bilder im Kopf. Sonnenbilder, Bergbilder, Bilder von fruchtigen Trauben und rot-goldenen Äpfeln. An steilen Hängen kleben Bauernhöfe, die – wohlgemerkt – bewirtschaftet werden. Auf Felsen thronen stolze Schlösser. All dies macht den Reiz des Landes aus.

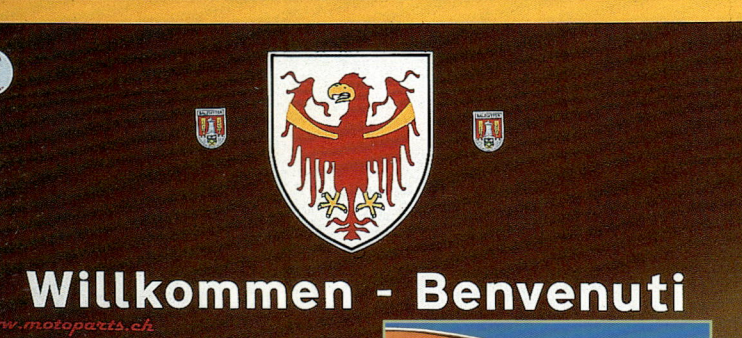

Churburg in Schluderns
»Tue recht und fürchte niemand«, lautet der Wahlspruch der Grafen von Trapp. Wovor sollten die Burgherren hinter solchen Mauern auch Angst haben?

TOR ZUM SÜDEN

AM SCHNITTPUNKT ZWEIER KULTUREN

Urlaubsland Südtirol – wie geschaffen zum Sonne-Tanken

Wandern, Kunst und Kultur, gut essen und trinken, in der Sonne sitzen – das ist Urlaub in Südtirol.

Die »Brennende Lieb'« …
… wie die Geranien südlich des Brenners genannt werden, gehört zu Südtirols Bauernhöfen wie das Ei zur Henne.

Ganz Europa wird von Herbststürmen geplagt. Nirgendwo auch nur der leiseste Hauch eines Altweibersommers. Ganz Europa? Nein, ein kleiner Fleck an der Südseite der Alpen trotzt erfolgreich Regen, Wind und Kälte. Normalerweise beginnen die Abenteuer von Asterix und Obelix auf diese Weise. Genauso, wie Cäsars römische Legionen erfolglos immer wieder gegen das kleine Dorf in Gallien anrennen, verliert fast jede Schlechtwetterfront vor den Toren Südtirols an Kraft und Wirkung. Petrus meint es gut mit dem Land an Etsch und Eisack. Milde Winter mit viel Sonne, die zum Skifahren einladen, Frühlingstage zwischen Apfelblüte und Firn, im Sommer Bergsteigerwetter und der Herbst ein verlässlicher Partner im Kampf gegen den ersten Schnupfen und winterliche Melancholie.

Refugium für Sonnenhungrige

Wenn man nun von all dem die üblichen Übertreibungen der Fremdenverkehrswerbung abzieht, bleiben immer noch genügend Sonnentage übrig: Sie erklären, warum Südtirol auch in einer Zeit, in der es schick und reizvoll ist, eben mal schnell mit dem Flugzeug um die halbe Welt zu düsen, nichts von seiner Anziehungskraft verloren hat. Wo außer in der Südsee könnte es sich ein Fremdenverkehrsort leisten, seinen Gästen eine Schönwettergarantie anzubieten? Schlanders im Vinschgau hat sich den Luxus eine Zeit lang als Werbegag geleistet. Den Gästen wurden Regentage nicht berechnet. Kein Gastwirt in Schlanders musste deshalb Konkurs anmelden.

An Tagen, an denen Bozen wieder einmal rekordverdächtige Temperaturen anbietet, locken Kalterer oder Montiggler See zum Baden oder die Hochtäler in den Naturparks zum Wandern. Im Frühling und Herbst sind es die Mittelgebirgslandschaften, die zu gemütlichen Spaziergängen einladen. Entlang der Etsch und der Passer, an Rienz und Eisack treffen sich die Radwanderer. Und im Winter kommen nicht nur diejenigen auf ihre Kosten, die mit knappen Wedelschwüngen die Pisten hinunterflitzen wollen. Ein Langlauftag auf der Seiser Alm, im Gsieser oder Antholzer Tal, eine Skitour im Obervinschgau bieten einzigartige Naturerlebnisse.

Natürlich regnet es auch in Südtirol. Natürlich pfeift auch hier der Wind an manchen Tagen ziemlich heftig, und natürlich schimpfen auch die Südtiroler manchmal über ein »Sauwetter«. Aber eben seltener als anderswo. Der Alpenhauptkamm schirmt Südtirol ab und hält kalte Nordwinde und die berühmt-berüchtigten Atlantiktiefs wie ein Schutzschild fern. Nach Süden hin öffnet sich das Land der Sonne. Da kommt es dann schon ab und zu vor, dass Bozen im Juli oder August die heißeste Stadt Italiens ist.

Aber, und das ist der zweite Pluspunkt dieses Landes: Wem es in der Talsohle zu heiß ist, der flüchtet in die Sommerfrische der höheren Lagen. Anders ausgedrückt: Die vielfältigen Landschaftsformen Südtirols ermöglichen eine entsprechend flexible Urlaubsgestaltung. Aktive Erholung ist angesagt, und zwar nicht nur für ausgesprochene Action-Freaks, die sich beim Mountainbiken oder an überhängigen Felswänden austoben wollen. Im Gegenteil, Südtirol ist eher ein Urlaubsland für gemäßigtere Charaktere, die in gemächlichem Tempo Kultur und Landschaft genießen.

Harmonie der Gegensätze

Diese Vielfalt spiegelt sich auch in der Vegetation wider. Die Übergänge sind fließend und gehen von den ausgedehnten Obstplantagen, Rebhängen, Laub- und Mischwäldern bis hinauf zu den Gletschern der Dreitausender. Zypressen und Zirben, Oleander und Alpenrosen, Sonne und Eis. Doch nichts ist Gegensatz in diesem Land an der Alpensüdseite. Kontraste lösen sich auf, Grenzen verschwimmen, ein harmonisches Landschaftsbild entsteht. Stefan Zweig hat bei einem seiner Aufenthalte auf Schloss Labers in Meran diese »Harmonie der Gegensätze« beschrieben: »... alle diese

Liebe zum Detail
Es gibt kaum eine Südtiroler Ortschaft, die sich in den letzten Jahren nicht herausgeputzt hat. Die Fassaden der Bürgerhäuser und Ansitze verraten viel über Geschichte und Wohlstand des Landes.

Der rote Adler
Die älteste Darstellung des Südtiroler Wappentiers findet man auf Schloss Tirol in Meran.

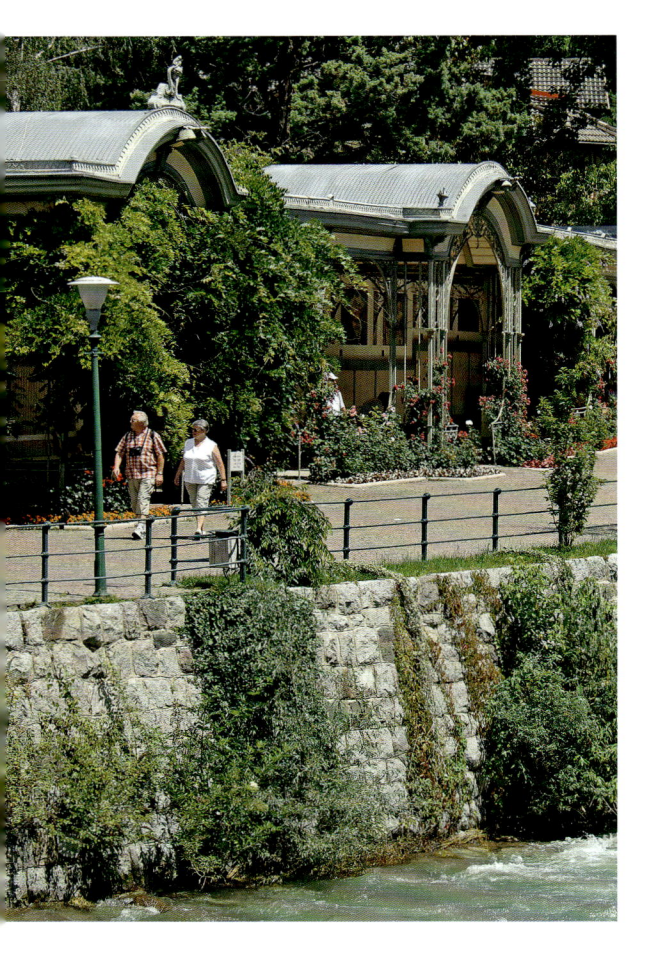

TOR ZUM SÜDEN
AM SCHNITTPUNKT ZWEIER KULTUREN

scharfen Kontraste gleiten sanft ineinander, selbst das Feindlichste scheint hier gesellig und vertraut.«

Ein wenig helfen die Südtiroler aber schon nach, um der Schwärmerei Grenzen zu setzen. Schwarze Netze, als Schutz vor dem Hagel über Obstbäume gespannt werden, versperren zunehmend den Blick auf das satte Grün der Obstwiesen im Tal. Türmchenbewehrte Kitsch-Hotels gefallen sich im Disneylandstil und prägen manches Dorfbild. Übereifrige Katastrophenschützer verbauen auch das letzte harmlose Rinnsal. All das holt einen auf den Boden der Tatsachen zurück. Ein gottgesegnetes Land, aber halt doch von dieser Welt.

Das Überangebot an unberührter Natur und schönen Landschaften lässt Sünden weniger verwerflich erscheinen. Und so verzeiht man es den Bauern, wenn sie ihre Apfelernte vor walnussgroßen Hagelkörnern retten möchten, und lässt den Hoteliers ihre architektonischen Träume durchgehen, kopfschüttelnd zwar, aber doch in der berechtigten Hoffnung, dass sich früher oder später doch wieder die Einsicht durchsetzt, dass weniger mehr ist.

Reiche Vergangenheit

Doch zum Schauen und Staunen gibt es zum Glück anderes. Kein Wanderweg, der nicht an mehreren historisch oder kunsthistorisch bedeutsamen Bauwerken vorbeiführt. Rund 7400 Quadratkilometer ist Südtirol groß. 85 Prozent dieser Fläche liegen auf mehr als 1000 Meter Meereshöhe. Und innerhalb dieses doch begrenzten Raumes trifft man auf rund 300 Schlösser, Burgen und Ansitze sowie auf unzählige Kirchen und Sakralbauten. Keine Region Europas kann mit einer derartigen Dichte an historischen Baudenkmälern aufwarten, was nicht zuletzt der Bedeutung Südtirols als Durch-

An der Meraner Kurpromenade
Vor Wind und Wetter geschützt flanieren, dafür wurde die Wandelhalle als Jugendstil-Schmuckstück vor rund 150 Jahren gebaut.

Schloss Sigmundskron
Seit 2006 beherbergt die Festung vor den Toren Bozens das Messner Mountain Museum Firmian.

Schloss Sigmundskron

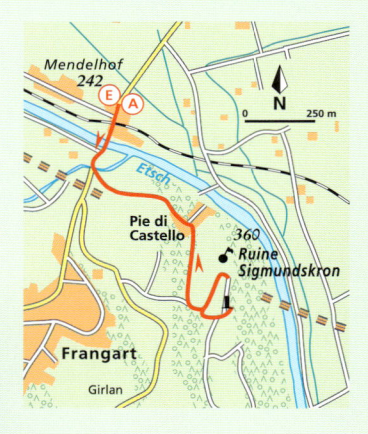

Nicht weit von Bozen entfernt thront das mächtige Schloss Sigmundskron majestätisch auf einem steilen Porphyrfelsen. Weithin sichtbar beherrscht die wohl imposanteste Südtiroler Burg den Bozner Talkessel. Bereits im Jahr 945 wurde Sigmundskron als *Formicaria* erstmals urkundlich erwähnt. Damit ist sie nachgewiesenermaßen eine der ältesten Burgen im gesamten Tirol.

Eine abwechslungsreiche einstündige Wanderung zum Schloss Sigmundskron (130 Höhenmeter) beginnt am Bahnhof Sigmundskron. Vom Mendelhof gelangen wir über eine Brücke über die Etsch und verlassen nach etwa 100 Metern die Bozener Straße linker Hand. Anschließend geht es den Wanderweg 1 entlang in Richtung Schloss. Ein schöner Promenadenweg führt schließlich bis zum Eingangstor der imposanten Burganlage, die heute als beeindruckender Sitz des sehenswerten Messner Mountain Museum Firmian dient.

Am Torturm begrüßt den Eintretenden das Wappen von Erzherzog Sigmund (1427–1496). Er gilt als Vater der modernen Festung, deren höchster Punkt der Chorturm der romanischen Stephanskapelle ist.

Beim Parkplatz des Messner Mountain Museum beginnt der Waldweg, der durch die schönen Laubwälder des Kaiserbergs führt. Von dort hat man einen weiten Blick auf die Weinberge von Frangart und Girlan. Der Rückweg entspricht dem Hinweg.

gangsland zuzuschreiben ist. Schon die Römer haben den Weg durch die Region nach Norden genommen, die deutschen Kaiser später in die umgekehrte Richtung, und seit nunmehr mehr als fünf Jahrzehnten sind es Sonnenhungrige, die den Brenner wieder Richtung Süden überqueren.

Wer die Geschichte nacherleben will, begebe sich zu Schloss Tirol, zur Ruine Sigmundskron, in die Churburg, in die Klöster Neustift oder Marienberg, ins kleine Kirchlein St. Prokulus bei Naturns, um nur einige steinerne Zeugen europäischer und damit auch Südtiroler Geschichte zu nennen. Seit der Auffindung der Gletschermumie vom Hauslabjoch, die unter dem Spitznamen »Ötzi« zu Weltruhm gelangte, wurde diese Geschichte um ein gewichtiges Stück erweitert und vertieft. 5200 Jahre Siedlungsgeschichte sind heute im neuen Archäologiemuseum in Bozen dokumentiert.

Ein angenehmes Klima, eine vielfältige Landschaft, ein breites Angebot an Kultur – und das alles sozusagen vor der Haustür. Wen wundert es angesichts dessen, dass Südtirol als das Urlaubsland schlechthin gilt?

Am Toblacher See

Hier ist der Sommer wie im gesamten Hochpustertal nur kurz. Doch seinen Reiz verliert der kleine Dolomiten-See auch im Winter nicht.

TOR ZUM SÜDEN
AM SCHNITTPUNKT ZWEIER KULTUREN

Vom Freiheitskampf zum Faschismus – die jüngere Geschichte Südtirols

Die wechselvolle Geschichte Südtirols der vergangenen 200 Jahre begleitet einen auf Schritt und Tritt.

Die Tiroler sind ausgesprochene Sturschädel und nicht leicht unterzukriegen. Nur so lässt sich erklären, dass die Tiroler südlich des Brenners heute noch existieren. Sie haben Napoleon getrotzt, verloren und überlebt. Sie haben hundert Jahre später mit Österreich den Ersten Weltkrieg verloren, mussten das Vaterland gegen eine faschistische Diktatur eintauschen und haben schließlich auch dieses Schicksal gemeistert. Es war immer etwas Glück dabei, viel Gottvertrauen und eben dieser ausgeprägte Selbstbehauptungswille, der Bergvölkern eigen ist.

Und wie alle Gebirgler sind die Tiroler ein geduldiges Volk. Nur 1809 waren sie mit ihrer Geduld am Ende. Schuld waren die Bayern. Österreich, schwer geschlagen, musste im Frieden von Preßburg am 26. Dezember 1805 die Grafschaft Tirol an das mit Napoleon verbündete Bayern abtreten. Entgegen allen Versprechungen wurden die Steuern erhöht und – weit schlimmer – die alte Tiroler Verfassung außer Kraft gesetzt. Vergeblich erinnerten die Tiroler an das Versprechen von König Max I. Joseph, ihre Landesverfassung zu respektieren. Der Name Tirol wurde beseitigt, die jungen Männer für das bayerische Heer rekrutiert. Und weil der aufgeklärte Absolutismus in krassem Gegensatz zum religiösen Leben und Brauchtum in Tirol stand, hatten die Bayern für die Tiroler Lebensart kein Verständnis.

Aufstand der Bauern

Das Gefühl, die neuen Herrscher hätten nur ein Ziel, nämlich die Tiroler mit allen Mitteln zu Bayern zu machen, führte Anfang 1809 zum Bauernaufstand. Im Glauben, das mittlerweile wieder aufgerüstete Österreich würde im Notfall zu Hilfe eilen, griffen die Tiroler zu den Waffen. Eine geordnete Armeeführung hatten sie nicht, aber einen Anführer, nämlich den Passeirer Gastwirt und Viehhändler Andreas Hofer. Trotzdem gelang es

Ein bisschen Robin Hood …
… war Andreas Hofer allemal. Gerecht und tugendhaft, denn auch das Tanzen ließ der neue »Ober-Kommandant von Tyrol« verbieten.

Für Gott, Kaiser und Vaterland
Am Denkmal Andreas Hofers in Meran werden auch heute noch alljährlich Gedenkfeiern abgehalten.

ihnen, die Bayern innerhalb eines Monats zweimal aus Innsbruck und damit aus Tirol zu vertreiben. Nach dem Waffenstillstand von Znaim am 12. Juli 1809 zwischen Österreich und Frankreich sahen sich die Tiroler erneut unter fremder Herrschaft. Der französische General Lefebvre wollte von Innsbruck aus auch den südlichen Teil Tirols wieder unter Kontrolle bringen. Der Tiroler Freiheitskampf ging weiter: In Kämpfen um die Lienzer Klause im Osten, an der Pontlatzer Brücke bei Landeck im Westen und im Eisacktal fügten die Bauernsoldaten dem Feind schwere Niederlagen zu. Franzosen und Bayern zogen sich nach Innsbruck zurück. Am 13. August kam es zur dritten Schlacht am Bergisel. 15 000 Schützen waren diesmal dem Ruf Andreas Hofers gefolgt. Die Kämpfe dauerten zwei Tage. Dann war Innsbruck befreit und Tirol wieder Tirol.

Allerdings war das Land jetzt ganz auf sich allein gestellt und Andreas Hofer als politischer Verwalter überfordert. Die Innsbrucker Bürger waren auch nicht gerade angetan vom Bauernregiment, das ihre Stadt befehligte und einen antiliberalen, radikalkonservativen Kurs steuerte. Am 4. Oktober erhielt Hofer aus Wien eine Ehrenkette des Kaisers und Geld, um die Verteidigung zu organisieren. Zehn Tage später kam die Meldung vom Friedensschluss in Schönbrunn. Niemand in Tirol wollte glauben, dass der österreichische Kaiser das Land erneut ausgeliefert hatte. Doch schon am Tag des Friedensabkommens hatte Napoleon befohlen, Tirol zu unterwerfen. Es gab auch konkrete Friedensangebote, die Andreas Hofer zuerst akzeptierte, dann aber – auf Drängen der Fanatiker um den Kapuzinerpater Haspinger – wieder zurückwies. Damit

Die Schlacht am Bergisel
Die Tiroler Freiheitskriege anno 1809 waren ein bevorzugtes Motiv des Malers Franz Defregger (1835–1921). Auf diesem Bild führt der fanatische Kapuzinerpater Joachim Haspinger das Tiroler Bauernheer gegen die Franzosen ins Feld.

TOR ZUM SÜDEN
AM SCHNITTPUNKT ZWEIER KULTUREN

Der besondere Tipp

Doku-Zentrum Siegesdenkmal

Urgeschichte, Mittelalter, Freiheitskriege, Entwicklung des Tourismus – Südtirols Vergangenheit wird in seinen Museen umfassend nachvollzogen, nur in der Aufarbeitung der Zeit zwischen 1919 und 1945 klaffte bislang eine Lücke. Seit 2014 wird auch dieses Kapitel aufgearbeitet. Ausgerechnet in der Krypta des umstrittenen Siegesdenkmals in Bozen erzählt die Ausstellung »BZ '18-'45: ein Denkmal, eine Stadt, zwei Diktaturen« von der faschistischen Unterdrückung, der Südtiroler Option 1939 und ihren Folgen. Die Wahl des Ortes war mutig, empörten sich doch deutsche Patrioten über die »Aufwertung des Faschistentempels«, italienische Rechte über die »Entweihung des Denkmals«. Tatsächlich wurde der von dem Architekten Marcello Piacentini entworfene Marmorkoloss regelrecht entzaubert. Das Absperrgitter, das vor Anschlägen schützen sollte, wurde entfernt. Das Monument ist nun offen zugänglich. Um eine der Säulen mit den Liktorenbündeln verläuft in roter Laufschrift der verkürzte Titel der Ausstellung: »BZ '18-'45«. Eine kleine banale Manschette verändert den Blickwinkel: Wie weggeblasen ist alles Furcht einflößende, Neugierde kommt auf. Wer den Gang unter die Erde wagt, lernt in 15 Räumen die Geschichte des Denkmals, Bozens und Südtirols zwischen 1918 und 1945 kennen.

Römische Wölfin
Die Macht Roms reicht in Südtirol nicht mehr bis zum Brenner, sondern höchstens bis nach Salurn.

war das Schicksal der Tiroler Freiheitskämpfer endgültig besiegelt.

Die Bauern hatten über ein halbes Jahr Höfe und Familien vernachlässigt, waren kriegsmüde und verarmt. Hofer musste flüchten und versteckte sich auf einer Alm im Passeier. Einer seiner ehemaligen Mitstreiter verriet ihn an die Franzosen. Napoleon lehnte eine Begnadigung des Bauernführers ab und ordnete dessen Hinrichtung an. Der Befehl wurde am 20. Februar 1810 in Mantua vollstreckt. Seither besingen die Südtiroler alljährlich bei den Hofer-Gedenkfeiern das Schicksal ihres Helden: »Zu Mantua in Banden der treue Hofer starb ...«

Die bayerisch-französische Herrschaft dauerte noch bis 1814. Nach Napoleons Niederlage beharrte Österreich auf der Rückkehr Tirols. Doch ungeachtet dessen gab es keine Rückkehr zur alten Tiroler Verfassung. Insofern war die weitgehende Selbstständigkeit der »gefürsteten Grafschaft Tirol« nun endgültig Geschichte.

Südtirol wird italienisch

Es sollte genau 100 Jahre dauern, bis mit Beginn des Ersten Weltkriegs das zweite Unglück in der Geschichte Tirols seinen Lauf nahm. Als nach Kriegsende die Donaumonarchie endgültig zerbrochen war, machte Italien mit Hinweis auf die strategisch wichtige Brennergrenze Rechte auf Südtirol geltend. Der amerikanische Präsident Woodrow Wilson hatte zwar in seinen 14 Punkten zur Friedensordnung in Europa erklärt, dass »eine Berichtigung der Grenze Italiens nach den klar erkennbaren Linien der Nationalität durchgeführt werden soll«, hielt sich aber ein Jahr später bei den Verhandlungen nicht mehr an seine eigene Regel. Die Italiener mussten auf Dalmatien verzichten und sollten mit Südtirol entschädigt werden.

Bei der Unterzeichnung des Vertrages von Saint Germain bei Paris am 10. September 1919 wurde der südliche Teil Tirols Italien zugesprochen. Zwei Jahre später begann der faschistische Terror. Die deutschen Bürgermeister wurden ihres Amtes enthoben und mit faschistischen »Podestá« ersetzt. Italienisch wurde zur einzigen Amts- und Gerichtssprache erklärt. Im März 1923 wurden die deutschen Ortsnamen verboten. Südtirol hieß von nun an nur mehr »Alto Adige«, auf Deutsch: Ober- oder Hochetsch.

Ziel des Regimes in Rom war es, aus dem ehemals österreichischen ein italienisches Grenzland zu machen. Der Architekt der Italianisierung Südtirols war Ettore Tolomei. Seine pseudowissenschaftlichen Thesen hatten unter Mussolini amtlichen Charakter erhalten. Deutsche Schulen wurde verboten, deutsche Familiennamen übersetzt oder mit italienischen Endsilben ausgestattet.

Auch äußerlich sollte Südtirol italienisch werden. Die pompösen Bauten, Bögen und Lauben rund um das Bozner Siegesdenkmal sind ein Beispiel dafür. Das Denkmal selbst ist heute noch ein Beispiel für das Machtdenken der damaligen Herrscher. In lateinischer Sprache wird verkündet, man habe »den Barbaren Sprache, Gesetzgebung und Kunst gebracht«. Was der Faschismus Südtirol mit Sicherheit gebracht hat, ist großes Leid und eine schmerzhafte Zerreißprobe innerhalb der Bevölkerung. Mit dem zwischen Adolf Hitler und Benito Mussolini 1939 geschlossenen Umsiedlungsabkommen mussten sich die Südtiroler entscheiden, ob sie italienische Staatsbürger bleiben oder deutsche Staatsbürger werden wollten.

Das Walther-Denkmal in Bozen
Den Minnesänger Walther von der Vogelweide beanspruchen die Südtiroler für sich, obwohl dessen Spuren in viele Länder führen.

Land Rang und Namen hat, maßregelt Grüne und Umweltschützer als Fortschrittsverhinderer und ist also nur mehr Millimeter vom Heldenstatus entfernt und damit auf einer Höhe mit seinem alpinen Vorgänger Luis Trenker.

Die modernen Helden sind im Sport und im Showbusiness daheim. Wehe, wenn deutsche Sportreporter Südtirols Skirennfahrer oder Rodler als Italiener bezeichnen. Der Italiener Innerhofer oder Zöggeler, um Himmels willen! Und ein bisschen beleidigt ist man schon, dass das ZDF »Wetten, dass …« absetzt, obwohl da ein Südtiroler die Gastgeberrolle spielte. Markus Lanz ist trotzdem ein guter Werbebotschafter für das Land an Eisack, Etsch und Rienz. Eine Straße oder ein Platz wird gewiss nach ihm benannt. Irgendwann.

gelebt hätte. Er ist eben auch ein Revoluzzer. Sagt, was er denkt, und sorgt für manchen Wirbel. Und so steht er mit einem Bein im Lager der Helden, weil er ja schließlich der weltbeste Bergsteiger ist. Mit dem anderen steht Messner im Lager der Antihelden, betont er doch: »Meine Fahne ist mein Taschentuch!« Mit einer solchen Aussage entspricht er nicht ganz dem Idealbild, das die Südtiroler von ihren Helden haben. Schließlich marschieren hierzulande in jedem Dorf Hunderte hinter einer Fahne her, sobald sich eine Gelegenheit dazu bietet.

Mittlerweile ist Abgeklärtheit spürbar. Der Extrembergsteiger beglückt sein Land mit großartigen Museen, lobt alles, was im

Familiensache
Reinhold Messner mit Tochter Magdalena im Garten von Schloss Juval, Sitz des MMM Juval. Die Burg ist auch der Sommerwohnsitz der Familie Messner.

TOR ZUM SÜDEN

AM SCHNITTPUNKT ZWEIER KULTUREN

Feste, Fahnen und Folklore – die Reste vom heiligen Land Tirol

Farbenfrohe Feste sind die beste Gelegenheit, um die Sonntagstracht auszuführen.

Die Schützenkompanie hat Fahnenweihe. Die Musikkapelle führt den Festzug durchs Dorf bis vor die Kirche an. Die Freiwillige Feuerwehr sorgt für Ordnung und weist Besucher zu den Parkplätzen. Die italienischen Gendarmen, die Carabinieri, halten sich im Hintergrund. Das ganze Dorf ist auf den Beinen, was niemanden verwundern muss, weil jeder entweder bei den Schützen, bei der Musikkapelle oder bei der Feuerwehr ist.

Manch einer muss sich an diesem Sonntag entscheiden, denn in der Regel ist man(n) ein musizierender Feuerwehrmann oder ein Schütze, der bei Feueralarm ins Spritzenhaus eilt oder alles zusammen. Und die jüngeren Schützen, Feuerwehrmänner und Musikanten müssen am Nachmittag zudem ein Fußballspiel gegen das Nachbardorf bestreiten, weil es den Sportverein ja auch noch gibt.

Ein langer Atem für die Tuba
Die Tuba ist ein fester Bestandteil jeder Blaskapelle.

Oswald-von-Wolkenstein-Ritt
Bei den mittelalterlichen Turnierspielen zu Ehren des Dichters und Minnesängers bildet der Torritt unterhalb von Schloss Prösels den krönenden Abschluss.

Und die Frauen? Sie fungieren zum Beispiel als Fahnenpatin, die wichtigste Person an diesem Sonntag. Das gilt auch, wenn der Pfarrer das neue Feuerwehrfahrzeug segnet. Dann braucht es eine Fahrzeugpatin – für eine solche Ehre ist übrigens eine ansehnliche Geldspende fällig. Und an der Seite der Schützen marschieren die Marketenderinnen. Nun könnte man dies alles als schmückendes Beiwerk abtun, also werfen wir einen Blick auf die Musik. Kapellmeisterinnen sind längst keine Seltenheit mehr, genauso wenig wie Frauen bei den Feuerwehren. Im Februar 2015 fiel dort die letzte reine Männerbastion: Bei der Freiwilligen Feuerwehr Burgeis übernahm eine Frau das Kommando, weil die männlichen Mitglieder sie in dieses Amt wählten. Einstimmig! Es hat sich seit Andreas Hofers Zeiten doch einiges geändert im heiligen Land Tirol.

Nach altem Brauch

Das oben geschilderte Szenario gilt für jedes Südtiroler Dorf. Dorf, wohlgemerkt, nicht Gemeinde. Denn in jeder Gemeinde gibt es in jedem Ortsteil ... siehe oben! Das ist auch der Grund, weshalb Südtirol weit mehr als 200 Musikkapellen hat, aber nur 116 Gemeinden, oder Meran beispielsweise sechs Freiwillige Feuerwehren. Das ausgeprägte Vereinswesen ist das Ein und Alles der Dorfgemeinschaften. Ohne diesen Zusammenhalt und den freiwilligen Arbeitseinsatz gäbe es viele große Feste und Veranstaltungen nicht. Nicht von den unzähligen Wiesen-, Dorf- oder Zeltfesten ist die Rede, die einzig und allein dazu dienen, die Vereinskassen aufzufüllen, sondern von Ereignissen wie etwa dem Wolkenstein-Ritt im Schlerngebiet, dem Egetmann-Faschingsumzug in Tramin oder dem »Sealamorkt« in Glurns.

Der besondere Tipp

Die Fronleichnamsprozessionen

Die Tiroler Bauerntage und Kirchenfeste sind Ausdruck einer tief verwurzelten Tradition und Gläubigkeit. Und die Tradition will es, dass an kirchlichen Festtagen die Menschen ihr Feiertagsgewand tragen, also die Tracht. Dass dabei in einem Fremdenverkehrsland der liebe Gott in Gefahr gerät, von gewieften Touristikmanagern als »Event« gleich mitverkauft zu werden, ist zwar traurig, aber wahr. Vor allem die Fronleichnamsprozessionen am zweiten Sonntag nach Pfingsten gehören zu den farbenprächtigsten Demonstrationen religiösen Brauchtums in Südtirol. Wer das Glück hat, einen dieser festlichen Umzüge mit der anschließenden Messfeier unter freiem Himmel mitzuerleben – besonders bekannt sind die Prozessionen am Ritten und in Kastelruth –, sollte sich bewusst sein, dass er nicht Zuschauer eines Folklore-Umzuges ist, sondern Teilnehmer eines Festes, das mit religiösem Bekenntnis zu tun hat.

Natürlich haben sich große Volksfeste mit historischem Hintergrund im Fremdenverkehrsland Südtirol zu touristischen Attraktionen entwickelt, doch hält sich auch religiöses Brauchtum. Patroziniumsfeste, dem Namenspatron einer Kirche gewidmet, sind ebenso feste Termine im Jahreskalender einer Dorfgemeinde wie die Prozessionen zu Fronleichnam. Bei den Wallfahrten nach Maria Weißenstein, nach Riffian oder zu den Drei Brunnen in Trafoi und bei Erntedankfesten ist noch so etwas wie Ehrfurcht vor einer höheren Macht spürbar.

Zu Maria Himmelfahrt, dem Hochunserfrauentag, am 15. August werden überall die rotweißen Tiroler Fahnen aufgezogen. Auf dem Land wird an solchen Tagen die Festtagstracht getragen. Und trotz vieler fotografierender Urlauber hat das wenig mit Folklore zu tun, sondern ist noch gewachsene Tradition. Wie das Abbrennen der Herz-Jesu-Feuer am dritten Sonntag im Juni. Sofern Petrus ein Einsehen hat und für eine klare Nacht sorgt, sieht man von den Tälern aus die herzförmigen Feuer mit dem aufgesetzten Kreuz auf vielen Bergkämmen und Gipfeln brennen. An solchen Tagen ist Tirol tatsächlich noch ein bisschen heilig.

Offenes Bekenntnis zum Glauben
Der liebe Gott ist in Südtirols bäuerlich geprägter Gesellschaft fast immer gegenwärtig.

TOR ZUM SÜDEN

AM SCHNITTPUNKT ZWEIER KULTUREN

Bauernland – Tourismusland: die zwei Standbeine der Wirtschaft

Apfelwiesen und Weinäcker, so weit das Auge reicht. Daher der Name Obstgarten Südtirol.

Apfelwiesen bei Kastelbell
Kastelbell liegt an der Sonnenseite des Vinschgaus. Das milde Klima im größten Trockental der Alpen ermöglicht Obst- und Gemüseanbau bis 1100 Meter Höhe.

Wo gibt es 25 000 Felder voller Apfelbäumchen? Natürlich in Südtirol. Mehr als 18 000 Hektar oder 2,5 Prozent seiner Fläche sind Apfelwiesen, auf denen 50 Prozent der italienischen und zehn Prozent der europäischen Apfelernte gedeihen. Die Hälfte davon wird nach Nord-, Mittel- und Osteuropa exportiert. Mit 30 Prozent Anteil liegt Deutschland als Abnehmer mit Vorsprung auf Platz 1.

Im Herbst füllen sich die Lager der großen Obstmagazine. Traktorladung um Traktorladung fahren die Talbauern zu ihren Genossenschaften. Auf den Wiesen ertönt Sprachengewirr: Die »Klauber«, die die Äpfel von den Bäumen klauben, kommen aus Polen, Tschechien, der Slowakei. Eine Million Waggon Äpfel sind das Traumziel der Obstwirtschaft. Dass es bislang knapp verfehlt wurde, liegt auch daran, dass man in den letzten Jahren zugunsten der Qualität auf Rekordernten verzichtete.

Der Apfelboom hat die große Vielfalt landwirtschaftlicher Produkte leider eingegrenzt. Der Getreideanbau ging stark zurück, und viele Bauern haben auch die arbeitsintensive und marktempfindlichere Viehwirtschaft zugunsten des Obstanbaus aufgegeben. Wenn von Südtiroler Tafelobst die Rede ist, sind meist Äpfel gemeint. Doch wächst mit Ausnahme von Süd- und exotischen Früchten in Südtirol so ziemlich alles, was Vitamine in sich birgt: Birnen, Zwetschgen, Aprikosen, Beerenobst, Kirschen und Kiwis. Aber all diese Obstsorten dienen fast nur dem Eigenbedarf. Als Wirtschaftszweig bestimmend sind nur der Apfel und – natürlich – die Traube.

Edle Tropfen mit Auszeichnung

Die Traube nimmt in Südtirols Wirtschaft eine Sonderstellung ein – vor allem in flüssiger Form. Der Weinmarkt ist hart umkämpft, weil »auch andere Mütter schöne Töchter haben«: Gewürztraminer gibt es auch im Elsass, Napa Valley in Kalifornien ist berühmt für seinen Cabernet, aus Chile oder Südafrika kommen exotische Tropfen, Franzosen und Spanier lieben Wein und wissen auch um die Geheimnisse seiner Produktion. Also haben Südtirols Kellereien und private Weinbauern seit einem guten Jahrzehnt die Qualitätsförderung zum Ziel.

Auch von der Kirchturmpolitik hat man sich verabschiedet. Nach dem Motto »gemeinsam sind wir stark« haben viele Kellereigenossenschaften fusioniert. Romantische Weinkeller braucht natürlich die Fremdenverkehrswerbung, in Wirklichkeit sind »die alten Weinkellereien« jedoch längst das Ergebnis millionenschwerer Investitionen und modernster Marktstrategien. Und so gibt es heute kaum mehr eine große Weinveranstaltung mit Preisverleihung, auf der nicht auch Südtiroler Weine prämiert werden. Gleiches gilt für die wichtigsten Weinführer. In der italienischen Weinbibel »I vini d'Italia« von Gambero Rosso, dem jährlichen Gradmesser im Weingeschäft, erhalten stets auch edle Tropfen aus Südtirol die begehrten drei Gläser als höchste Auszeichnung.

Letzter wichtiger Termin im Jahr für die Weinwirtschaft ist Anfang November das Merano WineFestival in Meran. Begonnen hatten die Veranstalter ohne Südtiroler Weine. Die 100 besten italienischen und ausländischen Tropfen sollten zur Verkostung gereicht werden. Sie mussten sich eines Besseren belehren lassen: Ein »Wein-Festival« ohne Weine aus Südtirol, noch dazu in Südtirol – das geht einfach nicht.

Willkommene Gäste

Äpfel, Trauben und ...? Die Bauern haben in den letzten Jahren so manche zusätzliche Nische für sich entdeckt. Urlaub auf dem Bauernhof wird immer beliebter, aber auch die direkte Vermarktung frei Hof: Von Bienenhonig über Marmeladen und Würste bis zu Säften und Tees ist in vielen Hofläden so ziemlich alles erhältlich. Wer allerdings eine Hamme hausgemachten Speck beim Bauer kaufen will, muss sehr viel Glück haben. Da kann die kleine Dorfmetzgerei oft die bessere Adresse sein.

Reiche Ernte im Vinschgau
Dellen dürfen die Äpfel keine aufweisen, sonst sind sie für den Verkauf ungeeignet. Die »Klauber« behandeln die Äpfel beim Ernten wie rohe Eier. Allein im Vinschgau werden jedes Jahr mehr als 200 000 Tonnen Äpfel geerntet.

Herbstumzug in Kaltern
Die Weinlese im Herbst wird in Kaltern und anderen Orten mit Umzügen und Weinfesten gefeiert.

TOR ZUM SÜDEN

AM SCHNITTPUNKT ZWEIER KULTUREN

Weinlager in der Kellerei Tramin
Willi Stürz produziert preisgekrönten Gewürztraminer in Holzfässern und wurde 2004 von Gambero Rosso als Italiens bester Kellermeister ausgezeichnet.

Der besondere Tipp

Der »Weinritt«

Das Wort »Ritt« bei dieser eintägigen Entdeckungsreise durch das Weinland im Süden Südtirols ist nur symbolisch zu verstehen. Die Reise geht nicht auf dem Rücken der Pferde vor sich, sondern ganz gemütlich im Kleinbus. Unterwegs werden alte Weinhöfe besucht, Weinkellereien besichtigt, Weine verkostet und dazu kulinarische Leckerbissen serviert. Ein Halt bei den bedeutendsten Kulturdenkmälern entlang der Reiseroute ist ebenfalls im Programm. Weinfachleute und Kellermeister referieren zum Thema Wein und Weinbau und kommentieren die Weine, die bei den Verkostungen serviert werden. Auch der kulturhistorische Teil des »Weinritts« wird fachlich begleitet. Das vielfältige Programm spricht also nicht nur Weinkenner an. »Weinritte« finden alle zwei bis drei Wochen statt, und zwar von Mitte April bis in den Oktober hinein. Informationen erteilen die örtlichen Tourismusvereine im Überetsch und Unterland oder der Tourismusverband »Südtirols Süden«.

Weinlese in Terlan
Das Terlaner Gebiet besitzt aufgrund seiner besonderen klimatischen und geologischen Bedingungen eine eigene Ursprungsbezeichnung, DOC (Denominazione di origine controllata).

Neben der Landwirtschaft ist der Fremdenverkehr die zweite Säule der Wirtschaft. Die relative Wettersicherheit und das Ganzjahresangebot lassen Südtirol im Kampf um Marktanteile bestehen. Während viele Alpenregionen seit der Jahrtausendwende Minuszahlen schrieben, hielt sich Südtirol gut. Ein bisschen Jammern gehört zum Geschäft, aber ganz so ernst sollte man es nicht nehmen. Immerhin verzeichnete das Landesstatistikinstitut ASTAT 2013 fünf Millionen Ankünfte und knapp 23 Millionen Übernachtungen. Damit liegt Südtirol im Alpenraum nur hinter Österreichs Bundesland Tirol (32,5), aber vor Tourismushochburgen wie Salzburg (18), Bayern (13) und der Nachbarprovinz Trient (11).

Darüber hinaus spielen Handwerker und Kleinunternehmer eine wichtige Rolle in Südtirols Wirtschaft. Einzig die Großindustrie vermochte sich, mit wenigen Ausnahmen, nicht durchzusetzen. Von den Industrieriesen, die unter Mussolini in Bozen angesiedelt wurden, haben nur die Stahlwerke überlebt. Aus der einstigen Industriezone am Südrand der Stadt, die immer ein Fremdkörper in der heimischen Wirtschaft blieb, ist in den vergangenen zehn Jahren ein blühendes Gewerbegebiet für einheimische mittelständische und Kleinunternehmen geworden.

Alpine Kulturlandschaft – der Bauer als Landschaftspfleger

Während in den französischen Alpen, im Piemont, ja sogar in Nordtirol viele Bergbauernhöfe verlassen dastehen und dem Verfall preisgegeben werden, bewirtschaften Südtirols Bergbauern ihre Höfe wie eh und je. Als das Höfesterben im Alpenraum in den 1960er- und 1970er-Jahren begann, steuerte Südtirol dagegen.

Nur die Bergbauern waren imstande, die typischen Landschaftsformen zu erhalten und ein Gleichgewicht zwischen Natur- und Kulturlandschaft zu schaffen. Blühende Bergwiesen, lichtdurchflutete, als Weideland genutzte Lärchenwiesen wie jene am Salten zum Beispiel, jahrhundertealte Bewässerungskanäle, die Waale, alte Holzzäune entlang eines Wanderweges, all dies zeichnet das Landschaftsbild in den Berggebieten aus. Wie leicht wäre es, aus einer Lärchenwiese eine intensiv genutzte Weide zu machen. Oder einen modernen Maschendrahtzaun anzubringen, anstelle des Spelten-, Stangen- oder Lattenzaunes.

Kulturlandschaft
Südtirols Landschaften wurden von Bergbauern geprägt, Höfe werden hier auch auf über 1600 Metern Höhe bewirtschaftet. Zum Schnatzhof im Vinschgau gehört auch eine Mühle.

Schützenswerte Tradition

So begann die Landesverwaltung für den Erhalt der Vielfalt von Lebensräumen zu werben, und zwar mit Landschaftsprämien. Mehrarbeit und Mehrkosten werden den Bergbauern vergütet. Dies gilt auch für die Beibehaltung traditioneller Siedlungsformen. Wenn Bauern an althergebrachten Bauweisen festhalten und ortsübliche Baustoffe verwenden, Holz und Naturstein, ein Stroh- oder Schindeldach erneuern, gibt es dafür ebenfalls öffentliche Beiträge.

Dass es heute kaum noch einen Bergbauernhof gibt, der nicht verkehrsmäßig erschlossen ist, ist ebenfalls Teil der Südtiroler Landwirtschaftspolitik. Wer will von Menschen verlangen, auf 1500 Metern zu leben und zu arbeiten, ohne Verbindung ins Tal, wo sich Krankenhäuser, Schulen und Behörden befinden? Ein Forstweg, eine schmale Anrainerstraße oder eine Seilbahn sind oft lebensnotwendige Verbindungen zum »Rest der Welt«. Diese Politik hat nichts mit Almosen zu tun, sondern fußt auf der Gewissheit, dass beide Seiten Nutzen daraus ziehen: Südtirols Bergbauern konnten auch in schwierigen Zeiten auf ihren Höfen bleiben, und umgekehrt blieb dem Land eine intakte, naturnahe Berglandwirtschaft.

Handarbeit
Für die Bergbauern heißt es zupacken, ob im Stall, in der Scheune oder beim Kornmahlen.

Heuernte
Im steilen Gelände muss das Gras vielerorts noch in Schwerstarbeit mit der Sense geschnitten werden.

TOR ZUM SÜDEN

AM SCHNITTPUNKT ZWEIER KULTUREN

Zwischen Rom und Brüssel – Ansprüche eines autonomen Landes

Die mageren Jahre sind längst vorbei. Südtirol ist heute Italiens Vorzeigeprovinz.

Wenn auch oft das grausame Schicksal beklagt wird, das Südtirol mit der Abtrennung vom Vaterland Österreich erfahren hat, gibt es noch eine andere Seite. Denn heute gilt Südtirol als Musterbeispiel aller italienischen Provinzen, als starker Wirtschaftsraum, der Arbeitslosigkeit nicht kennt, wohl aber Arbeitskräfte sucht. Diese Entwicklung hängt eng mit dem Minderheitenstatus zusammen. Nach dem Krieg erlaubten es die Siegermächte nur den »Dableibern«, sich politisch zu betätigen. Aus diesem Kreis wurde die Südtiroler Volkspartei (SVP) gegründet. Bei Parlamentswahlen hat die SVP auch heute noch eine übergroße Mehrheit der deutschen und ladinischen Bevölkerung Südtirols hinter sich.

Diese Geschlossenheit gegenüber Rom war vor allem in den schwierigen 1950er- und 1960er-Jahren ausschlaggebend, um den ständig wechselnden Regierungen in Rom Paroli bieten zu können. Geförderte Zuwanderung und kein Verständnis für Minderheitenschutz prägten jene Zeit. Die Großkundgebung 1957 in Sigmundskron und eine Reihe in die Luft gesprengter Strommasten Anfang der 1960er-Jahre machten die Versäumnisse Italiens offenkundig.

Mühsam erkämpfte Unabhängigkeit

Auf Antrag Österreichs beschäftigten sich die Vereinten Nationen mit Südtirol. Der spätere Bundeskanzler Bruno Kreisky führte als österreichischer Außenminister in New York die für Italien peinlichen Verhandlungen. Italien schaffte es, das neue Autonomiestatut, das 1972 hätte in Kraft treten sollen, noch 20 Jahre hinauszuzögern. Jeden einzelnen Punkt mussten die politischen Vertreter Südtirols in Rom ihren Verhandlungspartnern abringen und immer wieder die »Schutzmacht Österreich« bemühen. Dies ging nicht ohne Spannungen ab, weil Wiedergutmachungsmaßnahmen zu Lasten der in Südtirol lebenden Italiener gingen – etwa wenn von zehn freien öffentlichen Stellen acht Positionen deutschsprachigen Bewerbern vorbehalten waren. Dass vorher jahrzehntelang rein italienischsprachige Beamte aus dem Süden nach Südtirol geholt wurden, um den Behördenapparat zu besetzen, erzählte den Italienern im Lande keiner ihrer Politiker. Und die Einsicht, warum man denn als Italiener in »Italien« auch die deutsche Sprache beherrschen muss, kam spät.

Die dem Bevölkerungsanteil entsprechende Verteilung der Stellen im öffentlichen Dienst und die Gleichstellung der italienischen und deutschen Sprache waren und sind zwei der wichtigsten Standbeine der neuen Autonomie. Dass diese Bestimmungen manchmal Probleme bereiteten und auf Unverständnis stießen, liegt auf der Hand. So konnte es geschehen, dass eine der deutschen Volksgruppe vorbehaltene Arztstelle in einem Krankenhaus unbesetzt blieb, weil es nur italienische Bewerber gab. Aber mittlerweile hat bei der Handhabung der Auto-

Miteinander – nebeneinander
Wenn die Schützen an Festtagen aufmarschieren, regeln die Carabinieri den Verkehr und sorgen für den reibungslosen Ablauf.

nomie der gesunde Menschenverstand über die papiergetreue Auslegung die Oberhand gewonnen. 1992 war das Autonomiestatut endlich erfüllt und Österreich gab die Streitbeilegungserklärung vor den Vereinten Nationen in New York ab. Das heißt: Südtirol ist kein Zankapfel mehr zwischen Rom und Wien.

Europa ohne Grenzen

Das Schengen-Abkommen und die Einführung der gemeinsamen europäischen Währung hat sich zudem wohltuend auf die Psyche der vaterlandslosen Südtiroler ausgewirkt. Irgendwie ist man ja doch wieder vereint, seit am Brenner keine italienischen Zöllner und Grenzpolizisten mehr irgendwelche Papiere sehen wollen und hüben wie drüben der Kaffee mit Euro bezahlt wird.

Ja, das liebe Geld. Nordtirol schaut neidisch auf die verhätschelten Brüder im Süden. Die Bayern haben sich, als es den Südtirolern in den 1960er- und 1970er-Jahren noch nicht so gut ging, von ihren Sünden aus der Zeit Andreas Hofers mit ansehnlichen Geldspenden reingewaschen. Auch die Römer haben sich irgendwann mit diesem eigenartigen Bergvolk angefreundet und nicht länger lumpen lassen, auf Wien war stets Verlass, und dann kam Brüssel, das sein Füllhorn über die unterentwickelten Berggebiete in der Europäischen Union ausschüttete.

Was die Südtiroler derzeit ärgert? Dass ihnen Brüssel vorschreiben will, was sie mit wie viel Geld subventionieren dürfen. Vorschreiben lässt sich der Südtiroler nämlich gar nichts. Lieber holt er sich eine blutige Nase, wie die Geschichte gezeigt hat.

Neue Architektur in Bozen
Das 2008 erbaute Museion (ganz oben) präsentiert moderne und zeitgenössische Kunst. Die Europäische Akademie EURAC (oben) ist eine private Forschungseinrichtung und eine Denkwerkstatt für Südtirol.

TOR ZUM SÜDEN

AM SCHNITTPUNKT ZWEIER KULTUREN

Die italienische Leichtigkeit des Südtiroler Seins

Deutsch und italienisch, wie passt das zusammen? Deutsche Ordnung und italienisches Chaos, Disziplin und Anarchie? Und wie deutsch ist Südtirol nach beinahe 100 Jahren italienischer Staatszugehörigkeit eigentlich noch?

Um es vorwegzunehmen: Deutsch und Italienisch passen überhaupt nicht zusammen. Aber: Die Südtiroler haben es verstanden, das Chaos so weit abzuwehren, dass ihre Ordnung nicht gefährdet ist. Und in ebensolchem Maße lassen sie Anarchie zu, damit der Disziplin nicht alles untergeordnet werden muss.

Südtiroler und ihre Identität

Sind Sie Italiener? Nein, sagt der Südtiroler. Sind Sie Deutscher? Österreicher? Der Südtiroler schüttelt beide Male den Kopf. Bei »Deutscher« sehr bestimmt, bei »Österreicher« etwas wehmütiger. Ja, dann sind Sie Schweizer, weil die Sprache, das ist doch Schwyzerdütsch, oder? Spätestens jetzt wird der Südtiroler ärgerlich. Also, seinen Dialekt mit Schwyzerdütsch zu verwechseln, das ist schon ein starkes Stück.

Wie auch immer, diese Frage kennt nur eine Antwort, und die war vor nicht allzu langer Zeit als Aufkleber auf jedem zweiten Südtiroler Automobil zu lesen: »I bin a Südtiroler!« Das große I stand für Italien. Könnte aber auch für Identität stehen. Mit der hat der Südtiroler so seine Probleme. Die Trikolore ist nicht seine Fahne, sondern eher ein rotes Tuch. Italienisch spricht er manchmal gar nicht, meistens schlecht und wenn, dann mit einem Akzent, der jedem Italiener die Haare zu Berge stehen lässt.

Es ist eine komplizierte Sache, in Südtirol zwischen den Welten deutscher und italienischer Identität zu wandern. Der Südtiroler ist auf der Suche nach dem verlorenen Vaterland und tröstet sich mit der Heimat. Sein italienischer Landsmann klammert sich mangels Heimat ans Vaterland. Warum verlorenes Vaterland? Und Österreich? Die Alten nicken zustimmend, sind doch bei manchen die Eltern noch unter dem K.-u.-K.-Doppeladler geboren. Die Jungen überlegen kurz. Österreich? Nein, also mit Österreich haben wir nichts am Hut!

Siamo in Italia – wir sind in Italien!

100 Jahre sind eben eine lange Zeit, gut drei Generationen, und Italien spielt den besseren Fußball. Und die Italiener in Südtirol? Obwohl hier geboren und aufgewachsen, vielleicht schon in der dritten Generation, schaffen sie es nicht, in Südtirol heimisch zu werden, so richtig mit Herz und beiden Füßen. »Siamo in Italia«, lautet die provokante Botschaft an die

Zwei Zeitungen, zwei Meinungen
Südtiroler lesen vorwiegend die »Dolomiten«, Italiener den »Alto Adige«. Die Politik sehen die beiden Blätter meistens grundverschieden.

Kurtatsch – Cortaccia
Ortstafeln und öffentliche Aufschriften müssen in Südtirol zweisprachig sein.

Einen Macchiato bitte
Schon im April oder noch im November in einem Straßencafé die Sonne genießen – in Südtirol ist das keine Seltenheit.

Adresse der Deutschen. Wir sind in Italien! Die Deutschen, damit sind die Südtiroler gemeint. Der italienische Südtiroler möchte in Italien sein und erkennt jeden Tag an 100 Dingen, die seinen Alltag bestimmen, dass er eben doch nicht in Italien ist. Aber er hat ein Vaterland, das ihm auch Heimatersatz ist.

Und so leben sie nun nebeneinander her, der vaterlandslose Südtiroler und der heimatlose Italiener, als Schicksalsgemeinschaft, und trösten sich damit, dass es ihnen im Grunde genommen ja gut geht in diesem Land. Und so ganz im Geheimen schätzt der Italiener auch das bisschen Ordnung, das sich der Südtiroler noch bewahrt hat, und ist der Südtiroler heilfroh, dass man so manche Dinge auf Italienisch regeln kann. Sie haben sich gefunden, auch wenn sie es sich vielleicht nicht gern eingestehen.

Der Südtiroler würde auf seine Pasta nicht mehr verzichten, wie er überhaupt die italienische Esskultur schätzt. Sie hat ihm schließlich das amerikanische Fastfood vom Leibe gehalten. Bisher jedenfalls. Er schätzt die italienische Sprache, auch wenn er sie nie richtig lernt. Aber die ganz wichtigen Begriffe, die einem in seiner eigenen Sprache partout nicht einfallen wollen, sind erstaunlicherweise in der Sprache der anderen immer schnell zur Hand.

I bin a Musikont

Ohne Italianismen kommt der Südtiroler beim Sprechen nicht mehr aus, vor allem, wenn er Vorgänge erklären soll, die mit der Behördensprache zu tun haben. Behörden und öffentliche Ämter waren ja bis in die 1970er-Jahre fast ausschließlich mit Italienern besetzt. Es ist deshalb gut möglich, dass der Südtiroler fest davon überzeugt ist, dass es in der deutschen Sprache bestimmte Wörter gar nicht gibt. Und so sagt er eben »multa« anstatt Bußgeld, »carta bollata« anstatt Stempelpapier, und so hat er »auf der anagrafe seine Residenz geholt«, was soviel heißt wie »sich auf dem Meldeamt die Wohnsitzbescheinigung – italienisch ›residenza‹ – zu besorgen«.

Der Unterschied zwischen beiden Sprachen ist also manchmal kaum mehr der Rede wert. Und dass die Südtiroler ihre Kraftausdrücke bevorzugt in italienischer Sprache herauslassen, kann auch dem lieben Gott nur recht sein. Italienisch ist schließlich die Sprache der Musik. Es klingt einfach alles etwas lieblicher. Die Autoaufkleber mit dem volkstumspolitischen Bekenntnis sind übrigens aus der Mode gekommen. Heute sieht man höchstens noch solche, die den Autobesitzer als Jäger oder Musikanten outen. »I bin a Jager« oder »I bin a Musikont« steht dann am Autoheck.

29

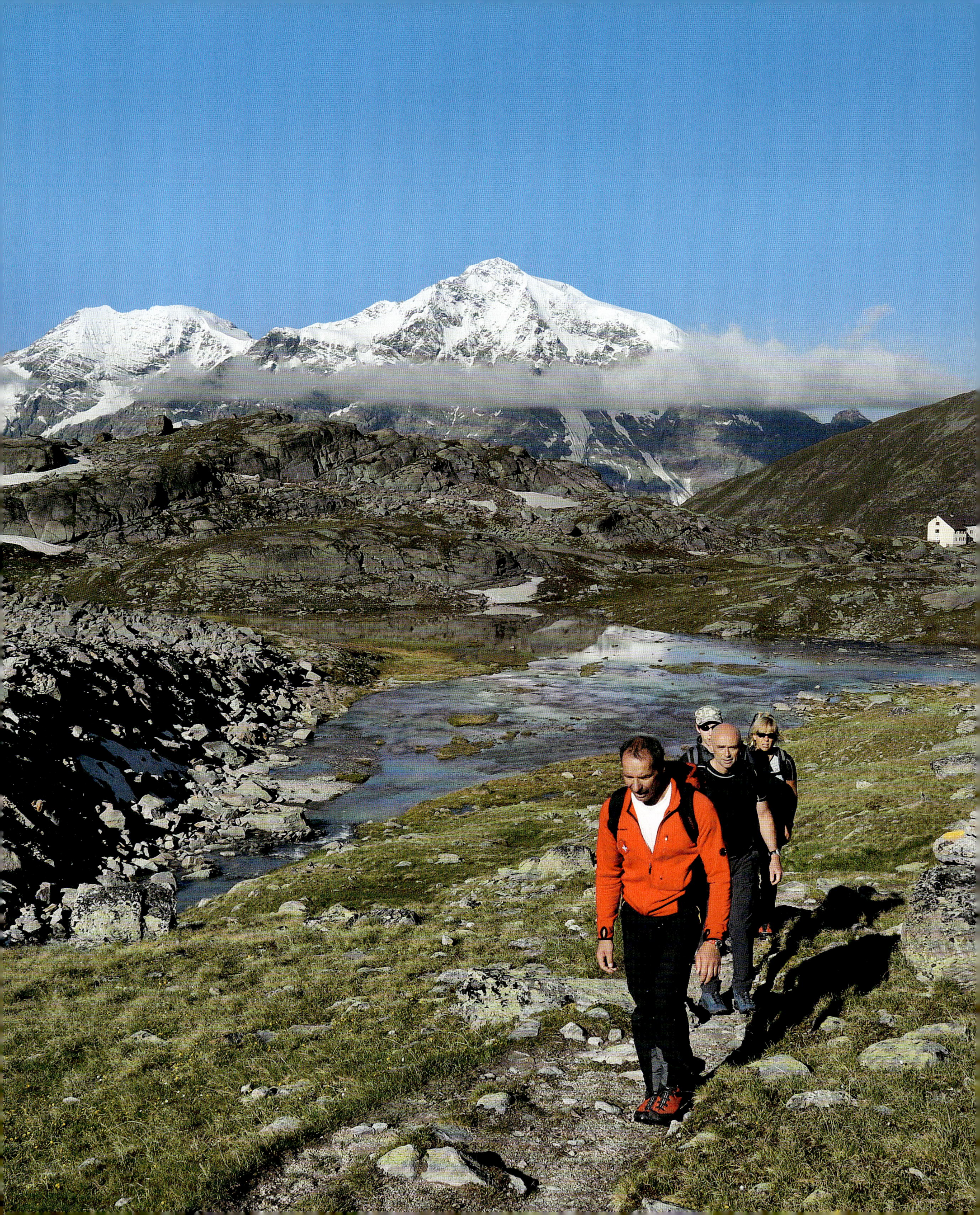

Reisen, erleben, genießen

Unterwegs zwischen Reben und Gletschern – Südtirol ist ein Wander- und Wintersportparadies. Doch Wanderer und Skifahrer haben Konkurrenz bekommen. Ob Snowboarden, Mountainbiken, Kitesurfen und Paragliding, ja sogar River Rafting – es gibt kaum eine Fun- oder Action-Sportart, die Südtirols Tourismuswirtschaft übersehen hat. Auch wenn Wandern, Bergsteigen und Klettern nach wie vor an erster Stelle stehen. Faul herumliegen in Südtirol? Kann man natürlich auch, aber aufgepasst: In diesem Genussland mit seinen Weinkellern und seiner einzigartigen Symbiose aus Tiroler, italienischer und alt-österreichischer Küche lauert Köstlich-Verführerisches hinter jeder Ecke.

Wanderparadies
Nicht nur Gipfelstürmer kommen in Südtirol auf ihre Kosten. Gut ausgebaute Wege laden zu Bergwanderungen ein, wie hier mit Blick auf die Ortlergruppe.

REISEN, ERLEBEN, GENIESSEN

UNTERWEGS ZWISCHEN REBEN UND GLETSCHERN

Wintersport und Sommerspaß – Aktivurlaub in allen Variationen

Aktiv-Urlaub wird groß geschrieben: kein Quadratmeter Südtirol ohne Sportangebot.

Es ist ein windiger Tag, aber der Wind ist vielversprechend. Denn wozu haben wir das Surfbrett an den Kalterer See geschleppt? Dasselbe gilt für die Teilnehmer am Segelkurs, die ihre kleinen Jollen etwas unsicher, aber erfolgreich um die Bojen lenken. So pünktlich, wie sich im Laufe des Nachmittags kleine Seewolken über dem Gantkofel festsetzen, so sicher zieht ein Lüftchen über den See. Der Fischer in seinem Boot nahe am Schilfgürtel hat weniger Freude daran, aber am Nachmittag ist sowieso wenig Aussicht auf einen guten Fang, also überlässt er die Wasseroberfläche kampflos den Surfern und Seglern.

Erfrischend: Bade- und Bergseen

Wer nach Südtirol fährt, um den Süden zu erleben, der wird am Kalterer See auch beim Baden auf seine Kosten kommen. An diesem wärmsten See in den Alpen sollte man

Auf zwei Rädern unterwegs
Wie hier auf der Weinstraße bei Tramin ist Radfahren in ganz Südtirol ein beliebter Freizeitsport.

Windsurfer am Kalterer See
Der Kalterer See ist nicht nur der wärmste See der Alpen, sondern bietet auch guten Wind für Segler und Surfer.

selbst im Oktober die Badehose nicht zu Hause lassen. Montiggler See und Pragser Wildsee können mit Wärmegraden nicht konkurrieren, bieten aber die Romantik eines Wald- oder Bergsees, wie übrigens unzählige kleine Seen, auf die man bei Wanderungen stößt. Bei erfrischenden 13 bis 16 Grad Wassertemperatur trauen sich jedoch nur ganz Unerschrockene hinein.

Der Kratzberger See auf Meran 2000, dem bekannten Ski- und Wandergebiet im Westen der Sarntaler Alpen, ist ebenfalls ein Fußkühler, so wie die Spronser Seen in der Texelgruppe. An vielen dieser Seen lässt es sich herrlich sonnenbaden und die mitgebrachte Jause genießen. Am Radlsee bei Brixen etwa, oder am Seefeldsee bei Meransen oberhalb von Mühlbach. Aber jetzt sind wir vom Schwimmen doch zum Wandern gekommen.

Bleiben wir am Wasser: Südtirols Flüsse sind wahre Abenteuerlandschaften. Auf der Passer wurden schon in den 1950er-Jahren Kanu-Weltmeisterschaften ausgetragen. Für Kajakfahrer ist sie also kein Geheimtipp mehr. Der Spaß, mit dem Schlauchboot die Etsch im Vinschgau und die wilde Ahr hinunterzupaddeln, ist neueren Datums. Neuerdings hat sich das River Rafting hinzugesellt. Auch auf der gemütlichen Etsch, vor allem im Vinschgau, und auf der ziemlich wilden Ahr kann man im Schlauchboot paddeln.

Den Golfsport hat Südtirol relativ spät entdeckt. In einem Land, in dem Grund und Boden extrem knapp sind, stieß die Anlage von Golfplätzen auf harten Widerstand. 18-Loch-Plätze gibt es im Passeier, in Petersberg (nahe Maria Weißenstein) und Seis. Von den 9-Loch-Plätzen ist jener von Lana ganzjährig bespielbar.

Zum Abheben: Paragliding

Um Südtirol von oben zu betrachten, braucht man nur einen Berg hinaufzusteigen. Noch spektakulärer freilich ist der Blick aus der Vogelperspektive. Wenn sich auch nicht jeder damit anfreunden kann, im Land der unbegrenzten sportlichen Aktivitäten darf das nicht fehlen.

Der blaue Himmel hat die jungen Leute zum Hochmuter oberhalb von Dorf Tirol gelockt. Sie tragen einen riesigen Rucksack auf dem Buckel. Bei näherem Hinsehen entpuppt er sich als Gleitschirm. Das Auspacken und Zurechtlegen ist eine Zeremonie. Die Schnüre müssen schließlich sauber gelegt

Wanderland
Südtirol bietet zahllose Wanderwege in allen Schwierigkeitsgraden – Fernblick inbegriffen.

Klettersteig Hoachwool
Der 2014 eröffnete Klettersteig am Naturnser Sonnenberg überwindet besonders steile Passagen mittels Tritthilfen.

REISEN, ERLEBEN, GENIESSEN

UNTERWEGS ZWISCHEN REBEN UND GLETSCHERN

Skiarena Klausberg
Das Skigebiet im oberen Ahrntal bietet einen Panoramablick auf die Dreitausender der Zillertaler Alpen.

Skivergnügen auf der Sellaronda
Die Überquerung des Grödner Jochs zwischen Gröden und Corvara ist eine Etappe auf der 40 Kilometer langen Sellaronda rund um den Sellastock, der im Hintergrund aufragt.

sein, damit sie sich nicht verfangen. Dann wird angeschnallt, ein kurzer Anlauf auf dem abschüssigen Gelände, der Gleitschirm bläht sich auf, der Boden entzieht sich den Füßen und Sekunden später schwebt ein bunter Fleck hoch über dem Talboden.

Der nächste Gleitschirm folgt und der übernächste, und dann wird im Doppelpack abgehoben. Ein mutiger Urlaubsgast hat sich einem flugerprobten Partner anvertraut und einen Tandemflug gebucht. Nach endlosen Kreiseln, einem fortwährenden Auf und Ab, sekundenlangem Verschwinden hinter Baumkronen, landet der erste Luftikus sicher und sanft auf einer Wiese in Dorf Tirol.

Zum Abfahren: Südtirol in Weiß

Mit dem Kopf in den Wolken hätten wir beinahe den Winter vergessen. Natürlich gibt es auch den im sonnigen Südtirol, selbst wenn manchmal lange auf den ersten ergiebigen Schnee gewartet werden muss. Bis die weiße Pracht kommt, machen sich die Liftgesellschaften ihren Schnee selbst. Dann wird nachts aus vollen (Schneekanonen-) Rohren geschossen, ungeachtet der Kritik von Umweltschutzverbänden.

Ohne Schnee keine Skifahrer, ohne Skifahrer leere Betten. Und das kann sich Südtirol nicht leisten. Aber zum Glück hat Frau Holle irgendwann immer ein Einsehen, verwandelt Land und Landschaft in ein weißes Meer aus Zuckerwatte, und dann wird der Wintertraum Wirklichkeit: beim Langlaufen auf der Seiser Alm, im Gsieser und Antholzer Tal oder bei einer Skitour über einen Bergkamm im oberen Vinschgau, im Pustertal oder in den Sarntaler Alpen. Dass die Natur unberechenbar ist, gute Ausrüstung ein Muss und der Lawinenlagebericht nicht zum Spaß erstellt wird, daran sollten alle Tourengeher denken, bevor sie dem Pistentrubel in die Einsamkeit entfliehen. Aber auch Alpin-Skifahren kann zu einem Naturerlebnis werden. Die »Sellaronda« (siehe Seite 146) ist ein Beispiel dafür.

Geheimrat Goethe und die »weltbekannte Frau Emma in Europa«

Pioniergeist
Emma Hellenstainer schrieb Fremdenverkehrsgeschichte.

Wie sie es geschafft haben, die Südtiroler, wird wohl ewig ein Geheimnis bleiben, aber kaum eine andere Urlaubsregion kann auf derart viele prominente Werbetexter verweisen. Nehmen wir zum Beispiel Goethe. Nicht einmal eine höllische Kutschenfahrt durchs Eisacktal konnte den Geheimrat davon abhalten, ins Schwärmen zu geraten: »Die Postillions fuhren, dass einem Sehen und Hören verging, und so Leid es mir tat, diese herrlichen Gegenden mit der entsetzlichsten Schnelle und bei Nacht wie im Fluge zu durchreisen, so freute es mich doch innerlich, dass ein günstiger Wind hinter mir herblies und mich meinen Wünschen zujagte. Mit Tagesanbruch erblickte ich die ersten Rebhügel. Eine Frau mit Birnen und Pfirsichen begegnete mir …«

So schrieb Goethe 1786 in seiner »Italienischen Reise«. Es scheint, als habe es kaum ein Großer der deutschen Literatur geschafft, sich von Südtirol nicht verzaubern zu lassen: ob Christian Morgenstern oder Stefan Zweig, Rainer Maria Rilke, Arthur Schnitzler, Hugo von Hofmannsthal oder Gottfried Benn.

Ein Stück Fremdenverkehrsgeschichte

Da wäre noch Emma Hellenstainer. Nun, literarisch ist die Dame nie in Erscheinung getreten, aber ein gerüttelt Maß Anteil daran, dass sich im Land an Etsch und Eisack die vornehme Gesellschaft die Türklinke in die Hand gab und die vorhin Genannten um 1900 den Weg ins südliche Tirol fanden, hat die tüchtige Wirtin allemal. Mit »Frau Emma« begann der touristische Aufschwung im Pustertal.

Emma Hausbacher (1817–1904) stammte aus St. Johann in Tirol. In Salzburg lernte die junge Frau das Küchenhandwerk und einige Zeit später den Postmeister Josef Hellenstainer aus Niederdorf kennen. Die beiden fanden Gefallen aneinander,

Nobelhotel
Das Hotel »Pragser Wildsee« war jahrzehntelang Treffpunkt der vornehmen Gesellschaft.

und Emma folgte ihrem Josef ins Pustertal. Sie entdeckte den Pragser Wildsee, und ein Grandhotel wurde gebaut, ein Haus für Gäste aus den so genannten besseren Kreisen. Welchen Ruf Frau Emma damals genoss, verdeutlicht folgende Anekdote: Eines Tages erreichte die Gastwirtin ein Brief aus den Vereinigten Staaten von Amerika. Er war an »Frau Emma in Europa, Österreich« adressiert. Das genügte. Aber vielleicht war damals auch auf die Post noch mehr Verlass.

So ganz nebenbei war die tüchtige Frau Emma auch noch Mutter von fünf wohlgeratenen Kindern. Alle fünf, drei Töchter und zwei Söhne, traten in die Fußstapfen ihrer Frau Mama und widmeten sich dem Hotel- und Gastgewerbe. Das Hellenstainer-Imperium nahm Gestalt an. Die jüngste Tochter Luise ehelichte den Bozner Gastwirt Franz Staffler vom »Schwarzen Greifen« (später: Hotel Greif). Ein Sohn übernahm in Meran das Hotel »Stadt München« (heute eine Schule). Frau Emma selbst führte im Vinschgau das Posthotel in Spondinig, dort, wo die Talstraße zum Stilfserjoch abzweigt.

Als ältere Dame hatte sie die Idee, auch in der aufstrebenden Kurstadt Meran ein Großhotel zu bauen. So entstand das »Grandhotel Emma« in Bahnhofsnähe. Doch Bau und Eröffnung des neuen Hauses erlebte Emma Hellenstainer nicht mehr. Im Alter von 87 Jahren starb sie am 9. März 1904. Fünf Jahre zuvor hatte ihr Kaiser Franz Joseph das Goldene Verdienstkreuz überreicht, und zwar mit folgenden Worten: »Sie also sind die weltbekannte Frau Emma.«

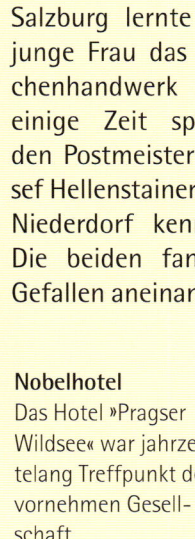

REISEN, ERLEBEN, GENIESSEN

UNTERWEGS ZWISCHEN REBEN UND GLETSCHERN

Mit Blick auf den Rosengarten
Es muss nicht immer beschwerlich sein: Auch Spaziergänger finden am Berg ihre Wege, wie hier auf den Lärchenwiesen am Salten.

Auf Schusters Rappen – Wanderparadies Südtirol

Ein gelungener Wanderurlaub beginnt mit dem Respekt vor dem Berg.

Pelikan 1 und Pelikan 2 sind wieder in der Luft. Pelikan 1 fliegt in Richtung Ortler, wo eine Seilschaft in Bergnot geraten ist. Pelikan 2 ist unterwegs zum Hirzer in den Sarntaler Alpen, um einen Wanderer zu bergen. Die zwei Hubschrauber des Landesrettungsdienstes sind viel unterwegs in einem Jahr. Und laut Statistik sind die Fahrgäste überwiegend Urlaubsgäste. Die Seilschaft am Ortler ist in Begleitung eines erfahrenen Bergführers. Aber auf beinahe 4000 Meter Höhe lauern Gletscherspalten, schlägt plötzlich das Wetter um, kann viel passieren, sodass auch erfahrene Bergsteiger einen Notruf aussenden.

Viel häufiger fliegen Pelikan 1 und 2 zu ganz und gar ungefährlichen Einsätzen zum Beispiel in der Nähe eines vielbegangenen Wanderweges, weil wieder einmal jemand die Gehzeit unterschätzt, sich selbst überschätzt oder ganz einfach beim Fotografieren den berühmten falschen Schritt getan und sich das Bein gebrochen hat. So endet

Bitte nicht füttern
Fast schon zum Landschaftsbild Südtirols gehören die treuherzig dreinschauenden Kühe, die manchmal überraschend störrisch sein können.

der Urlaub im Wanderparadies Südtirol allzu oft leider in einem Krankenhaus. Viele Unfälle wären vermeidbar: Es genügt, die eigene Bergerfahrung zu berücksichtigen, seine Kondition richtig einzuschätzen, auch bei sogenannten leichten Wanderungen immer gutes Schuhwerk – Wander- oder Bergschuhe – zu tragen und ein Tourenbuch mit Informationen über Schwierigkeit, Gehzeit, Einkehrmöglichkeiten usw. im Gepäck zu haben.

Wandern à la carte

Südtirol bietet Wanderziele für alle Altersklassen und Ansprüche. Auch Extrembergsteiger wie Reinhold Messner oder Hans Kammerlander sind gern in ihrer Heimat unterwegs, weil Südtirols Bergwelt alles andere als langweilig ist. Der Höhenweg, der Gipfelsteig zum Dreitausender, die gemütliche Wanderung zum Berggasthof. Und wer Kunst und Kultur mit aktiver Erholung verbinden will, kann wählen, welche kunsthistorischen Ziele er anpeilt.

Ein Wanderurlaub in Südtirol ist unabhängig vom Schwierigkeitsgrad der Ziele abwechslungsreich genug. Es kann der Wilde Freiger vom Ridnauntal sein oder die Weißkugel in den Ötztaler Alpen, aber genauso die Burgenwanderung im Überetsch, ein Waalweg entlang alter Bewässerungskanäle im Vinschgau oder ein gemütlicher Spaziergang rund um den Antholzer See.

Jedes Ziel ist auf seine Art lohnenswert und leicht zu finden. Mit einer guten Karte sowieso, aber auch, weil der Alpenverein Südtirol (AVS) und der Club Alpino Italiano (CAI) die Wanderwege und -steige gut und übersichtlich markieren und ausschildern.

Doch nicht allein der landschaftlichen Vielfalt und unzähligen interessanten Schauplätze wegen ist Südtirol ein Wanderparadies. Die Wettergarantie spielt ebenfalls eine Rolle. Natürlich gilt auch in einem Gebirgsland wie Südtirol die Grundregel, dass es kein schlechtes Wetter gibt, sondern nur die falsche Kleidung. Falls sich also das schlechte Wetter doch einmal nach Südtirol verirren sollte, was bekanntlich ja kaum vorkommt, erinnern Sie sich bitte daran.

Südtirols Schutzgebiete

Für knapp 20 Prozent der Oberfläche Südtirols gelten strenge Schutzbestimmungen. In diesen ausgewiesenen Gebieten sind Bautätigkeiten verboten, dürfen Gewässer nicht zur Stromerzeugung genutzt, Pilze, Mineralien und Blumen nicht gesammelt bzw. gepflückt werden. Naturpark-Häuser dienen als Informationsstelle für Besucher. Im Gegensatz zu den Naturparks (siehe Karte S. 6/7) unterstand der Nationalpark Stilfserjoch dem italienischen Staat. Seit 2015 verwalten die am Park beteiligten Provinzen ihren jeweiligen Anteil autonom (S. 66).

Schilderwald
Sich in Südtirols Bergen zurechtzufinden, ist kein Problem: Wege, Steige, Almen, Schutzhäuser, Seen – alles ist ausgewiesen.

Der besondere Tipp

E 5 – zu Fuß über die Alpen nach Venedig

In Oberstdorf im Allgäu beginnt der Europäische Fernwanderweg Nr. 5. Die Schilder mit der Bezeichnung »E 5« oder »EFW 5« begleiten den Wanderer über die Alpen bis ans Meer. Venedig ist der Zielort. Südtirol kann man auf dem »E 5« ebenfalls queren. Die Sommermonate Juli, August und auch noch der September sind die beste Zeit, um den »E 5« ganz oder teilweise zurückzulegen. Am Timmelsjoch in den Ötztaler Alpen verlässt man Österreich und überquert die Staatsgrenze nach Italien.

Der »E 5« führt durch das ganze Hinterpasseier hinaus ins Tal und treibt einen auf der anderen Seite wieder den Berg hinauf zur Pfandler Alm, wo Andreas Hofer von den Franzosen gefangen genommen wurde. Die Route führt nun talauswärts zur Wander- und Skiregion Meran 2000 und von dort über die Sarntaler Alpen auf den Salten bei Mölten und Jenesien. Wohl oder übel müssen die Fernwanderer jetzt hinab nach Bozen.

Mit der Kohlerer Bahn geht's wieder bergauf und weiter in Richtung Deutschnofen. Bei Kaltenbrunn quert der »E 5« die Straße ins Fleimstal und es beginnt der letzte Abschnitt auf Südtiroler Boden durch den Naturpark Trudener Horn. Am 1500 Meter hohen Ziss-Sattel verlässt der Fernwanderweg Südtirol. Von hier geht der Blick weit hinein in die Nachbarprovinz Trient, und lässt erahnen, dass das Meer noch weit ist.

REISEN, ERLEBEN, GENIESSEN

UNTERWEGS ZWISCHEN REBEN UND GLETSCHERN

Von Hütte zu Hütte –
Südtirols gastliche Schutzhäuser

Zum Glück taucht immer dann eine Schutzhütte auf, wenn die Beine müde sind und der Magen knurrt.

Das Becherhaus liegt auf 3195 Metern und ist Südtirols höchstgelegenes Schutzhaus. Wer gut zu Fuß ist, schafft den Aufstieg vom Ende des Ridnauntals in sieben Stunden. 1884 wurden für den Bau des Schutzhauses Pferdeschlitten eingesetzt, aber irgendwann half nur noch Muskelkraft, Träger schleppten mühsam das Baumaterial aus dem Tal hoch. Heutzutage kommt der Hubschrauber von Sterzing, wenn Hüttenwirt Erich Pichler etwas braucht. Und der braucht allerhand, denn das Becherhaus bietet 100 Gästen Platz. Womit wir beim Thema wären: Alpin-Tourismus und ökologisches Wirtschaften. Das Becherhaus ist eines von rund 90 Südtiroler Schutzhäusern, und alle müssen sich an die Umweltschutzauflagen halten. Müllvermeidung, Abwasserentsorgung, Energieversorgung und vieles mehr. Den lautlosen Helikopterflug gibt es noch nicht.

Schutz am Berg
Die 3029 Meter hoch gelegene Payerhütte (unten) am Tabarettakamm ist Stützpunkt bei der Ortlerbesteigung. Das Becherhaus (links) steht als Südtirols höchste Hütte auf 3195 Metern über dem Ridnauntal.

Startrampen für Hochgebirgstouren

Jahrzehntelang waren die hochalpinen Stützpunkte nicht berühmt für umweltbewusstes Wirtschaften, doch ab Beginn der 1990er-Jahre wurde eine radikale Kehrtwendung vollzogen. Die Schutzhäuser dienen wie eh und je als sichere Unterkunft und Startrampen für Gipfeltouren, setzen aber trotz eines gewissen Komforts auch in ökologischer Hinsicht ein Zeichen.

Die Alpenvereine erschlossen die Berge im 19. Jahrhundert mit dem Bau von Wegen, Klettersteigen und Schutzhäusern für den Fremdenverkehr. 1862 wurde der Österreichische Alpenverein gegründet, 1869 der Deutsche, 1873 schlossen sie sich zum Deutschen und Österreichischen Alpenverein (DuÖAV) zusammen, der bis Ende des Zweiten Weltkriegs bestand. In Südtirol war der Alpenverein während des Faschismus verboten. Italien enteignete sämtliche DuÖAV-Hütten im südlichen Tirol und übertrug sie dem Club Alpino Italiano (CAI). Der Streit um die Schutzhäuser ist bis heute nicht ganz ausgestanden. Viele Hütten tragen zwei Namen. So kennt beispielsweise kaum jemand den »Rifugio Alfredo Serristori« des CAI im Ortlergebiet, wohl aber jeder die Düsseldorfer Hütte.

Auf Schutzhäuser mit einem deutschen Städtenamen stößt man immer wieder in Südtirols Bergen. Sie erinnern an die Gründersektionen im DuÖAV. In den Ötztaler und Stubaier Alpen gibt es eine Teplitzer und eine Zwickauer Hütte, in der Sellagruppe die Regensburger, in den Zillertaler Alpen die Chemnitzer und die Kasseler Hütte. Die Liste ließe sich problemlos fortsetzen. Einen offensichtlich nicht ganz idealen Standort wählten die Erbauer der Stettiner Hütte (2875 Meter): 2014 wurde sie bereits zum zweiten Mal in ihrer Geschichte von einer Lawine teilweise zerstört. Tagesgäste, die im Naturpark Texelgruppe zwischen Pfelders in Passeier und dem Schnalstal unterwegs waren, wurden versorgt. Der Neubau soll etwas versetzt und von Lawinenschutzbauten gesichert 2016 fertig gebaut sein.

Auch einzelne spendable DuÖAV-Mitglieder haben sich mit einer Hütte verewigt: So geht die Schlüterhütte (Rifugio Genova) im Villnösser Tal auf den Dresdener Kommerzialrat Franz Schlüter zurück, der 1898 die Kosten für den Bau übernommen hatte.

Je nach Höhenlage sind die Schutzhütten ab Mai/Juni bis September/Oktober bewirtschaftet. Wer eine Hüttenwanderung plant, beispielsweise auf dem Europäischen Fernwanderwege E 5, tut gut daran, Betten oder Schlafplätze zu reservieren. Für den genauen Überblick mit Adressen und Telefonnummern besorgt man sich am besten das Schutzhüttenverzeichnis der Alpenvereine.

Zufall-Hütte
Die Hütte im Stilfserjoch-Nationalpark steht im Martelltal auf 2265 Metern und bietet Schlafplätze für 80 Bergwanderer.

Auf dem Landshuter Höhenweg

Es geht hoch hinauf, aber keine Angst: Es gibt mehrere Varianten von anspruchsvoll bis schwer. Wer Kondition mitbringt, kann eine Bergwanderung in einmaliger Landschaft entlang des italienisch-österreichischen Grenzkamms genießen. Wir erreichen den Ausgangspunkt, die Fraktion Stein im Pfitscher Tal, von Sterzing aus. Nun geht es den Fahrweg hinauf zum Pfitscher Joch (2248 m). Dort beginnt der Landshuter Höhenweg, dem wir in westlicher Richtung folgen. Von nun an sind wir ständig zwischen 2300 und 2700 Metern unterwegs. Die Schlüsselstelle ist ein steiler Anstieg von fast 500 Höhenmetern kurz vor der Landshuter Hütte (2713 m). Seit 1919 verläuft die Staatsgrenze mitten durch das Schutzhaus. Wer noch nicht genug hat, kann den Hausberg der Hütte besteigen, den 2998 Meter hohen Kraxentrager (Gehzeit ca. eine Stunde). Für den Abstieg nach St. Jakob in Pfitsch stehen zwei Varianten zur Verfügung. Der Höhenunterschied ist in beiden Fällen in etwa derselbe, rund 1300 Meter. Für die gesamte Wanderung (Stein, Pfitscher Joch-Haus, Landshuter Hütte, St. Jakob in Pfitsch) sollte man rund sechs Stunden Gehzeit einplanen. Wer mit dem eigenen Auto bis Stein gefahren ist, sollte auf den Abstieg nach St. Jakob verzichten und auf dem Höhenweg zurückgehen. Diese Tour ist je nach Schneelage ab Ende Juni bis Ende September möglich.

REISEN, ERLEBEN, GENIESSEN

UNTERWEGS ZWISCHEN REBEN UND GLETSCHERN

König Laurin, Dolomieu und der Messner-Boom

Selbst für Weltenbummler Reinhold Messner sind die Südtiroler Berge noch immer die schönsten.

Klettersteig an der Kleinen Cirspitze
Vom Grödnerjoch (2137 m) führt der luftige Klettersteig in einer Stunde auf den Gipfel (2520 m).

Ein Begriff wird weltweit mit dem Urlaubsland Südtirol assoziiert: die Dolomiten. Die Gebirgslandschaft mit den bizarren Türmen und massigen Felsstöcken begründet seinen Ruf als Eldorado für Bergsteiger und Felskletterer.

Sagen und Geschichten ranken sich um die »Bleichen Berge«. Vor allem der Zwergenkönig Laurin sorgte dafür, dass die »Dolomitensagen« ganze Bücher füllen. Mit einem Rosengarten wollte er das Edelfräulein Similde zur Hochzeit verführen. Similde ließ sich verzaubern, aber schon nahte der Held Dietrich von Bern, der die edlen Rosenbeete zerstörte. Laurin musste Dietrich samt Similde ziehen lassen und verwandelte voll Zorn den Rosengarten zu Stein. An die Rosen erinnert heute nur noch das allabendliche Glühen in der untergehenden Sonne. Auch die Schlernhexen, die sich auf dem Hexenhügel Puflatsch trafen (siehe Wandertipp Seite 119), kommen nicht ungeschoren davon. Hätten sie Laurin nicht verspottet, würden sie heute noch auf ihren Besen reiten. So aber er- und verblühen sie seither alljährlich als Grasnelken auf der Seiser Alm.

Magische Anziehungskraft

Keine Sage ist hingegen die Geschichte von Déodat de Dolomieu (1750–1801). Der französische Mineraloge fand 1789 im Bett des

Eisack Kalkbrocken, die vom Tribulaun im Pflerschtal stammten. Dieses helle Gestein war magnesiasaurer Kalk. Der Name Dolomit für das Mineral setzte sich sehr schnell durch. Später benannte man auch die Berge nach Dolomieu. Die Alpinisten des 19. Jahrhunderts waren davon nicht sehr begeistert, aber als die ersten Reiseschilderungen die Wunderwelt der »Dolomiten« rühmten, gab es kein Zurück mehr.

Für Alpinisten waren die Dolomiten bald ein Muss. Wenn schon nicht eine Erstbesteigung, so musste der Bergsteiger, der etwas auf sich hielt, zumindest eine Wand, eine Flanke irgendeines Dolomiten-Berges bezwungen haben. Parallel mit dem Bergsteigerboom im Osten des Landes erlebte auch der Westen eine ähnliche Welle. In der Ortlergruppe – rund um Ortler, Königsspitze und Zufallspitze – kamen weniger die Felskletterer auf ihre Kosten, aber dafür die Gipfelstürmer, die auf schmalem Grat den Reiz der Schneefelder auskosten wollten.

Berühmte Südtiroler haben dazu beigetragen, diesen Ruf zu mehren. Allen voran Luis Trenker und Reinhold Messner. Beide schrieben Geschichten und Geschichte und passen insofern hervorragend in die sagenhafte Bergwelt, in der beide geboren und aufgewachsen sind, um dann die Welt zu erobern. Trenker mit seinen Filmen, Messner als erster Bergsteiger, der auf allen 14 Achttausendern gestanden hat.

»Ritterschlag« Weltnaturerbe

Zuerst Dolomieu, dann die Alpin-Elite des 19. und 20. Jahrhunderts und schließlich das Tüpfelchen auf dem i: 2009 wurden die Dolomiten in das UNESCO-Weltnaturerbe aufgenommen. Zusätzliche Schutzbestimmungen für die sensible Gebirgsregion dämpften die Begeisterung von fortschrittshungrigen Touristikern vorübergehend, aber schließlich siegte doch der Stolz über die weltweit höchste Auszeichnung für eine Landschaft über das Profitdenken. Ein Jahr später gründeten die fünf beteiligten Provinzverwaltungen die Stiftung Dolomitis UNESCO mit dem Ziel, das Schutzgebiet gemeinsam und gemäß den Auflagen der UN-Organisation zu verwalten.

Sexten im Hochpustertal
Die kleine Ortschaft in den Sextner Dolomiten liegt im Zentrum einer weitläufigen Wander- und Skiregion.

Der Rosengarten leuchtet
In der Abendsonne entfaltet der Rosengarten seinen Zauber. Wer könnte dem Zwergenkönig Laurin da noch böse sein.

REISEN, ERLEBEN, GENIESSEN

UNTERWEGS ZWISCHEN REBEN UND GLETSCHERN

Gesundheitsurlaub im Land der Genüsse

Würzige Bergluft, viel Bewegung, am Abend ein erholsames Bad – Wellness pur.

In den Urlaub fahren, um zu hungern. Miniportiönchen auf großen weißen Tellern. Ein schlechtes Gewissen haben, wenn man sich in der Bäckerei so ganz nebenbei ein Stück Apfelstrudel oder ein Topfenkipferl gegönnt hat. Das soll nun der verdiente Urlaub sein, noch dazu in Südtirol, wo es so verdammt schwer ist, stark zu bleiben?

Der geneigte Leser, der sich dazu entschlossen hat, sollte den letzten Abschnitt dieses Kapitels, »Spaghetti und Speckknödl«, überspringen. Gesundheitsurlaub im Wellness-Hotel, zwei Wochen entschlacken, dem Geist eine Frischzellenkur gönnen, die Seele baumeln lassen, entgiften, regenerieren. All das ist möglich. Von A wie Ayurveda bis Z wie Zellreinigung.

Diskreter VIP-Treff
Fast ständig sind Polit-Größen, Jet-Set- oder Filmstars im Meraner Kurhotel »Palace«. Doch die VIPs wissen, dass ihr Aufenthalt von der Hoteldirektion immer erst am Tag der Abreise an die Presse gegeben wird.

Traditionsreiche Pracht
Die Empfangshalle des »Palace« verströmt die mondäne Noblesse der Jahrhundertwende.

Südtirols zahlreiche und vielfältige Wohlfühl-Oasen sind durchaus in der Lage, für ihre Gäste Gesundheit und Genuss auf angenehme Weise unter einen Hut zu bringen. Der Kenner weiß, dass er an seinem Lieblingsurlaubsort auch sein Lieblings-Wellness-Hotel findet.

Die längste Tradition hat in dieser Hinsicht sicherlich Meran. In die Kurstadt begaben sich schon im 19. Jahrhundert die betuchten Herrschaften aus England, Russland und natürlich der Donaumonarchie. Auf dem Programm standen damals neben den Anwendungen in den Bädern die Trauben- und die Molkekur.

Für diese Tradition steht in Meran ein Hotel wie kein anderes: das »Grand Hotel Palace«. Nach 18 Monaten Bauzeit wurde es im Jahr 1906 eröffnet, seitdem empfängt es Prominenz aus aller Welt. Von Luciano Pavarotti erzählt man sich, dass er mit Vorliebe die strengen Diätvorschriften der hoteleigenen Kurabteilung sabotierte, weil es ihm vor allem der Südtiroler Bauernspeck angetan hatte. Ob Spitzensportler – etwa Fußballstars wie Zinedine Zidane oder Cristiano Ronaldo – oder gekrönte Häupter wie Prinzessin Caroline von Monaco samt Prinzgemahl, und natürlich Politprominenz ohne Ende, sie alle gaben und geben sich auch heute noch im »Palace« die Klinke in die Hand.

Die Bedürfnisse wandeln sich

Im Dezember 2005 öffnete das völlig erneuerte Meraner Thermalbad seine Tore. Eine futuristisch angehauchte Glaskonstruktion, die der in Südtirol geborene Stararchitekt und Designer Matteo Thun konzipierte, weckte die zuvor reichlich veraltete Anlage aus ihrem jahrelangen Dornröschenschlaf. Nun gibt es Wellness für alle, nicht mehr nur für den alten und neuen Geldadel.

Natürlich erschöpft sich das Gesundheitsangebot der Südtiroler Wellness-Welt nicht mit dem Hotel »Palace« und der »Therme Meran«. Viele Hotels haben inzwischen ihre eigenen Kurabteilungen mit teils regionalen Schwerpunkten. Wer etwa ein Heubad nehmen möchte, der muss nach Völs oder Seis am Schlern.

Das angenehm milde Klima und die gute würzige Bergluft stellten die Wegbereiter für den Tourismus dar. Wer es sich leisten konnte, fuhr zum Kuren ins südliche Tirol. Die dortigen Heilbäder und Mineralquellen waren schon im 19. Jahrhundert weit über den Alpenraum hinaus bekannt. Zahlreiche Ärzte befassten sich aus wissenschaftlicher Sicht mit der Wirkung der Südtiroler Heilquellen und Kuren. Sie verfassten schriftliche Abhandlungen darüber und trugen so dazu bei, dass sich der Ruf des Landes als ideales Ziel für Menschen auf der Suche nach Genesung und Erholung schnell verbreitete.

Internationale Wellness mit Diplom
Wellnesstrainer ist in Südtirol ein Beruf, der eine eigene Ausbildung erfordert. Viele Hotels haben für ihre Gäste eigene Wellnessabteilungen mit Anwendungen aus aller Welt.

REISEN, ERLEBEN, GENIESSEN
UNTERWEGS ZWISCHEN REBEN UND GLETSCHERN

Wellness modern
Mit Matteo Thuns futuristischem Bau von 2005 hat sich die Therme Meran als moderner Wohlfühltempel rundum neu erfunden – der Blick auf die Texelgruppe ist aber unverändert.

Weitblick in noblem Ambiente
Die Fernsicht über Meran gehört ebenso zum Wohlfühlprogramm des Schlosshotels Fragsburg wie Wellness und kulinarische Genüsse.

Nach dem Zweiten Weltkrieg und mit dem erneuten Aufblühen des Fremdenverkehrs kam auch der Kururlaub wieder zu Ehren. Zentrum war natürlich die Kurstadt Meran mit ihren Kurpromenaden. Was heute Wellness heißt, wurde noch vor 30 Jahren schlicht mit Erholung übersetzt. Und erholen konnte man sich in Südtirol beim Bergwandern. Vom Kurgedanken des 19. Jahrhunderts waren das milde Klima und die gute Luft übrig geblieben.

Die Wohlstandsgesellschaft des späten 20. Jahrhunderts hatte aber neue Bedürfnisse. Bewegung, gesunde Ernährung, Antistressprogramme lauteten die Vorgaben. Was also tat der Südtiroler Gastgeber? Er begleitete seine Gäste mehrmals wöchentlich auf eine Bergwanderung, gab einen Fitness-Teller auf die hauseigene Speisekarte und baute den Keller zu einer Saunalandschaft um – mit Dampfbad und Whirlpool.

Fazit: Was auch immer der Gast unter einem Gesundheitsurlaub versteht, in Südtirol kann er ihn ausleben: beim gemütlichen Wandern weit weg von Verkehrslärm und städtischer Hektik, beim Aktivurlaub auf dem Mountainbike oder auf dem Rücken der Pferde, bei Massagen und Therapien oder bei der Traubenkur, die wiederum jeder nach seinem Gusto pflegt. Gesund ist schließlich, was einem gut tut.

Wie Bismarck in Mitterbad sein Herz verlor

Kraft der Natur
Wasser und Heilpflanzen: die klassischen Elemente der traditionellen Gesundheitslehre.

Ehe man sich in ein Bad begibt, soll die Seel mit Gott versöhnt und der Leib zuvor recht gebührlich gereinigt werden.« So steht es in einer Badeordnung aus dem Jahre 1691 geschrieben. Ja, wer glaubt, dass die Tiroler mit dem Wasser auf Kriegsfuß stünden, irrt. Der Glaube an die heilende Kraft des Wassers und der Quellen hat im heiligen Land Tirol Berge versetzt. Mit dem Aufkommen des Fremdenverkehrs erlebten die kleinen, volkstümlichen Bäder einen gewaltigen Aufschwung. Ärzte verordneten im 19. Jahrhundert Bade- und Trinkkuren. Milch, Molke und Traubensaft waren gefragt, Schwitzbad und Heubad sozusagen die Wegbereiter der heutigen Wellness-Bereiche.

Viele der alten Badln gibt es nicht mehr. Höchstens ein Ortsschild – etwa Brennerbad – erinnert noch an deren touristische Glanzzeit. Die Verkehrsentwicklung hat das Brennerbad im wahrsten Sinn des Wortes überrollt. Im Ultental gab es Mitte des 19. Jahrhunderts an die zehn Bäder. Das bekannteste war Mitterbad, das in dieser Zeit jährlich bis zu 2000 Badegäste vornehmlich aus Deutschland anzog. Darunter so berühmte wie die Brüder Heinrich und Thomas Mann, die sich 1901 in Mitterbad aufhielten. Oder schon mehr als 50 Jahre zuvor Otto von Bismarck, der in Meran wohnte, Mitterbad besuchte und dort sein Herz verlor: Josepha Holzer galt als schönstes und sittsamstes Mädchen im Tal. Und nun erzählt man sich, dass Bismarck beim Mitterbad-Wirt um die Hand der schönen Josepha anhielt. Der Wirt lehnte ab, weil »der Freiherr ja kein Katholik, ja vielleicht nicht einmal ein Christ« war.

Alte Badetraditionen neu entdeckt

Eine kleine Renaissance erlebt das Heubad in seiner angestammten Heimat in Völs am Schlern. Das duftende Vergnügen ist allerdings zeitlich begrenzt. Nur während der Heuernte, wenn von Mitte Juli bis September das frische Bergheu von den Almböden des Schlern und der Seiser Alm talwärts gebracht wird, ist Heubadsaison. Die Heilwirkung beruht auf der bis zu 60 Grad ansteigenden, gleichmäßig feuchten Hitze des gärenden Heus. Nach 30 bis 45 Minuten Schwitzen im Heu wird noch in Leintüchern und Decken verpackt nachgeschwitzt. Wer rheumatische Beschwerden, Arthrose oder Kreislaufstörungen hat, wer mit chronischer Bronchitis kämpft, wen Gicht, Ischias und Neuralgien plagen, der soll sich ins Heubad legen.

Im Völlaner Badl oberhalb von Lana bei Meran liegt man hingegen nicht im Heu, sondern im heilenden Wasser, das laut ärztlichem Befund von anno 1816 »eine wahre Heilquelle« gegen so ziemlich alles sei, was man im Lauf eines Lebens irgendwann haben könnte.

Völser Heubad
Diese Schwitzkur wird nur im Schlerngebiet angeboten. Wer das wohltuende und reinigende Heubad ausprobieren möchte, muss also auf die Seiser Alm.

REISEN, ERLEBEN, GENIESSEN
UNTERWEGS ZWISCHEN REBEN UND GLETSCHERN

Den Fahrtwind um die Ohren – Pässe und Panoramastraßen

Ein wenig gewöhnungsbedürftig sind die vielen Kurven und Kehren der Südtiroler Passstraßen.

Kurvenglück
Wie hier im Grödner Tal führen Südtirols Straßen durch grandiose Landschaften – die kurvigen Strecken stellen nicht zuletzt für Radsportler und Motorradfahrer eine reizvolle Herausforderung dar.

Cabrios haben eine lange Saison in Südtirol. Erstaunlicherweise sind es die Gäste aus dem Norden, die ohne Verdeck den Fahrtwind genießen. Südtirols Autofahrer verzichten auf das schützende Autodach kaum, wohl, weil sie es immer eilig haben und nicht zum Vergnügen unterwegs sind. Zum Vergnügen unterwegs sind hingegen zahllose Oldtimerfreunde aus dem In- und Ausand. Beinahe jedes Liebhaberauto hat einen Fanclub, vom FIAT 500 Topolino bis zum feuerroten Ferrari.

Südtirols Bergstraßen üben eine unwiderstehliche Anziehungskraft auf Motorrad- und Autofahrer aus. Auf die Bedürfnisse von Motorradfans haben sich eigene Bike-Hotels eingestellt. Sie finden sich vor allem entlang der typischen Motorradstrecken: Jaufenpass, Timmelsjoch, Stilfser Joch und die verschiedenen Dolomiten-Pässe.

Die Große Dolomitenstraße

Die schönste Panoramastraße ist die sogenannte Große Dolomitenstraße. Die Auffahrt von Canazei zum Pordoijoch ist mit 2239 Metern der höchste befahrbare Pass Ladiniens und gleichzeitig der höchste Punkt der Großen Dolomitenstraße. Hier hat man allerdings Südtiroler Boden bereits verlassen, denn am Pordoi treffen sich die Grenzen der Provinzen Trient und Belluno.

Die Auffahrten zu Sella- und Grödner Joch mögen vielleicht weniger beeindrucken, dafür entschädigt das Panorama auf den Passhöhen. Die Straße aus dem Grödner Tal über das Sellajoch (2214 m) ist ein Erbstück aus der Zeit des Ersten Weltkrieges. Heute ist die Strecke ausgebaut und bietet seit Jahren Diskussionsstoff. Der starke Ausflugsverkehr im Sommer hat nämlich auch seine Schattenseiten. Überlegungen, die Straße für den motorisierten Verkehr an gewissen Tagen oder zu gewissen Tageszeiten zu sperren, gibt es. Aber: Während Anrainer und die in Gröden wohnenden Gäste dafür sind, bangen jene, die auf den Tagesgast setzen, um ihr Geschäft. Ein Ende der Diskussion ist noch nicht absehbar. Auch die Einführung einer Maut ist im Gespräch.

Bisher muss man eine solche nur für eine Fahrt übers Timmelsjoch zahlen. Zu einem Verkehrsrückgang hat das letzten Zählungen zufolge – leider – nicht geführt.

Vom Sellajoch geht es nun entweder in Richtung Grödner Joch und Gadertal weiter, oder über die bereits erwähnte Straße zum Pordoi. Letztere Runde führt hinunter nach Arabba und über den Campolongo-Pass nach Corvara. Doch wo auch immer man unterwegs sein mag, allein ist man an hochsommerlichen Tagen sicherlich nicht. Wer aber das Bergfahren gewohnt ist und sich von dem an der Stoßstange klebenden Auto mit einheimischem Kennzeichen nicht nervös machen lässt, wird einen unvergesslichen Eindruck von der Welt der Dolomiten mitnehmen.

Der besondere Tipp

Südtirol Classic

Pflichttermin für Oldtimerfreunde ist die »Südtirol Classic« Anfang Juli in Schenna. Im Jahr 2015 feiert die Veranstaltung ihr 30. Jubiläum. An drei aufeinanderfolgenden Tagen finden Wettbewerbs-Ausflugsfahrten statt, bei denen es nicht auf Geschwindigkeit, wohl aber auf Gleichmäßigkeit ankommt. Zwei Rundfahrten sind fix im Programm. Die erste führt in die Dolomiten, die zweite in einen anderen Teil Südtirols. Teilnahmeberechtigt sind ordnungsgemäß zugelassene Automobile bis Baujahr 1965, wobei aus organisatorischen Gründen die Teilnehmerzahl begrenzt ist. Weitere Informationen erhält man beim Tourismusverein Schenna.

Höhenrekord
Die Straße auf das 2757 Meter hohe Stilfser Joch ist die höchste asphaltierte Passstraße Italiens. In den Restaurants und Hotels am höchsten Punkt treffen sich Genuss- und Sportfahrer, die die Bergwelt auf zwei und vier Rädern erobern möchten.

Oldies but Goldies
Gleich mehrmals im Jahr sind Südtirols Alpenpässe Schauplatz von Oldtimerfahrten.

REISEN, ERLEBEN, GENIESSEN

UNTERWEGS ZWISCHEN REBEN UND GLETSCHERN

Auf zwei Rädern quer durchs Land

Radfahren wird auf Südtirols Straßen und Wegen immer populärer.

Ob Sie's glauben oder nicht, man kann im gebirgigen Südtirol auch durchaus gemütlich radeln. Das Gastgewerbe hat sich auf Radwandergruppen schon seit Langem eingestellt, trotzdem sollte man vor allem im Frühjahr und Herbst frühzeitig die Quartiere buchen. Das Südtiroler Radwegenetz ist so gut wie vollständig. Der Tourenfahrer kann quer durchs Land radeln, vom Reschenpass im Westen bis nach Winnebach im Osten, der Etsch, dem Eisack oder der Rienz entlang. Vom Brenner im Norden führt die Route bis nach Venedig.

Radelspaß
Wie hier bei Girlan findet man immer wieder ebene Strecken, auf denen man ohne Anstrengung die Räder rollen lassen kann.

Entlang der Etsch

Der Etsch-Radweg ist mittlerweile in allen Fahrradführern zu finden. 150 Kilometer verläuft er durch Südtirol, vom Reschenpass bis Salurn im Südtiroler Unterland. Der rund 70 Kilometer lange Vinschgauer Abschnitt des Etsch-Radweges ist eine gern befahrene Tagestour. Man kann in Meran mit der Vinschgerbahn nach Mals fahren oder mit dem Linienbus bis Reschen und dann flussabwärts radeln. Doch aufgepasst: Wer zu spät dran ist, dem bläst ein strammer Vinschger Wind entgegen. Und dann können 70 Kilometer ganz schön lang sein.

Wer nicht unbedingt sein eigenes Fahrrad mitbringen will, kann an den Bahnhöfen der neuen Vinschgerbahn eines ausleihen. Das ist auch in Meran und Bozen möglich, von wo aus man Ausflüge in die Umgebung unternehmen kann. Von Meran aus der Passer entlang bis nach St. Leonhard/Passeier oder von Bozen auf der ehemaligen Bahnstrecke ins Überetsch bis zum Kalterer See.

Entlang des Etsch-Radweges verlaufen viele kleinere Radtouren, die besonders im Obervinschgau keine Sehenswürdigkeit auslassen. Die Lichtenberg-Tour (17 Kilo-

Latscher Mountainbike-, Wald- und Hüttentour

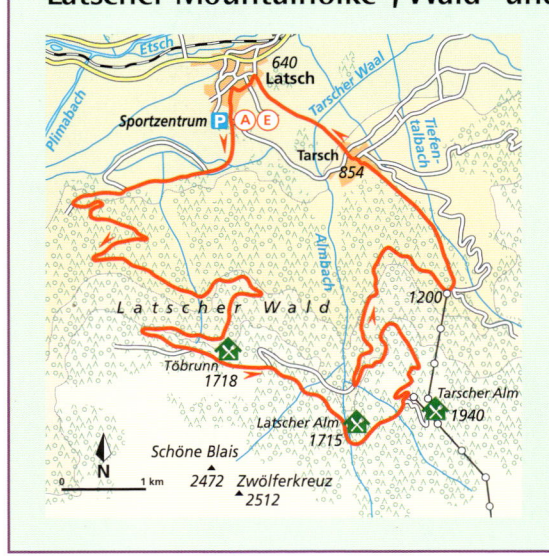

Die Gesamtstrecke beträgt 22 Kilometer, der zu überwindende Höhenunterschied 1300 Meter. Diese anspruchsvolle Strecke ist nur geübten Mountainbikern anzuraten. Vom Parkplatz beim Sportplatz in Latsch (640 m) geht es Richtung Tarsch und über einen Almweg (Mark. 11) bis zur Jausenstation Töbrunn (1718 m). Nun eben weiter auf dem Forstweg (Mark. 9) zur Latscher Alm (1715 m). Jetzt folgt der letzte Anstieg zur Tarscher Alm (1940 m). Nach verdienter Pause geht's wieder abwärts: Vorsicht bei der nun folgenden, sehr steilen Abfahrt bis zur Sessellift-Talstation. Auf asphaltierter Straße radeln wir zurück nach Tarsch und Latsch.

meter, 82 Höhenmeter) führt beispielsweise ins Städtchen Glurns, die Malser Runde (12 Kilometer, 160 Höhenmeter) zur Churburg und die Mittelvinschgau-Tour (20 Kilometer, 105 Höhenmeter) zum Schloss Goldrain.

Im Osten des Landes kann man von Brixen in Richtung Bruneck bis zur Staatsgrenze und von dort die Drau entlang weiter nach Osttirol radeln. Alle diese Touren erfordern ein bisschen Kondition, sind aber familienfreundlich und – auch für Gelegenheitsradler – ohne größere Anstrengungen zu schaffen.

Sportliche Herausforderungen

Die ganz Sportlichen unter den Radfans haben ja sowieso das Rennrad oder Mountainbike im Gepäck und toben sich zwischen Berg und Tal aus. Wer das Gemeinschaftserlebnis sucht, kommt bei der alljährlichen »Maratona dles Dolomites« oder am Stilfserjoch-Radtag auf seine Kosten. Die »Maratona« findet immer Anfang Juli statt und führt über sämtliche Dolomitenpässe. Wer sie schafft, hat am Ende 138 Kilometer und 4230 Höhenmeter hinter sich gebracht. Wer sich diese nicht zutraut, kann auf die mittlere (106 Kilometer, 3130 Höhenmeter) oder die kurze Sellaronda (55 Kilometer, 1780 Höhenmeter) ausweichen. Dass die Große Dolomitenstraße an diesem Tag für Motorfahrzeuge gesperrt und den Radfahrern vorbehalten ist, versteht sich von selbst. 2013 waren mehr als 9000 Freizeitfahrer und -fahrerinnen aus 52 Nationen am Start.

Ein ähnliches Bild, wenn auch eine Nummer kleiner, bietet immer am letzten Samstag im Juli das Stilfserjoch. Beim Radtag 2014 starteten mehr als 4000 Radler in Prad, weitere 1000 auf der anderen Passseite in Bormio. Die Südtiroler Strecke ist knapp 25 Kilometer lang und weist 1850 Höhenmeter auf. Es gibt keinen Massenstart, jeder Teilnehmer kann innerhalb eines festgelegten Zeitfensters die (Tor-)Tour beginnen.

Wohlverdiente Pause
Rund 90 Kilometer und 1244 Höhenmeter überwindet der Radweg »Via Claudia Augusta« an der Etappe über den Reschenpass – pausiert wird am Reschensee.

REISEN, ERLEBEN, GENIESSEN

UNTERWEGS ZWISCHEN REBEN UND GLETSCHERN

Spaghetti und Speckknödl – Vielfalt im Kochtopf

Willkommen im kulinarischen Schlaraffenland. Wo auf der Welt gibt es eine so abwechslungsreiche Küche?

Vor etwas mehr als zehn Jahren kürten die Mitglieder der großen italienischen Reiseorganisation Touring Club Italia Südtirol zum beliebtesten Bergurlaubsziel aller italienischen Provinzen. Drei Gründe waren ausschlaggebend: die Landschaft, die ökologischen Gegebenheiten und die Küche. Auf ein italienisches Lob für die »multikulturelle« Südtiroler Küche darf man sich etwas einbilden. Für kulinarisch verwöhnte Italiener ist gutes Essen im Alltag ein Muss, besonders aber im Urlaub.

Auf keinem anderen Gebiet haben sich Tirolertum und Dolce Vita derart angefreundet wie in der Küche. Die abwechslungsreiche Speisekarte bietet bodenständige Tiroler Bauernkost, deftig oder verfeinert, typische Wiener Mehlspeisen und leichte italienische Küche. Wer sich in Südtirol durch die übliche Schnitzellandschaft isst, die sich natürlich auch auf den meisten Speisekarten findet, ist selber schuld.

Speisekarten-Latein für Anfänger

Südtirols kulinarisches Vokabular umfasst altösterreichische, italienische und umgangssprachliche Bezeichnungen: Schepsernes steht für Hammelfleisch, anstatt Rote Bete sagt man Ronen, Bohnen sind Fiselen, wobei das erste E betont wird. Karfiol ist der Blumenkohl und Ribisl heißen die Johannisbeeren. Die Bauernkuchl kennt »plentene Riebl«, das noch am ehesten mit Buchweizenschmarrn erklärt werden kann, und eine Holersulze ist ein Sirup aus Holunderblüten.

Zu den österreichischen Hinterlassenschaften zählen Topfen für Quark, Frittaten für Pfannkuchen und Erdäpfel für Kartoffeln. Italienisches bleibt häufig unangetastet: Radicchio zu übersetzen hieße Eulen nach Athen zu tragen, eine Eierfrucht heißt Melanzane, auch als Aubergine bekannt. Und für italienische Gäste werden Knödel mit »canederli« übersetzt.

Die »Schlutzer« oder »Schlutzkrapfen« heißen auf Italienisch »ravioli«. Gäbe es ein Wörterbuch »Südtirolerisch für Anfänger«, wäre darin zu diesen Spezialitäten vermutlich nachzulesen: »schlutzig« ist gleich »schlüpfrig«. Aber das haben frisch aus dem kochenden Wasser geschöpfte Teigtaschen eben an sich. Die »Schlutzer« sind mit Spi-

Farbenfrohes Knödel-Tris
Käse, Rote Bete und Spinat: Die drei verschiedenen Vorspeisenknödel (»Nocken«) könnte man auch mit geschlossenen Augen leicht unterscheiden.

nat oder Spinat und Topfen (Quark) gefüllt und werden mit Parmesankäse und brauner Butter serviert.

Regionale Versuchungen

Wer glaubt, die Tiroler Küche habe außer »canederli« und Hauswurst mit Kraut oder Rindsgulasch nichts zu bieten, sollte sich auf den regionalen Spezialitätenwochen eines Besseren belehren lassen. Fast jede Ferienregion hat irgendwann im Jahr ihre besondere kulinarische Zeit. Auf Lammwochen in Ulten, Kastanientagen (»Köschtnriggl«) in Lana und Völlan oder Löwenzahnwochen am Deutschnonsberg stößt man auf Köstliches wie Terlaner Weinsuppe, Pusterer Tirtlan (in heißem Fett gebackene Krapfen, die mit Kraut, Spinat oder Topfen gefüllt sind), knusprige Schweinsrippchen und zum Nachtisch eine Vinschger Schneemilch – eine süße Kreation mit viel Sahne, Brot und getrockneten Früchten, die gut und gern als Hauptspeise ihren Zweck erfüllen würde.

Nach so einem Menü fehlt nur noch der »Marilleler« oder »Nusseler«, also der Aprikosen- oder Nussschnaps. Wetten, dass spätestens jetzt auch der hartnäckigste Schnitzelverehrer seinen kulinarischen Gewohnheiten untreu geworden ist?

Prickelnder Genuss
Das Glas Champagner – genossen in der Champagnerbar der Parfümerie Thaler - ist der ideale Abschluss einer ausgiebigen Einkaufstour.

Zum Nachtisch einen Krapfen?
Die in Öl ausgebackenen Mohn- und Kastanienkrapfen gehören zu den typischen Südtiroler Süßspeisen.

Mekka der regionalen Spezialitäten
Auf dem Bozener Obstmarkt gibt es seit über 700 Jahren nicht nur Obst, sondern die gesamte Palette von regionalen Produkten und kulinarischen Erzeugnissen, die Südtirol zu bieten hat.

REISEN, ERLEBEN, GENIESSEN

UNTERWEGS ZWISCHEN REBEN UND GLETSCHERN

Törggelen – eine nicht ganz ungefährliche Freizeitbeschäftigung

Zuerst einmal ein bisschen Sprachunterricht: Sagen Sie nicht »dörgelen«, sondern beißen Sie die Zähne zusammen, damit es ein richtig hartes »törggelen« wird. Auf das harte Tiroler-T folgt ein ganz kurzer Umlaut Ö. Das R droht die Kehle hinunterzurutschen, Sie holen es aber kurz vor dem Verschlucken wieder herauf. Daran schließen sich die zwei G an, die fast schon ein K sind. Also: Törggelen! Doch nun zum Kern der Sache: Törggelen kommt nicht von torkeln (auch wenn es manchmal damit endet ...), vielmehr stand die Weinpresse Pate, die in Südtirol Torggl (lat. torculum) genannt wird.

Und der Ort des Geschehens? Wenn Sie einen »Buschen« kennen, also ein Törggele-Lokal, das keinen Busparkplatz hat, wo Sie vielleicht sogar eine kurze Wanderung machen dürfen, um das Ziel zu erreichen, wo Ihnen Speck serviert wird, der beim Schneiden Widerstand leistet, dann hüten Sie diese Adresse als Ihr Geheimnis. Sie brauchen auch nicht weiterzulesen, Sie haben alles, was zum Törggelen gehört.

Einen »Sußer« bitte!

Für alle anderen Leser: Ja, was gehört eigentlich zum Törggelen? Neuer Wein, der manchmal so neu ist, dass er wie frisch gepresster Traubensaft schmeckt. »Sußer« heißt das süße Gesöff. Aber aufgepasst: Sogar Menschen mit einer sehr, sehr trägen Verdauung sollen schon vor der Wirkung des »Sußers« kapituliert haben.

Wenn der Wein nicht mehr ganz so neu ist, kann das also nicht schaden. Lassen Sie sich von Ihrem »Buschenschank«-Wirt einen Eigenbau, einen Wein aus eigener Produktion servieren. Vom Speck war schon die Rede: Mager ist gut, aber nur mager ist langweilig. Das Weiße gehört dazu und sollte kernig sein. Dazu ein Roggen-

Törggelen mit Ausblick
Auf Bozens Hausberg Ritten genießen Gäste auf der Sonnenterrasse des Patscheider Hofs den jungen Hauswein.

Paarl, das nördlich des Brenners als Vinschgerl gereicht wird.

Wenn die Edelkastanien hinterm Hof ihre Früchte schon abwerfen, dann kommt natürlich die obligate Portion »Keschtn« auf den Tisch. Vielleicht auch eine Kaminwurze, was nichts anderes ist als eine schmale, längliche, geräucherte Wurst aus Schweine- und Kalbfleisch, und ein Stück Käse. Das wär's dann auch schon: Junger Wein und – wenn Sie wollen – alte Lieder, Speck, Paarlbrot und die »Keschtn« mit einem Klecks Butter, alles vom Hof. Prost und Mahlzeit!

Darf's etwas deftiger sein?

Haben wir am Nachmittag im Garten oder auf der Terrasse gesessen und die Strahlen der warmen Südtiroler Herbst- oder Spätherbstsonne genossen, so verlagert sich das abendliche Törggelen hinein in die gute, alte Bauernstube des »Buschenschankhofes«. Wer nämlich das Törggelen nicht als Nachmittagsbrotzeit genießt, mit der er seine Wanderung unterbricht, kann auch ein ausgedehntes Schlemmermahl am Abend als Törggele-Ausflug tarnen.

Wieder gehört der »Nuie« dazu, die »Keschtn« ebenso, aber dann kommt die Bäuerin mit der riesigen Schlachtplatte, wo sich über einem Berg von angenehm mildem Sauerkraut Blut- und Hauswürste, Schweinsrippeln, Kasseler und gekochter Schinken türmen. Dazu gibt es eine Schüssel mit Fastenknödeln, also ohne Speck oder Wurst. Zum Schluss wird Süßes gereicht. Meistens Krapfen, die entweder mit Mohn oder Kastanien-Mousse oder Marmelade gefüllt sind. Und kurz vorm Platzen naht die Rettung in Gestalt des Herrn des Hauses, der seinen Schnapskeller geplündert hat und den »Marilleler«, »Nusseler«, »Treber« oder »Williams« mitbringt. Manchmal auch noch fünf, sechs andere unverdächtige Flaschen ohne Etikett, was durchaus für die Qualität des Inhalts spricht.

Jetzt sind Sie natürlich neugierig geworden und wollen wissen, wo diese vorzügliche Wirtin zu finden ist, die die riesige Schlachtplatte auftischt, und wo der Wirt seine »Schnapsln« kredenzt. Törggelen hat natürlich dort Tradition, wo der Wein wächst und verarbeitet wird, also im Eisacktal bei Brixen, rund um Bozen, im Meraner Land und auch im Unterland.

Das klassische Törggele-Lokal, der »Buschenschank« oder auch nur »Buschen« genannt, öffnet meistens nur zur Törggelezeit, also im Zeitraum September bis November. Aber der Schank- und Gastbetrieb ist bei den meisten Lokalen mittlerweile der eines normalen Gasthofes.

Mehr wird aber nicht verraten, denn ein bisschen sollten Sie sich das Törggelen schon verdienen. Und nicht vergessen, wenn Sie jemanden nach dem Weg zum Buschenschank oder zum Gasthof fragen: Es heißt nicht dörgelen, sondern törggelen.

Genüsse im Herbst
Eine kräftige Marende (Brotzeit) mit Speck und Schüttelbrot sollte beim Törggelen nicht fehlen. Eine köstliche Ergänzung sind gebratene Esskastanien, die in Südtirols Küche auch sonst vielfältige Verwendung finden, zum Beispiel als Suppe oder Zutat für Süßspeisen.

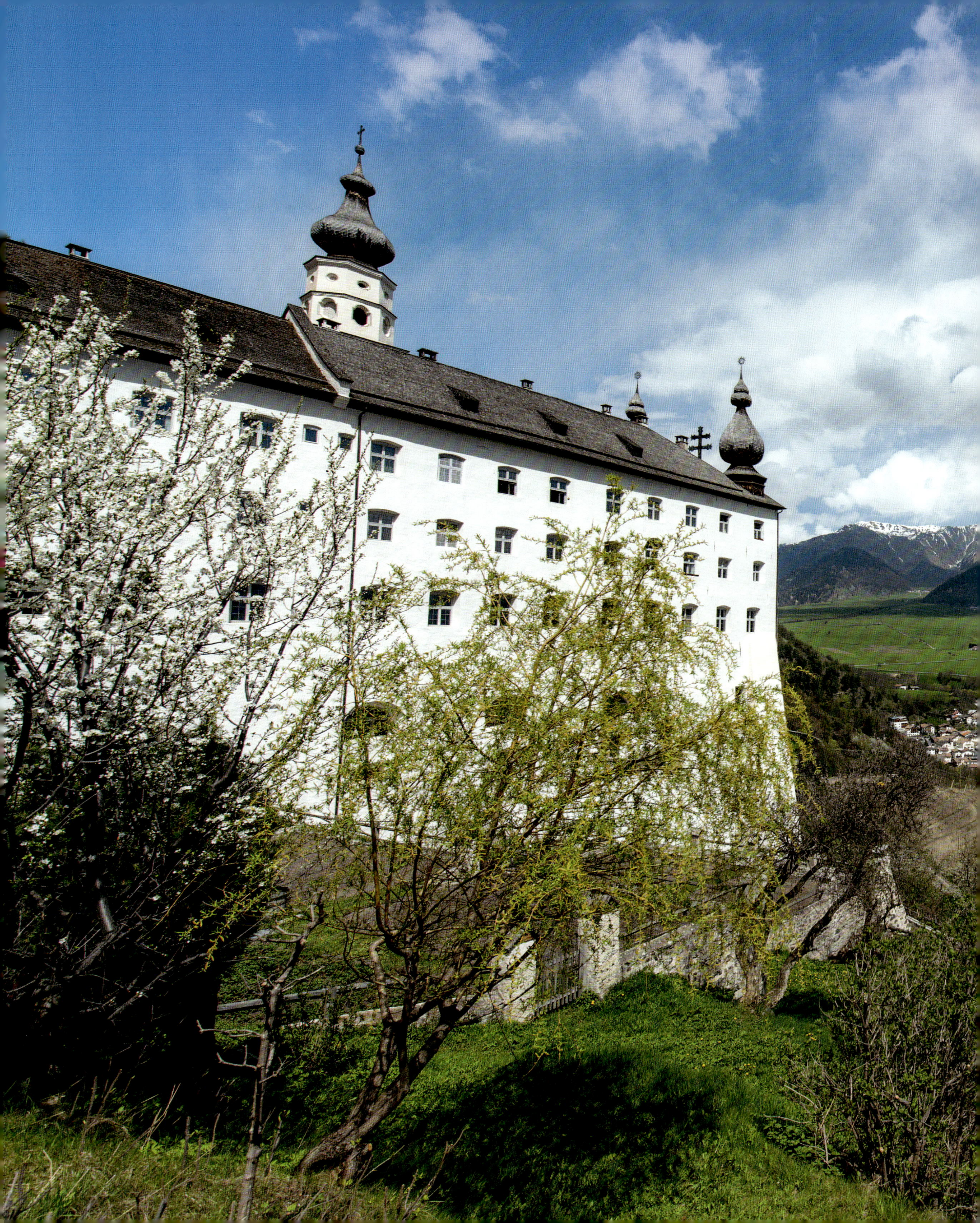

Langtauferer Tal
Das südlich des Reschenpasses gelegene Hochtal ist idealer Ausgangspunkt für Hochgebirgstouren. Der dortige Gletscherpfad deckt die klimatisch bedingten Veränderungen im Hochgebirge auf.

ersten einer großen Zahl von Vinschgauer Künstlern, denen das Tal den durchaus gerechtfertigten Ruf verdankt, so etwas wie Südtirols Kreativwerkstätte zu sein. Der Name Natters mag kaum bekannt sein, umso bekannter aber sind einige seiner Werke. Ob Einheimischer oder Gast, am Walther-Denkmal in Bozen kommt jeder irgendwann einmal vorbei. Auch das Denkmal für Andreas Hofer am Bergisel in Innsbruck und jenes für Joseph Haydn in Wien stammt aus der Werkstatt Natters.

Auf historischen Pfaden

Wer den oberen Vinschgau bereist, bewegt sich inmitten eines uralten Kulturlandes. Die ältesten noch erhaltenen Kunstdenkmäler reichen bis in die merowingische und karolingische Zeit zurück. Die Römer haben die »Via Claudia Augusta« zu Beginn unserer Zeitrechnung über den Reschen ausgebaut. Diese Alpenquerung ist also wesentlich älter als jene über den Brenner.

Es ist ein eigenartiges Land, dieser westlichste Zipfel des Vinschgaus. Hier herrscht noch die Ruhe einer längst vergangenen Zeit. Kultur- und Naturlandschaft sind im Laufe vieler Jahrhunderte zu einer Einheit verschmolzen, und so tut man sich schwer, zu entscheiden, was mehr Aufmerksamkeit verdient: der einsame Weiler inmitten eines Hochtals, die majestätische Bergwelt, die ihn umgibt, oder die zahlreichen Kunstschätze am Rand des Weges.

Der Weiler Rojen im gleichnamigen Hochtal ist die höchstgelegene Siedlung der Ostalpen. Ihre Gründung geht auf das 14. Jahrhundert zurück. Schafbauern haben hier auf 1968 Metern noch Weideland für ihre Tiere gefunden. Noch höher hinauf wäre kaum möglich gewesen. Die Häuser sind ineinander verschachtelt, und wer wissen will, wo der eine Hof endet und der nächste beginnt, wird sich dafür Zeit nehmen müssen. Am Rand des Weilers Rojen liegt eine kleine Kirche aus dem 13. Jahrhundert, die dem heiligen Nikolaus geweiht ist. 1906 wurden dort Fresken aus dem frühen 15. Jahrhundert entdeckt und dann restauriert.

Das stille Tal ist trotz oder gerade wegen seiner Abgelegenheit ein beliebtes Wander- und Skitourenziel. Auch Gipfelsammler kommen im Rojental auf ihre Kosten. Die Spitzen sind leicht begehbar und so gelegen, dass geübte Wanderer an einem Tag gleich mehrere Gipfel »mit nach Hause« nehmen können.

Der besondere Tipp

Langtauferer Gletscherlehrpfad

In Melag (1915 m) lassen wir das Auto stehen und folgen dem Wegweiser zur Melager Alm. Über Almböden geht es zu einem lichten Zirbel- und Lärchenwald, bis zu dem 1830/31 der Langtauferer Ferner noch reichte. Der Lehrpfad behandelt die Klimaerwärmung, Botanik und Geologie im Hochgebirge, und das Gletscherpanorama vor uns bestätigt: Es gibt noch richtige Eisriesen. Für den 574 Meter hohen Aufstieg von der Melager Alm zur Weißkugelhütte braucht man zwei bis drei Stunden. Empfohlen wird, die Tour als Rundwanderung mit Abstieg über den Normalweg Nr. 2 oder Nr. 3A.

Die Etschquelle
Hier beim Reschenpass beginnt die Etsch ihre Reise, die nach 414 Kilometern im Adriatischen Meer endet.

DER VINSCHGAU

HERBE LANDSCHAFT VOLLER CHARME

Das Oberland – vom Winde verweht

Die Einfachheit macht den Reiz des Vinschger Oberlandes aus.

Südlich des Reschen-Stausees liegt ein zweiter, kleinerer See, der Haidersee. Wir sind in St. Valentin auf der Haide, einem Straßendorf, das seine Existenz einem wenig angenehmen und immer wiederkehrenden Naturereignis zu verdanken hat: Wenn im Winter die Schneestürme über die Haide fegen und Straßen und Wege verwehen, möchte man keinen Hund vor die Haustür schicken. So gründete schon im 12. Jahrhundert ein gewisser Ulrich Primele aus Burgeis ein Hospiz, das für so manchen Pilger und Edelmann zur rettenden Unterkunft wurde. Wenn die in Not geratenen Reisenden nicht selbst den Weg ins Hospiz fanden, mussten sie auf den Hospizpropst hoffen. Er hatte die Pflicht, auch bei noch so schlechtem Wetter laut rufend mit dem Ochsenfuhrwerk den Weg von Graun bis zum Langkreuz, der alten Landmarke an der Grenze zwischen den Gerichten Naudersberg (östlich vom Reschenpass) und Mals-Burgeis, abzufahren.

Da hatten die Fischer aus dem Ortsteil Fischerhäusern am südlichen Ortsende noch die angenehmere Arbeit. Allerdings hatten auch sie eine Verpflichtung. Sie mussten die Mönche der Kartause Allerengelberg im Schnalstal mit Renken, Hechten und Äschen versorgen. Heute gibt es in Fischerhäusern ebenso wenig hauptberufliche Fischer wie im Schnalstal Mönche.

Die Malser Haide

Die Bäume stehen krumm in der Gegend. Wer gezwungenermaßen jahrzehntelang einem ohne Unterlass blasenden Wind den Rücken zukehrt, muss krumm und bucklig werden. Die zwischen St. Valentin und Mals gelegene Malser Haide ist der größte Murkegel im Alpenraum. Murkegel sind Geröllmassen, die bei starken Regenfällen von den Bergen ins Tal gespült werden. Die 13 Quadratkilometer große Weidefläche ist zwar durchaus fruchtbar, doch der Nutzung waren durch die klimatischen Bedingungen Grenzen gesetzt.

Waren, weil die Klimaerwärmung auch vor dem archaischen Obervinschgau nicht haltmacht. Bis sich auch hier monotone Apfelplantagen erstrecken, ist wohl nur mehr eine Frage der Zeit. Erstes untrügliches Zeichen sind die Beregnungsanlagen. Nach einer verlorenen Schlacht in den 1990er-Jahren hat der »Fortschritt« den Krieg nun doch gewonnen. Der Kompromiss lautete: Neue Beregnungsanlage ja, aber die Waale dürfen nicht ausgetrocknet werden. Spötter sagen, dass der Tourismus halt doch nicht ganz ohne Tradition auskommt.

Die Haide, dazwischen die gekrümmten Bäume und in der Ferne fünf stattliche Türme. Es sind die Türme von Mals. Der mächtige, runde Bergfried mit dem ungewöhnlichen Namen Fröhlichsturm, die drei romanischen Viereckürme von St. Benedikt, St. Martin und St. Johann und der Turm der Pfarrkirche. Kunsthistorisch interessierte Besucher sollten allerdings nicht nur von Turm zu Turm eilen, um sich das »Erlebnis Romanik« einzuverleiben, sondern den Ort selbst mit seinen Winkeln und Gassen erkunden. St. Benedikt kommt ohne Zweifel die größte Bedeutung zu. Die Kirche aus dem 9. Jahrhundert zählt zu den ältesten Gotteshäusern Tirols. Es wird vermutet,

Natürliche Bewässerung
Die Waale dienten zur Bewässerung der Wiesen, doch auch zwischen Malser Haide und Ortlerregion übernehmen immer öfter Beregnungsanlagen diese Aufgaben. Dann bleiben die Waale »Landschaftsschmuck«.

dass es zum Frauenkloster Müstair gehörte, das in karolingischer Zeit gegründet worden war. Welche Schätze sich in St. Benedikt verbargen, wurde erst 1913/14 offenkundig, als die Fresken an der Nordwand und an drei Altarnischen entdeckt wurden, die eine tausendjährige Geschichte zu erzählen wussten. Muss man St. Benedikt aus kunsthistorischer Sicht hervorheben, gilt dies für St. Martin aus einem anderen Grund: Hier haben wir es mit einem vollständig erhalten gebliebenen Pfarrbezirk inmitten einer Ortschaft zu tun. Rund um die Kirche befinden sich Kirchanger, Friedhof, das Pfarrhaus, der Kirchsteig.

Der kirchliche Machtanspruch im Oberland, eingezwängt zwischen den Bistümern von Chur und Trient, wird augenscheinlich, wenn Kloster Marienberg ins Blickfeld rückt. Und es gibt im weiten Rund der Haide kaum einen Platz, von dem das barocke Bauwerk nicht zu sehen ist. Die Herren von Tarasp erhalten Mitte des 12. Jahrhunderts vom Papst die Erlaubnis, ein Kloster zu gründen. Erstmals ziehen nicht rätoromanische, sondern deutsche Geistliche ins Land. Die Mönche kommen aus dem Kloster Ottobeuren.

Heiliges Land Tirol
Reizvoll ist der Blick auf Kloster Marienberg und die Fürstenburg, die in ihrer langen Geschichte immer wieder Zufluchtsort für die Bischöfe von Chur war. Heute ist die Fürstenburg eine Fachschule für Land- und Forstwirtschaft.

St. Benedikt in Mals
Der schlichte Stil der Romanik scheint für das Oberland wie gemacht.

DER VINSCHGAU

HERBE LANDSCHAFT VOLLER CHARME

Der Arkadenhof der Churburg
Die Säulen sind aus Göflaner Marmor gearbeitet. Die Ornamente zeigen unter anderem Fabel- und Narrenszenen (rechts ein Detail).

Eiserne Garderobe der Grafen
Der Besuch der Rüstkammer der Churburg ist zweifelsohne der Höhepunkt des Rundganges.

kein Fremdkörper im Obervinschgauer Kulturleben, aber der Gegensatz, der sich in diesem äußeren Erscheinungsbild ausdrückt, ist nach wie vor gültig.

»Alte Rittersleut'« auf der Churburg

Marienberg hat ein weltliches Pendant, die Churburg in Schluderns. Aber auch hier stand ein Bischof Pate, nämlich Heinrich von Montfort aus Chor Mitte des 13. Jahrhunderts. Die Churburg sollte als Wehrburg dazu dienen, sich die Grafen von Matsch vom Leibe zu halten. Dieses muntere Adelsgeschlecht zeigte wenig Respekt vor der kirchlichen Macht. Ulrich II. von Matsch scheute nicht einmal davor zurück, einen Marienberger Abt köpfen zu lassen. Doch gelang es nur für kurze Zeit, die Matscher Herren in Schach zu halten: 50 Jahre nach Baubeginn hatten sie schon die Churburg erobert.

Es ist dies der Beginn eines Kulturkampfes, der damit endet, dass der aus Schwaben stammende Abt Matthias Lang im 16. Jahrhundert bei der Regierung in Innsbruck erreicht, dass die Aufnahme von Dienstboten aus rätoromanischen Gegenden ebenso verboten wird wie die Heirat mit romanisch sprechenden Leuten aus der Schweiz.

In diese Zeit fällt auch der Ausbau des Klosters und die ursprünglich romanische Stiftskirche erhält eine barocke Ausstattung. Der weiße Prachtklotz oben am Berg, die schlichten romanischen Kirchen in ihren Natursteinfarben unten im Tal. Natürlich ist Marienberg heute

Die besterhaltene Schlossanlage Südtirols ist seit dem 16. Jahrhundert ununterbrochen im Besitz ein und derselben Familie, der Grafen Trapp. Aus der einstigen Wehrburg wurde ein glanzvolles Renaissanceschloss, das nicht nur kunsthistorisch interessierte Besucher anzieht, sondern auch jene, die gern ins Mittelalter der »alten Rittersleut'« eintauchen und sich von silberglänzenden Rüstungen und Waffen magisch angezogen fühlen.

Das Schloss verfügt nämlich über eine Rüstkammer, die ihresgleichen sucht. Hier wird »die eiserne Garderobe« der Grafen von Matsch und Trapp und deren Knechte aufbewahrt, unter anderem das 45 Kilogramm schwere Riesenharnisch des Ulrich IX. von Matsch, der es auf eine Körpergröße von 2,10 Meter gebracht hatte.

Der Vinschgau ist anders: Palabirnen, Marmor und Marillen

Bildhauerkunst in Laas
Aus weißem Laaser Marmor fertigen Absolventen der dortigen Fachschule für Steinbearbeitung kunstvolle Objekte und Skulpturen.

Die Schlanderer Kaufleute werben mit dem Spruch »Schlanders ist anders«. Das stimmt nur zur Hälfte: Der ganze Vinschgau ist anders. Was alle haben, interessiert die Vinschger nicht. Birnen zum Beispiel haben alle. Aber den Palabirnbaum findet man nur im Vinschgau. Seine Früchte haben ein sehr kleines Kernhaus und sind besonders süß. Wer Palabirnen isst, braucht keinen Doktor, weiß der Volksmund. Kann sein. Auf alle Fälle gilt er, wenn er in voller Blüte steht, als der schönste Obstbaum von allen.

Ganz Südtirol hat Äpfel. Die Vinschger haben ihre Marillen, also Aprikosen. Und wer noch nie eine Vinschger Marille gegessen hat, weiß nicht, wie Aprikosen schmecken können. Südtiroler Hausfrauen schwören jedenfalls auf sie, wenn es ans Einkochen geht. Vinschger Marillen-Marmelade als Brotaufstrich ist eine Köstlichkeit, die man sich nicht entgehen lassen sollte.

Und weil die Vinschger vor der Berührung mit Fremden und fremden Kulturen keine Angst haben, sondern neugierige, lernbegierige, offene Menschen sind – auch dies im Gegensatz zum herkömmlichen, eher verschlossenen Tiroler Menschenschlag –, hat ein findiger Vinschger von einer Reise nach Pakistan etwas mitgebracht: Marillen aus dem Hunza-Tal. Wundern Sie sich also nicht, wenn Ihnen im Vinschgau möglicherweise auch Hunza-Marillen angeboten werden.

Lebendiger Marmor

Ganz Südtirol hat Holz. Arme Vinschger. Man schaue sich den kahlen Sonnenberg an. Aber die Vinschger haben Marmor. »Der Carrara ist Käse, leblos und stumpf, der Laaser (Marmor) ist lebendig«, erkannte schon 1840 der bayerische Hofbildhauer Ludwig Schwanthaler. Das Bergmassiv bei Laas besteht bis etwa 2500 Meter Höhe aus Millionen Kubikmetern von weißem Marmor. Die vielen Statuen und weißen Prunkfassaden der Wiener Ringstraße, natürlich auch die fünf Meter hohe Pallas Athene vor dem Parlament, Denkmäler in London, Berlin oder die 23 Großfiguren am Justizpalast New York – sie haben alle etwas gemeinsam,

Von Laas in die Welt
In »handliche« Blöcke geschnitten, wird der begehrte weiße Laaser Marmor zu Abnehmern in aller Welt transportiert.

sie sind aus dem wetterbeständigsten weißen Kalkstein, den es gibt: Laaser Marmor.

So hat ein Stück Vinschgau die Welt erobert. Und so – wie könnte es anders sein – ist diese Erfolgsgeschichte auch mit dem Erfolg eines Vinschgers eng verbunden: Der im Jahre 1851 geborene Bauernknecht Josef Lechner lernte Steinmetz und ganz nebenbei, dass der härteste Marmor kaputtgeht, wenn man ihn mir-nix-dir-nix den steilen Hang hinunter ins Tal donnern lässt. Als er die ersten Marmorbrüche pachtete, führte er neue Techniken ein. Und wenig später waren es Josef Lechners Büffel-Pferde-Gespanne, die riesengroße Marmorblöcke in die Welt transportierten, bis ins ferne Äthiopien, wo ein Kaiser nur einen Wunsch hatte: weißen Laaser Marmor. Wie arm wäre der Vinschgau, wenn er sich mit dem zufrieden geben würde, was andere auch haben.

DER VINSCHGAU

HERBE LANDSCHAFT VOLLER CHARME

Glurns – ein Besuch im Mittelalter

In Glurns geht der Wunsch, sich auf eine Zeitreise zu begeben, in Erfüllung.

Die kleinste Stadt Südtirols hat in ihrer 800-jährigen Geschichte so ziemlich alles mitgemacht, was die Welt an Katastrophen bereithalten kann: Zweimal wütete die Pest, Etsch und Rambach traten immer wieder über die Ufer und setzten Glurns unter Wasser, bei kriegerischen Auseinandersetzungen wurde das Städtchen in Schutt und Asche gelegt, zuerst beim Engadiner Krieg 1499, dann 1799 von den Franzosen. Seine Blütezeit hatte Glurns als Handels- und Warenumschlagplatz im 15. Jahrhundert. Die Salztransporte aus dem Norden in die Lombardei kamen hier durch. Auch die Lage zwischen dem Engadin einerseits und Marienberg und Mals andererseits verlieh dem Ort eine gewisse Bedeutung. 1233 wurde es landesfürstliches Gericht. Das Gericht spielt beim wohl eigenartigsten Geschehen in der Geschichte von Glurns eine Rolle, dem »Mäuseprozess«. Was sich wie eine Anekdote anhört, hat sich aber tatsächlich so abgespielt, ob aus Spaß an der Freud' oder im Ernst, das sei dahingestellt: 1520 wurde den Feldmäusen der Prozess gemacht, weil sie einen so großen Schaden angerichtet hatten, dass die Bauern schier verzweifelten. Allerdings – und das zeugt doch von einem gewissen Gerechtigkeitssinn der Glurnser – durften sich die »Angeklagten« verteidigen. Diese Aufgabe nahm der Bürger Hans Grinebner wahr, der zu bedenken gab, dass die Mäuse doch auch einen gewissen Nutzen hätten und man ihnen freies Geleit anbieten sollte. Der Richter gab diesem Antrag statt, und so weiß die Stadtchronik von einem Mäusemassaker um 1520 nichts zu berichten.

Klein, aber fein
Zu einem gemütlichen Bummel lädt Glurns mit der Pfarrkirche zum heiligen Pankratius ein. Die Stadtmauer ist noch vollständig erhalten.

Der besondere Tipp

Der Tartscher-Bühel

Wer Glurns durch das Malser Tor verlässt, sieht eine eigenartige kahle Anhöhe, auf deren Spitze eine Kirche thront, den Tartscher Bühel (1077) mit dem von einer Umfriedung eingeschlossenen Kirchlein St. Veit. Schalensteine sind über den Hügel verstreut, Ringwallspuren lassen sich nachweisen, römische Münzen aus dem ersten vorchristlichen Jahrhundert wurden gefunden. Und es ist wohl kein Zufall, dass hier 1953 das älteste bekannte Zeugnis rätischer Schreibkunst gefunden wurde, ein Hirschhornstück mit Inschrift. Der Besitzer dürfte vor mehr als 2000 Jahren gelebt haben. Der Tartscher Bühel, den die Einheimischen »Piichl« nennen, ist ein aufgeschlagenes Geschichtsbuch.

Bauern, Händler, Edelmänner
So manche reich verzierte Hausfassade erinnert an die Handelstradition im mittelalterlichen Glurns.

Allerdings gilt das auch für die Durchführung des Urteils. Von einem bewachten und geordneten Auszug der Feldmäuse steht jedenfalls nichts geschrieben. Diesen Auszug hat nur der aus Glurns stammende Grafiker und Maler Paul Flora (1922–2009) in einer seiner ironisch-satirischen Zeichnungen festgehalten: Hunderte von Mäusen rennen durch einen Torbogen und sind froh, mit dem Leben davongekommen zu sein.

Idyllische Winkel, niedrige Lauben

Befestigt wurde Glurns schon im frühen 14. Jahrhundert. Die Umfassungsmauer, die bis zum heutigen Tag erhalten geblieben ist, ist jedoch 200 Jahre jünger. Diesem Bauwerk verdankt Glurns übrigens seinen besonderen Status, gibt es doch ansonsten in ganz Tirol keine Stadt mehr, deren Kern von einer geschlossenen Ringmauer umgeben ist. Drei mächtige Tortürme geben den Weg in die Stadt frei. Wer von Mals oder Schluderns kommt, muss durch die gleichnamigen Tore, nur das Tauferer Tor in Richtung Münstertal wird umfahren.

Hinter den dicken Mauern hat sich seit den 1980er-Jahren einiges getan: Land und Gemeinde haben in Zusammenarbeit mit dem Amt für Denkmalschutz den gesamten Stadtkern umfassend saniert.

Glurns ist mit seinen knapp tausend Einwohnern nicht nur die kleinste Stadt im Land, sondern hat auch die niedrigsten Lauben. Großgewachsene sind gut beraten, wenn sie auf der Suche nach idyllischen Winkeln und Fotomotiven ab und zu den Kopf einziehen. Nicht, dass die Glurnser ihre »Geschäftsstraße« nicht höher gebaut hätten, aber die wiederholten Überschwemmungen haben die »Unterstadt«, wo sich die Lauben befinden, aufgeschüttet. Die Stadterneuerung hat Glurns zu einem Kleinod gemacht, aber auch dazu geführt, dass der ländliche Charakter zurückgedrängt wurde. Viele Bauernhöfe befanden sich hinter den Stadtmauern, und die kleinen Lauben gehörten Kühen und Hennen genauso wie den Menschen. Da hat sich in den letzten Jahren doch einiges verändert.

Geduckte Lauben
Mit jeder Überschwemmung der Glurnser Unterstadt wurden die Lauben niedriger. Das Kuriosum trägt heute zum Reiz der Altstadt bei.

DER VINSCHGAU
HERBE LANDSCHAFT VOLLER CHARME

König Ortler und das Bergsteigerdorf Sulden

Die Bergregion um den Ortler ist nicht nur für Bergsteiger ein Paradies.

Auf dem Weg zum Ortler
Auf dem luftigen Nordgrat sieht man in der Ferne den 3905 Meter hohen Ortlergipfel (unten). Zu Füßen der Ortlergruppe liegt das Bergsteigerdorf Sulden mit der imposanten Pfarrkirche (rechts).

Mit Bergen geizt Südtirol nun wirklich nicht, aber der Ortler nimmt eine Sonderstellung ein. Einmal im Leben auf dem Ortler-Gipfel zu stehen, das ist so etwas wie »Neapel sehen und sterben« hoch Vier. Schließlich liegt Neapel knapp 4000 Meter tiefer. 3905 Meter, um ganz genau zu sein. Der Beiname »König« zeugt von einer gewissen Ehrerbietung. Und ein wenig Respekt ist angebracht, wenn man sich dem König nähert. So mancher hat es am nötigen Respekt fehlen lassen, und es hat ihn das Leben gekostet. Gemeinsam mit Zebrú (3740 m) und Königsspitze (3859 m) bildet der Ortler ein

Dreigestirn, das nicht nur Alpinistenherzen höherschlagen lässt, sondern auch weniger Ambitionierte in Staunen versetzt und den Wunsch weckt, dieser Wunderwelt näher zu rücken. Nach der Berninagruppe (4052 m) in der Schweiz ist der Ortler der höchste Berg in den Ostalpen.

Damit wollen wir Rekorde und Vergleiche beiseiteschieben. Ein Berg wie der Ortler ist kein Berg für trockene Statistik. Ein einheimischer Gämsjäger namens Josef Pichler stand 1804 erstmals auf seinem Gipfel. Im Auftrag des Erzherzogs Johann soll er den Ortler bestiegen haben, was durchaus denkbar ist, denn ein Jäger hatte damals ja wirklich andere Dinge im Kopf als sein Leben für eine Erstbesteigung zu riskieren.

die Gletscher auf dem Rückzug sind, gibt das nicht mehr ewige Eis Kriegsrelikte frei, Kanonen, Munition, halb verfaulte Schuhe und bergeweise verrostete Verpflegungsdosen.

Eldorado für Gipfelstürmer

Die ersten Seilschaften trafen sich am Ortler erst 60 Jahre später. Am Fuß des Berges gab es eine Kirche, ein Pfarrhaus und einen Bauernhof mit Betten für sechs Touristen. Zwischen 1870 und 1910 entwickelte sich Sulden zum Bergsteigerdorf. Vor den Hotels warteten die Bergführer auf gipfelversessene Kunden. Einer war Julius Payer aus Schönau bei Teplitz, einer der bedeutendsten Kartografen und Alpinisten seiner Zeit. Gemeinsam mit dem Bergführer Johann Pinggera erstieg er an die 50 Gipfel, davon waren knapp die Hälfte Erstbesteigungen. Die Schutzhütte, von der in der Saison täglich die Ortlersüchtigen zum Gipfel aufbrechen, ist nach Julius Payer benannt.

Kletter- und Wandertouren verlaufen im Ortlergebiet auf geschichtsträchtigem Boden. Hier standen sich im Ersten Weltkrieg Kaiserjäger und italienische Gebirgsschützen (Alpini) gegenüber. Die höchste Geschützstellung stand auf 3850 Metern. Seit

Für Militariasammler herrschte in den 1990er-Jahren am Ortler Goldgräberstimmung, die sich mittlerweile wieder gelegt hat. Seit gut zehn Jahren versucht der Verein Stelvio-Umbrail 14/18, die Spuren des Krieges vor der Zerstörung und damit vor dem Vergessen zu bewahren und hat dazu einen Themenweg mit Infotafeln eingerichtet.

Heute ist Sulden eine – wie es im modernen Jargon der Touristiker heißt – Ganzjahresdestination. Kaum sind die Bergsteiger verschwunden, kommen die ersten Skifahrer. Trafoi, Heimat der Südtiroler Skilegende Gustav Thöni, liegt nicht weit entfernt, an der Straße hinauf zum Stilfser Joch, auf dem man übrigens auch im Sommer Ski fahren kann. Trafoi ist auch Ausgangspunkt zum nahen Wallfahrtsort Heilige Drei Brunnen. Welche Heilkräfte dem Wasser der drei Quellen, die hier entspringen, zugeschrieben werden, lässt sich nicht genau sagen. Sicher ist, dass das Wasser zumindest imstande ist, den Durst der Pilger zu stillen, wenn zweimal im Jahr die Prozession stattfindet.

Fast wie im Himalaja
Als Reinhold Messner Mitte der 1980er-Jahre die ersten Yaks aus dem Himalaja mitbrachte, bedachten dies viele seiner Landsleute mit einem mitleidigen Lächeln. Doch längst sind die zotteligen Rinder in Sulden heimisch geworden und eine Attraktion für Bergwanderer.

DER VINSCHGAU

HERBE LANDSCHAFT VOLLER CHARME

Natur erwandern
Die hochalpine Bergwelt im Martelltal ist ein Wandergebiet, das ganz besondere Naturerlebnisse beschert.

Im Stilfser-Joch-Nationalpark

Der Mensch muss sich im Nationalpark Stilfser Joch zurücknehmen.

Am Gipfel der Zufallspitze (3778 m) treffen sich die Grenzen der Provinzen Sondrio (Lombardei), Trient und Bozen. Hier ist das Herz des 1935 gegründeten Schutzgebietes Nationalpark Stilfser Joch. 45 Prozent der insgesamt 131 000 Hektar entfallen auf den Vinschgau und das Ultental. Lange hatten die Vinschger ihre liebe Not mit dem Nationalpark, der in einer Zeit entstand, als römische Gesetze und Maßnahmen zu allem Möglichen dienten, nur nicht dazu, den Südtirolern einen Gefallen zu erweisen. Die strengen Schutzbestimmungen mit den Erfordernissen eines teils dicht besiedelten Wirtschaftsraumes in Einklang zu bringen, ist auch heute nicht immer leicht. Aber seit 2015 herrscht eine neue Zeitrechnung für den Nationalpark und den Vinschgau: Italien hat die zentralistische Führung des Schutzgebietes beendet und den drei Provinzen eine eigenständige Führung des jeweiligen Flächenanteils erlaubt. In Südtirol spricht man von einer »autonomiepolitischen Errungenschaft«, Umweltschützer befürchten eine zu starke Lockerung der bisherigen Schutzmechanismen.

Abseits der Touristenströme – das Martelltal

Man muss das rechte Etschufer schon einige Kilometer weit hinter sich lassen, um die fast noch unberührte Hochgebirgslandschaft im hinteren Martelltal zu erreichen, die das Bestehen des Nationalparks auf jeden Fall rechtfertigt. Je enger die Straßenkehren werden, desto näher kommt der Zufritt-Stausee (1850). Wer am Talschluss in Zufall auf mehr als 2200 Metern Höhe zeitig in der Früh in eines der Hochtäler aufbricht, fühlt sich wie in einem Freilichtzoo. Rotwild und Gämsen sind hier heimisch, Raubvögel und Murmeltiere. Wenn man Letztere nicht

Späte Ernte
Die Bauern im Martell pflücken die Erdbeeren erst, wenn andernorts die Saison längst vorbei ist.

Marteller Torwache
Am Eingang des Martelltales thront die Ruine Obermontani.

sieht, so hört man doch bestimmt die schrillen Pfiffe, mit denen der Wachposten seine Artgenossen vor den nahenden Menschen warnt. Mit etwas Glück entdeckt man sogar Adler oder Steinböcke. Das Ende des 19. Jahrhunderts fast ausgerottete Steinwild hat sich dank strenger Schutzbestimmungen prächtig erholt. Auf rund 40 000 Exemplare wird der Bestand im gesamten Alpenraum heute geschätzt. Über Graubünden fanden die stolzen Kletterer auch den Weg zurück in das Gebiet des Nationalparks.

Martell ist ein Tal, das viele Wege und Routen offen lässt, und verdient somit das von der Tourismusbranche oft und manchmal zu oft verwendete Prädikat »Wanderparadies«. Hinter dem Madritschjoch liegt Sulden, auf der anderen Talseite muss man mindestens ebenso gut zu Fuß sein, um hinüber ins Ultental zu kommen. Die Ultner ihrerseits hatten keine Mühe, ins Martelltal zu gelangen und Vieh und Mädchen mit nach Hause zu nehmen. Ganz freiwillig, so erzählen es sich die Leute von Martell, sollen allerdings weder das Vieh noch die Mädchen mitgegangen sein.

Erdbeeren im August

Was den Laasern ihre Marillen, ist das Beerenobst für die Bauern im Martelltal. Geschickt haben die Bauern im Tal diese Marktlücke für sich entdeckt und ausgenützt. Das milde, trockene Klima ermöglicht den Erdbeer-Anbau bis auf 1800 Meter. Geerntet wird je nach Lage zwischen Mitte Juni und Ende August. Aus dem ehemals kleinen Genossenschaftsladen wurde inzwischen die »Erdbeerwelt«. Wer am Ende eines Ausflugstages den schmucken »Beerenobsttempel« betritt, wird staunen, was man aus kleinen Beeren alles zaubern kann.

Den Eingang zum Martell bewacht die Ruine Obermontani. Leider ging mit dem Verfall der Burg auch der einzigartige Bibliotheksbestand verloren. Das wertvollste Stück daraus wird heute in der Berliner Staatsbibliothek aufbewahrt, eine auf Pergament geschriebene Nibelungenhandschrift aus dem Jahre 1323. Der Marienberger Mönch Beda Weber hatte das Pergament für zehn Gulden gekauft und für 200 Gulden an einen Berliner Händler weitergegeben. Die »Berliner Handschrift« gilt als eine der ältesten Überlieferungen des Nibelungenliedes.

Am Zufritt-Stausee
Wenige Kilometer hinter dem Stausee endet die Straße. Wer den Nationalpark erkunden will, muss wohl oder übel zu Fuß weiter.

Europas höchster Weihnachtsmarkt

Dass Südtirol die Weihnachtsmärkte entdeckt hat und damit vor allem italienische Touristen anlockt, ist bekannt. Weniger bekannt ist, dass es inzwischen eine Reihe kleiner Weihnachtsmärkte gibt, die ausschließlich regionale Produkte und Kunsthandwerk anbieten. Da wiederum sticht der Adventmarkt im Martelltal hervor, der in zweierlei Hinsicht rekordverdächtig ist: Kaum ein Weihnachtsmarkt der Welt dürfte auf 2061 Metern liegen und in einem alten Stall zu finden sein. So hoch liegt nämlich die Enzianalm unweit des Parkplatzes am Talschluss. Geöffnet ist dieser Weihnachtsmarkt nur an zwei Wochenenden im Dezember, meistens um Mariä Empfängnis herum. Ein Besuch lässt sich mit einer gemütlichen Wanderung verbinden: Eine Dreiviertelstunde entfernt liegt die Lyfi-Alm auf 2165 Metern. Die Alm selbst ist im Winter und Sommer geöffnet.

DER VINSCHGAU
HERBE LANDSCHAFT VOLLER CHARME

Den Sonnenberg entlang gen Süden

Zwischen sattem Grün und kargen Anhöhen: unterwegs auf der Vinschger Sonnenseite.

Bewacher des Schnalstals
Schloss Juval, Teil der Messner Mountain Museen, ist im Frühjahr und Herbst geöffnet, aber nur mit Führung zu besichtigen.

Bei Laas öffnet sich der Vinschgau endgültig dem Süden. Wir haben das herbe Oberland ebenso hinter uns gelassen wie die Gletscherregion rund um den Ortler. Am sonnigen Berghang nördlich des Etschtals führt von Allitz ein Weg bis nach Kortsch. Wir lernen eine neue Besonderheit des Vinschger Tales kennen, den Sonnenberg.

Kaum Regen, heiße Sommer, viel Wind: Diese besonderen Klimabedingungen tragen dazu bei, dass der Berghang von Allitz bis hinunter nach Naturns beinahe Steppencharakter aufweist, aber auch häufige Wald- und Buschbrände haben der Vegetation hier mächtig zugesetzt. Die gängige Volksmeinung hat die Schuldigen längst ausgemacht: Die alten Römer haben Raubbau am Vinschger Wald betrieben, und was sie an Bäumen übrig ließen, wurde später über die Etsch bis ans Meer gedriftet, um auf dem festen Holz Venedig zu erbauen. Nun ja, schon möglich, dass die Römer Feuerholz brauchten, aber den ganzen Sonnenberg abzuholzen, das hätten sogar Cäsars Legionen nicht geschafft. Gezielte Brandrodung und Naturkatastrophen, schon in vorgeschichtlicher Zeit, dazu Überweidung – vor allem durch Ziegen – drängten den Wald zurück.

Auf der gegenüberliegenden Talseite sehen wir hingegen den dicht bewaldeten

MMM Messner Mountain Museum
Die Bergvölker sind das Leitmotiv des MMM Ripa im Schloss Bruneck (links oben). Von MMM Firmian auf Schloss Sigmundskron blickt man weit über das Etschtal und bis nach Meran, im Innern begegnet man asiatischer Spiritualität (oben und rechts).

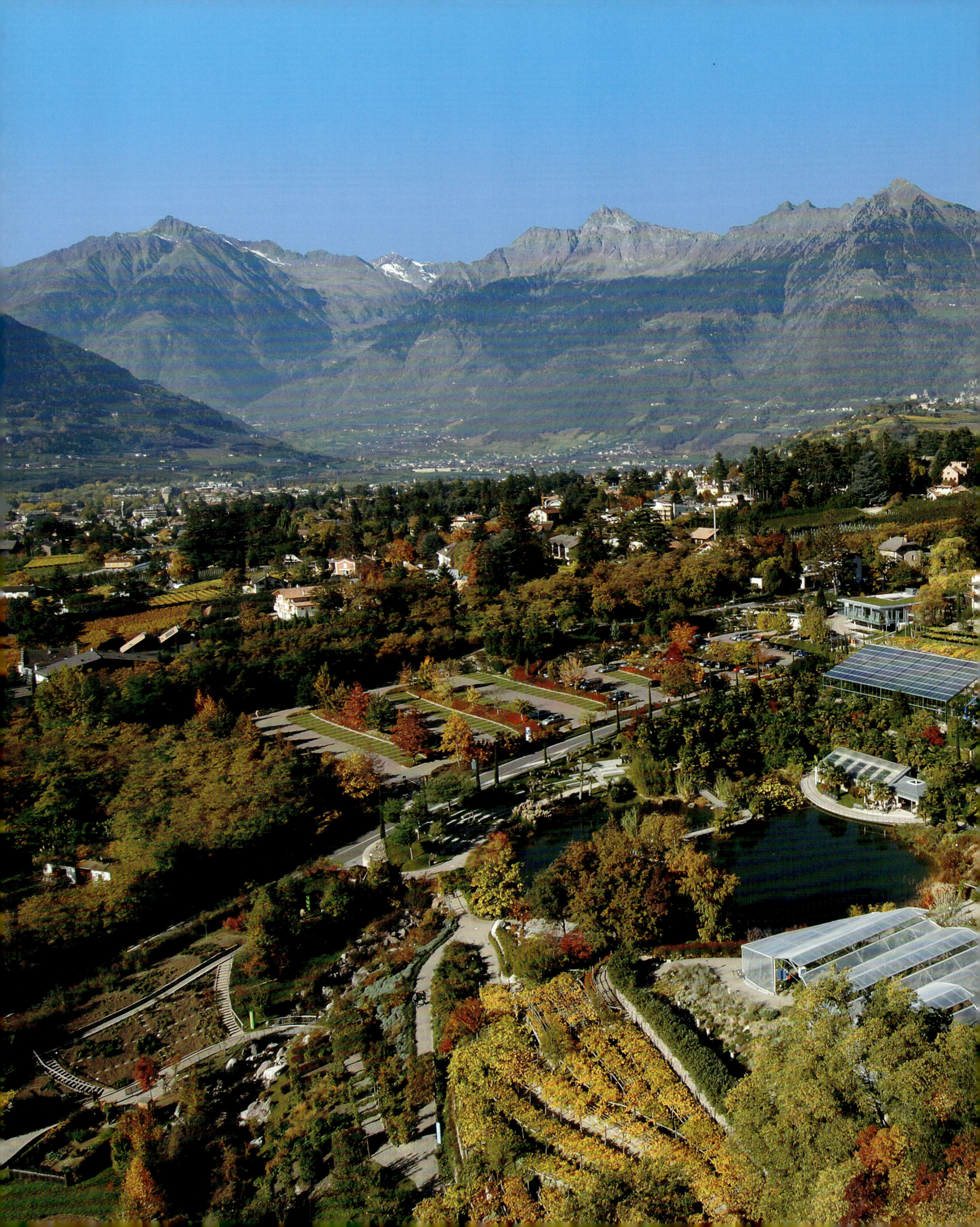

dem süßen Traubenfleisch Schlund und Brustkasten auskalfatern und die Lücken zupichen wollen, die der deutsche Winter hineingerissen hat«.

Im Herzen Tirols

600 Jahre zuvor hatte Meinhard II., Graf von Vinschgau, beschlossen, die kleine Siedlung am Fuß des Küchelbergs zur Hauptstadt zu machen und nannte sich fortan Graf von Tirol.

Gründe dafür gab es mehrere: Der Norden des Landes spielte keine große Rolle, im Süden um Bozen hatte der Bischof von Trient das Sagen und beiderseits der Etsch gab es nichts als Sümpfe. Meran hingegen hatte über den Reschen- und Jaufenpass zwei für die damalige Zeit gute Verbindungen nach Norden. Und außerdem lag es in der Nähe von Schloss Tirol. Meinhard baute dann aber die Zenoburg zu seiner herrschaftlichen Residenz aus und übersiedelte dorthin, um noch näher bei Meran zu sein.

Bummel durch Meran
Fotografiert wird beides – die Postbrücke aus dem Jahr 1906 mit dem Kurhaus im Hintergrund und der Reiter aus Islandmoos, den die Meraner Stadtgärtner alljährlich zum Großen Preis, dem berühmten Pferderennen, auf die Kurpromenade stellen.

MERAN UND BURGGRAFENAMT
SÜDLICHES FLAIR UNTER WEISSEN GIPFELN

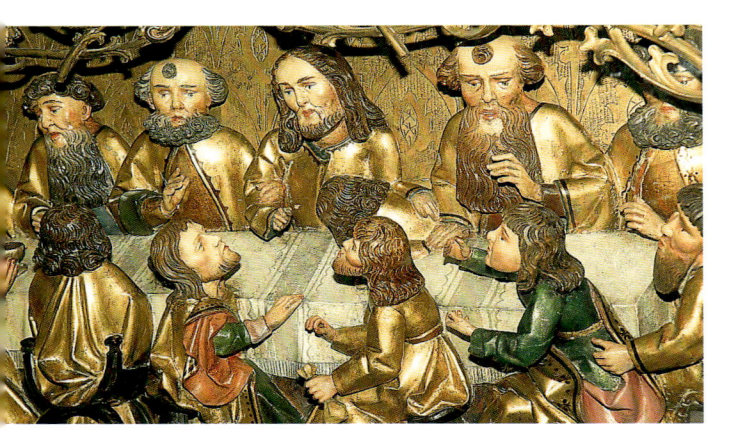

Schätze der Barbara-Kapelle
Der vergoldete gotische Schnitzaltar ist einer von drei Altären der im Schatten der Pfarrkirche gelegenen Kapelle.

Geschäftsmeile mit Vergangenheit
Bis um die Mitte des 19. Jahrhunderts gab es hier Kuhställe. Heute bilden die Lauben das Meraner Geschäftszentrum.

Unter Meinhard II. ging neben dem wirtschaftlichen auch der städtebauliche Aufschwung einher: Die Laubengasse wurde gebaut, und zwar mit einer Gesamtlänge von 400 Metern gewollt um 100 Meter länger als das Bozner Vorbild. Die zwei Laubenzeilen tragen verschiedene Namen: die Berg- und die Wasserlauben, je nachdem, ob sie dem Küchelberg oder der Passer zugewandt sind. Ebenfalls auf Meinhard II. geht der Bau der Stadtmauer zurück, die aber erst lange nach seinem Tod (1295) fertiggestellt wurde. Drei der vier Stadttore sind heute noch erhalten. Eine ewige Baustelle war die Pfarrkirche zum heiligen Nikolaus. Der 1302 begonnene Bau konnte erst 1465 bezogen werden.

Beinahe zwei Jahrhunderte lang erfreute sich Meran ständigen Wohlstands. Erst als der Verkehrsweg zwischen Bozen und dem Brenner ausgebaut wurde und die wichtigsten Märkte nach Bozen kamen, begann der Niedergang. Als Tirol an die Habsburger abgetreten wurde, verlagerte sich das politische Schwergewicht in Richtung Norden. 1475 wurde die Münzstätte von Meran nach Hall verlegt, 1490 Innsbruck zur Tiroler Landeshauptstadt. Meran verlor jegliche Bedeutung und blieb bis ins 19. Jahrhundert hinein auf seine mittelalterliche Größe beschränkt. Dies sollte sich erst mit dem Jahr 1836 ändern.

Aufstieg zur mondänen Kurstadt

Immer größere Teile der Stadtmauer wurden abgerissen, und rund um die »Habsburger Straße«, die heutige Freiheitsstraße, entstand zwischen 1860 und 1914 das neue Meran mit Kurhaus, Stadttheater, Promenaden und Hotels. Die bis dahin eigenständigen Gemeinden Meran, Gratsch, Ober- und Untermais bildeten die Stadtgemeinde Meran. Die Eröffnung des neuen Kurhauses fiel mit dem ersten Kriegswinter 1914 zusammen. Kein gutes Omen. Der Krieg setzte dem mondänen Treiben in der Kurstadt ein jähes Ende.

Am Südbalkon der Alpen
Am Tappeinerweg spaziert man inmitten von mediterranem Grün und hat den schönsten Blick auf die Meraner Altstadt.

Nach Meran fährt man heute nicht mehr zur Kur, auch wenn zur Zeit der Weinlese frisch gepresster Traubensaft auf den Getränkekarten steht. Von seiner Anziehungskraft hat es jedoch nichts eingebüßt. Wie kaum ein zweiter Ort an der Alpensüdseite verbindet es mediterranes und alpines Flair, nirgendwo sonst ist das alte Tirol der Habsburger noch so gegenwärtig, und in keiner anderen Stadt inmitten von Bergen lässt es sich so gemütlich flanieren.

Naturoase in der Stadt

Aufbruchsstimmung herrschte in Meran erneut kurz nach der Jahrtausendwende: 2001 öffneten die Gärten von Trauttmansdorff, zwei Jahre später das Touriseum im Schloss Trauttmansdorff und 2005 die Therme. Das alte Thermalbad war 1981 ein letztes Mal als Austragungsort des Schach-WM-Kampfs zwischen Anatoli Karpow (UdSSR) und dem Exilrussen Viktor Kortschnoi zu internationalen Ehren gelangt. Kaum war das Duell zugunsten des jungen Russen entschieden, fiel das Kurbad wieder in Tiefschlaf, bis Italien die Anlage dem Land Südtirol überließ. In der Folge schuf der Südtiroler Designer und Architekt Matteo Thun »eine Naturoase im Herzen der Stadt«.

Der moderne Naturstein- und Glasbau am Passerufer veränderte das Stadtbild. Ein neuer Platz entstand, der Thermenplatz mit dem ebenfalls neuen Thermenhotel. Wer sich in der Therme aufhält, hat freien Blick auf die Gipfel der Texelgruppe und auf den Meraner Hausberg Ifinger. Im Jahr 2014 wurden 380 000 Besucher gezählt, täglich mehr als 1000 Badegäste. Im Sommer ist auch das Freigelände geöffnet, und trifft die Fremdenverkehrswerbung ausnahmsweise einmal den Nagel auf den Kopf: Man ist tatsächlich in einer Naturoase mitten in der Stadt, 7650 Quadratmeter groß und mit insgesamt 25 Becken im Freien und in der Halle.

Wer hingegen Meran aus der Vogelperspektive erleben will, muss zum Tappeinerweg (siehe auch Wandertipp). Der Arzt und Botaniker Franz Tappeiner aus Laas im Vinschgau schenkte den Spazierweg der Stadt Meran. So wandern nun seit 1893 Menschen den geschützten Promenadenweg entlang und wundern sich, dass alpine und mediterrane Vegetation einen Ort gefunden haben, an dem sie problemlos zusammenleben können.

Tappeinerweg und Schloss Tirol

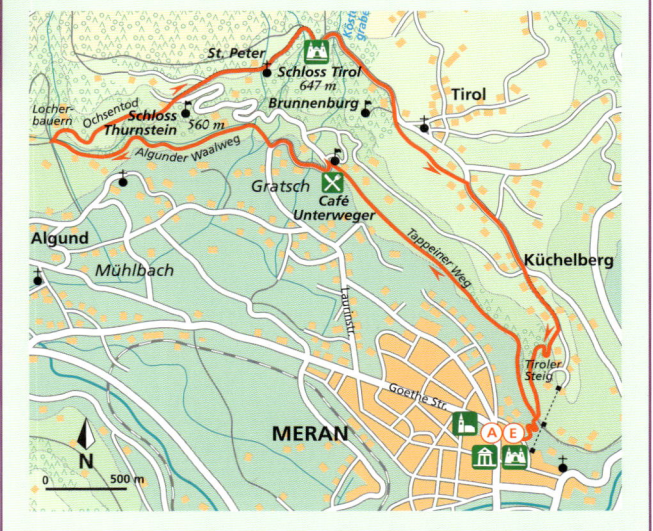

Zum Tappeinerweg führen die Gilfpromenade, der Treppenaufgang hinter der Pfarrkirche und die Serpentinen bei der Landesfürstlichen Burg. Hier befindet sich auch die Talstation des Sessellifts nach Dorf Tirol. Der Höhenunterschied zur Stadt misst knapp 100 Meter, der Gesamtweg von der Passeirer Straße bis nach Gratsch drei Kilometer. Mehrere Guckrohre verweisen auf die Sehenswürdigkeiten entlang des Weges, darunter auch auf Schloss Tirol. Wer sich mit dem Blick aus der Ferne nicht zufriedengeben möchte, kann sich auf eine Rundwanderung machen (ca. vier Stunden Gehzeit, 350 Höhenmeter). Vom Ende des Tappeinerweges geht es zur Kirche in Gratsch, dann den Algunder Waalweg entlang über einen alten Plattenweg (»Ochsentod«) hinauf zum Schloss Thurnstein (Einkehrmöglichkeit). Nun machen wir eine 180-Grad-Kehrtwende Richtung St. Peter und weiter bis Schloss Tirol. Zurück geht es über Dorf Tirol zum Tiroler Steig und hinab zum Tappeinerweg. Wer müde Beine hat, kann die Wanderung in Dorf Tirol beenden. Entweder nimmt man den Bus zurück nach Meran oder den City-Bus zum Segenbühel, wo die Bergstation des Sessellifts steht.

MERAN UND BURGGRAFENAMT

SÜDLICHES FLAIR UNTER WEISSEN GIPFELN

Kaiserin Elisabeth und die Gärten von Schloss Trauttmansdorff

Im Oktober 1870 herrschte große Aufregung in der aufstrebenden Kurstadt Meran. Die Kaiserin würde kommen. Und tatsächlich: Am 16. Oktober traf Elisabeth von Österreich samt Gefolge in Meran ein. Drei Jahre zuvor war die Brennerbahnlinie eröffnet worden, und in Bozen standen Kutschen und Wagen für den Weitertransport nach Meran bereit. An die 6000 Schaulustige warteten voll gespannter Neugier auf das Eintreffen der Kaiserin, auch um ihr einen standesgemäßen Empfang zu bereiten. Elisabeths nobles Urlaubsdomizil war das Schloss Trauttmansdorff, dessen Geschichte bis in das 14. Jahrhundert zurückreicht. Fast alle der insgesamt 102 Bediensteten wurden in den nahe gelegenen Schlössern von Rametz und Rubein und in Bauernhöfen einquartiert. Darüber hinaus war sogar ein eigenes Telegrafenamt eingerichtet worden, damit die Kaiserin im wahrsten Sinn des Wortes einen direkten Draht nach Wien hatte.

Elisabeth blieb bis zum Juni 1871. Sie hatte Meran auf Anraten ihres Arztes gewählt und hoffte, dass sich ihre zweijährige Tochter Marie Valerie, die von Geburt an kränklich war, im milden Meraner Winter erholen würde. In diesen acht Monaten kam auch Kaiser Franz Josef dreimal nach Meran, um seiner Gattin einen Besuch abzustatten. Der Kuraufenthalt Elisabeths bedeutete die endgültige Weihe Merans zum Nobelkurort für die vornehme Gesellschaft der damaligen Zeit.

Geheime Verehrer
Die Blumen, die Sisi in die Hände gelegt werden, sind echt.

Musik liegt in der Luft
Der künstliche See in den Gärten von Schloss Trauttmansdorff wird im Sommer zur Seebühne für Freiluftkonzerte.

Elisabeths geheime Pfade

Der sonnige Hang im Osten Merans rund um Trauttmansdorff war im Meraner Talkessel klimatisch besonders begünstigt. Im Mai 1871, kurz vor ihrer Abreise, ließ die Kaiserin im steilen Eichenwald noch Fußpfade anlegen, um ihre Spaziergänge ungestört genießen zu können. Den Sommer verbrachte sie im kühleren Bad Ischl. Aber schon im Herbst 1872 kehrte sie nach Meran zurück, wohnte diesmal aber im Schloss Rottenstein in Obermais. Allerdings suchte sie schon am Tag nach ihrer Ankunft Trauttmansdorff auf »und wandelte mit sichtlichem Vergnügen eine geraume Zeit alle die bekannten, traulichen Pfade durch Park und Flure«, wie der »Tiroler Bothe« im Oktober 1872 nicht ganz ohne Stolz berichtete.

Ein drittes Mal kam Elisabeth 1889 nach Meran, musste aber ihren Aufenthalt schon nach sechs Wochen abbrechen und fluchtartig das Schloss verlassen, weil nach einem Unwetter der Naifbach auszubrechen drohte. Nur ein Jahr nach ihrem vierten und letzten Aufenthalt in Meran wurde die österreichische Kaiserin am 10. September 1898 in Genf ermordet.

Die ganze Welt in einem Garten

Seit im Frühjahr 2001 die »Gärten von Trauttmansdorff« für Besucher geöffnet wurden, sind Elisabeths »geheime Pfade« Allgemeingut. Beinahe ein ganzes Jahrhundert waren Trauttmansdorff und seine Umgebung vergessenes Land. Das Schloss wäre wohl verfallen, hätte es 1979 mit der Autonomen Provinz Bozen-Südtirol nicht eine neue Besitzerin erhalten. Und diese verfolgte ein ehrgeiziges Ziel: In rund zehnjähriger Bauzeit wurde der zwölf Hektar große Botanische Landesgarten angelegt. »Die ganze Welt in einem Garten« – so das Motto der Gartenbauer – sollen die Besucher hier finden. Und in der Tat erstreckt sich hier Europas nördlichster Olivenhain neben alten einheimischen Reb- und Getreidesorten und einem alten Bauerngarten, liegen nur fünf Gehminuten zwischen japanischen Reisterrassen und einer Sukkulenten-Halbwüste, die genauso gut in Arizona oder New Mexico angesiedelt sein könnte.

Wer schließlich die nach dem prominenten Kurgast benannte Elisabeth-Promenade hinauf in den Flaumeichenwald steigt, wird die erstaunliche Feststellung machen, dass dieser Botanische Landesgarten nur Teil einer alpinen Landschaft mit einem unverkennbar mediterranen Charakter ist. So weit das Auge reicht, ist Garten, wechselt Kultur- mit Naturlandschaft und geht schließlich nahtlos über in eine hochalpine Gebirgslandschaft.

Die »Gärten von Trauttmansdorff« waren von Anfang an ein Erfolgsmodell. Im ersten Betriebsjahr kamen 250 000 Gäste, seit 2009 werden zwischen April und November Jahr für Jahr mehr als 400 000 Besucher verzeichnet.

Von diesem Besucheransturm profitiert auch das Fremdenverkehrsmuseum Touriseum im Schloss Trauttmansdorff, für das an der Gartenkasse ein Kombiticket erhältlich ist. Dem Projekt wurde anfangs mit Skepsis begegnet, doch die Museumsmacher haben Kritiker verstummen lassen. Wer glaubte, der Tiroler – in diesem Fall der Südtiroler – könne sich nicht selbst hinterfragen und auf den Arm nehmen, wird im Touriseum eines Besseren belehrt. Gäste und Gastgeber

Perfekte Harmonie
Die verschiedensten Gartentypen, vom englischen Staudengarten bis zum italienischen Renaissancegarten, verschmelzen zu einer wohldurchdachten, einladenden Gesamtanlage.

werden hier vorgestellt, um nicht zu sagen, vorgeführt: liebevoll ironisch und interaktiv. Wen es interessiert, warum Südtirol so ist wie es ist, und den Preis kennen möchte, den ein Land zahlt, das unbedingt zwölf Monate im Jahr ein weltbekanntes Reiseziel sein will, der nehme sich nicht nur für die Gärten Zeit, sondern auch für das Touriseum.

MERAN UND BURGGRAFENAMT

SÜDLICHES FLAIR UNTER WEISSEN GIPFELN

Schloss Tirol – Wächter über das Meraner Land

Dorf Tirol und Schenna liegen im ständigen Wettstreit um die Gunst der Gäste.

Primus inter Pares. Mag Südtirol noch so viele Burgen und Schlösser sein Eigen nennen, eine Festung erhebt sich über alle anderen: Schloss Tirol. Hier ist die Wiege Tirols, dieses Schloss hat dem Land seinen Namen gegeben. Graf Albert I. von Tirol und dessen Bruder Berthold erbauten es Anfang des 12. Jahrhunderts als Gegenspieler zu Burg Hocheppan, dem Stammsitz der Grafen von Eppan (siehe auch Seite 142).

Seine Glanzzeit erlebte Schloss Tirol erst 100 Jahre später unter Meinhard II. Von hier aus wurde Tirol verwaltet. An die 30 Notare arbeiteten unter Meinhard II., von 1274 sind die ersten Steuerregister überliefert. Im Schloss selbst dürften an die 130 Personen beschäftigt gewesen sein.

Mit der Verlegung der Residenz nach Innsbruck im Jahr 1420 durch Herzog Friedrich IV. von Tirol begann der Niedergang des Schlosses. 100 Jahre später waren die Bauschäden bereits groß, und Teile des Nordpalas stürzten bei einem Hangrutsch in die Tiefe. Beinahe wäre das Schloss überhaupt abgerissen worden: Als Tirol an Bayern fiel, sollte mit dem Namen des Landes auch sein Symbol aus der Welt geschafft werden. Als die napoleonischen Kriege vorüber waren, kaufte die Stadt Meran das Schloss und schenkte es dem österreichischen Kaiser. Heute ist das Schloss Eigentum des Landes Südtirol, das es 1974 vom italienischen Staat erhielt. Nach umfangreichen Restaurierungsarbeiten wurde es 1984 als Südtiroler Landesmuseum für die Besucher zugänglich gemacht und mit neuem Leben erfüllt.

Im großen Saal des Hauptgebäudes gehören die mittelalterlichen Soireen heute zu den attraktivsten Konzertreihen Südtirols. Im Bergfried hingegen hat die bildende Kunst Einzug gehalten. Dafür wurde der Turm – frei von konservatorischen Zwängen – entkernt und erhielt ein völlig neues Innenleben. Als Treppe und Ausstellungsebene dient ein Gerüst aus Stahlpylonen. Bei der Materialwahl wurde auf rostende Stahlplatten gesetzt. Die mächtigen geschichtsträchtigen Steinmauern haben eine moderne und ebenbürtige Konkurrenz erhalten.

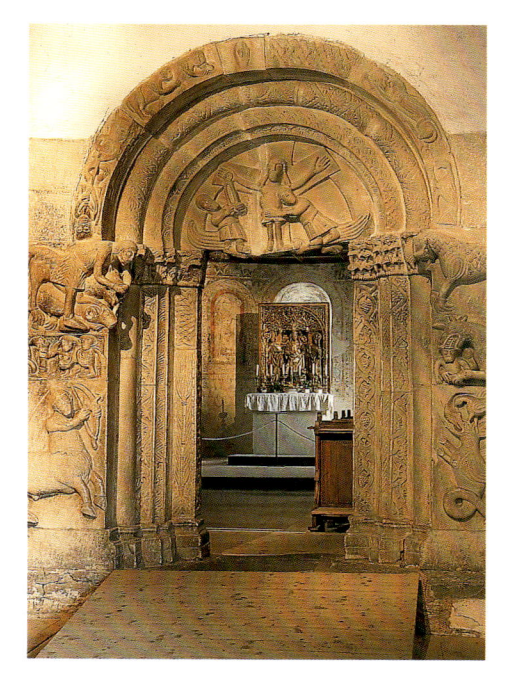

Kapellenportal im Schloss Tirol
Unheil und Erlösung hat der unbekannte Künstler aus dem 12. Jahrhundert gegenübergestellt.

Nachbarliche Konkurrenz

Von Dorf Tirol aus ist das Schloss auf einem Spazierweg in einer knappen halben Stunde und mit geringer Steigung zu erreichen (siehe Wandertipp Seite 81). Auf dem Weg dorthin kommt man an der Brunnenburg vorbei, die 1904 ihre heutige neugotische Form erhalten hat. Die Brunnenburg ist untrennbar mit dem Namen Ezra Pound verbunden, war sie doch nach dem Zweiten Weltkrieg jahrelanger Aufenthaltsort des amerikanischen Dichters. Heute beherbergt die im Privatbesitz befindliche Brunnenburg ein Volkskundemuseum.

Der besondere Tipp

Meraner Höhenweg und Muthöfe

Schwindelfrei sollte man schon sein, wenn man hoch über dem Meraner Talkessel zwischen den Muthöfen über Dorf Tirol und dem kleinen Bergdorf Vellau (Gemeinde Algund) unterwegs ist. Vom Gasthof Tiroler Kreuz oberhalb von Dorf Tirol erreicht man nach rund 90 Minuten den Gasthof Hochmuter (1400 m). Von dort geht es auf dem Hans-Frieden-Weg leicht ansteigend zur Leiter Alm (1520 m). Hier bietet sich die Möglichkeit, mit dem Sessellift hinab nach Vellau (950 m) zu fahren und von dort über den Vellauer Felsenweg (eine Teilstrecke des Meraner Höhenweges) zurück zum Hochmuter zu wandern. Für die Strecke Leiter Alm–Vellau (Sessellift)–Hochmuter muss man zwei Stunden Gehzeit einkalkulieren. Beide Wege wurden in den Fels geschlagen. Sie sind also spektakulär, aber nichts für heiße Sommertage, sondern lohnende Ziele im Frühjahr und Herbst.

bruar in Meran beim Andreas-Hofer-Denkmal eine Gedenkmesse gefeiert. Schützenabordnungen aus allen Teilen Tirols fallen an diesem Tag – völlig friedlich, versteht sich – zur Heldengedenkfeier in Meran ein. Oft nutzen die Redner die Gelegenheit, um dem Staat Italien einmal mehr die Gefolgschaft zu kündigen und mit den eigenen Politikern hart ins Gericht zu gehen. Das mediale Interesse ist den neuzeitlichen Freiheitskämpfern nach wie vor sicher.

Wesentlich humoriger geht es erstaunlicher- und glücklicherweise an Andreas Hofers Wirkungsstätte zu. Der Sandwirt, in dem Hofer 1767 geboren wurde, ist noch immer ein bekannter Landgasthof. Dort wurde der Wirt und Rosshändler zum Revolutionär und das Museum Passeier erzählt mit Augenzwinkern, wie man scheitern und trotzdem ein Held werden kann. Und wenn Sie wissen möchten, was aus ihm geworden wäre, wenn ihn Napoleon begnadigt hätte, dann schauen Sie sich im Museum den Film an.

Nach dem Besuch beim Sandwirt kann man wenig überraschend in der Nähe einen »Franzosenfriedhof« finden. Ende November 1809 kam es in St. Leonhard zur Schlacht zwischen Hofers Bauern und einer 1200 Mann starken französischen Truppe. Nach dreitägigem Blutvergießen gaben sich die Franzosen geschlagen. 200 Soldaten und 30 Offiziere waren gefallen. Sie wurden auf einer Wiese außerhalb des Dorfes begraben, da der Ortsfriedhof für den Leichenberg viel zu klein war.

Bäuerliche Kultur
Das Museum beim Sandwirt gewährt einen Einblick in die Geschichte des Tales und seiner Menschen, das bäuerliche Leben und das handwerkliche Schaffen.

Aufrecht und geraden Blicks
So sehen die Tiroler ihren »Ander« am liebsten. Das Museum Passeier dokumentiert unterhaltsam, wie aus dem Viehhändler und Gastwirt Andreas Hofer der Tiroler Freiheitskämpfer und schließlich der Volksheld wurde.

MERAN UND BURGGRAFENAMT

SÜDLICHES FLAIR UNTER WEISSEN GIPFELN

Wasser, Silber und Schmuggelgut

St. Leonhard liegt am Zusammenfluss von Passer und Waltenbach. Hier winden sich die Straßen zum Jaufenpass und Timmelsjoch hinauf. Die Herren von Passeier hoben seit dem 13. Jahrhundert für Waren, die über den Jaufen transportiert wurden, Zölle ein. Während aus der Meraner Gegend Wein und Obst angeliefert und über den Jaufen nach Norden transportiert wurden, kam aus Hall in Tirol das Salz.

Im Jahr 1912 wurde die Passstraße gebaut, die noch heute so manchen einheimischen Pkw-Fahrer zum nervösen Dauerhuper werden lässt, wenn er hinter einem Reisebus oder Urlauberkonvoi herfahren muss. Dessen Fahrer haben es eigenartigerweise gar nicht eilig, sondern wollen einfach nur die herrliche Aussicht bewundern. Im Winter allerdings hat der Jaufen Nachtsperre.

Wer gelesen hat, dass es nirgendwo in Südtirol so viele Wasserfälle gibt wie im Passeier, muss schon von St. Leonhard in Richtung Timmelsjoch weiterfahren, um eine Bestätigung für diese Behauptung zu erlangen. Erst hier offenbart das Hinterpasseier seinen Hochgebirgscharakter. Felshänge tun sich auf, und jetzt stürzen auch die versprochenen Wasserfälle herab.

Bei Saltnuss an der Timmelsjochstraße zweigt der Saumweg zum Bergwerk Schneeberg ab. Das Silberbergwerk auf 2344 Metern liegt still und verlassen da. Nur im Knappenhaus herrscht noch reges Treiben, aber es sind Wanderer und Bergsteiger, die es sich hier gemütlich machen.

Am Wasserfall Passeier
Gleichsam ein Wahrzeichen für das Tal ist der 48 Meter hohe Wasserfall im Kalmtal. Im Hochsommer lockt das eiskalte Wasser sogar Badegäste an.

Der besondere Tipp

Im Bunker-Museum

Wer von Moos nach Pfelders abbiegt, anstatt geradeaus Richtung Timmelsjoch zu fahren, erblickt an einer Felswand hoch über dem Ort die seltsam anmutende Glas- und Metallkonstruktion des »Mooseums«. Wer möchte, kann das »Mooseum« auch erklettern, denn an der Außenseite ist eine Kletterwand angebracht. Im Inneren hingegen erfährt man viel über das Hinterpasseier, seine archäologischen, geologischen und mineralogischen Besonderheiten. Darüber hinaus ist im Bunker eine Infostelle des Naturparks Texelgruppe eingerichtet.

Seine Blütezeit hatte das Bergwerk um 1500. In den 70 Stollen arbeiteten 1000 Knappen. Zur Ridnauner Seite wurde 1726 ein 730 Meter langer Stollen geschlagen und von Ridnaun aus wird das Bergwerk als Freilichtmuseum geführt.

Die Passstraße über das Timmelsjoch, das ins Tiroler Ötztal führt, besteht erst seit 1968. Nach dem Stilfser Joch (2757 m) und der Großglocknerstraße (2505 m) ist die Straße über das Timmelsjoch (2509 m) die dritthöchste über den Alpenhauptkamm. Schon im Mittelalter diente der Saumweg dem Warenverkehr in beide Richtungen. Schmuggler und die berühmten Kraxentrager waren hier unterwegs. Letztere sind Händler, die ihre Waren auf am Rücken befestigten Holzgestellen, den »Kraxen«, mit sich trugen. Das Timmelsjoch hat alljährlich Wintersperre.

Blick auf Moos
Die 2100-Seelen-Gemeinde im Hinterpasseier ist flächenmäßig die größte des Tales und liegt am Rand des Naturparks Texelgruppe.

MERAN UND BURGGRAFENAMT
SÜDLICHES FLAIR UNTER WEISSEN GIPFELN

Balkon zum Etschtal
Die Mittelgebirgslandschaft von Tisens und Prissian (im Bild) ist eine herrliche Aussichtsterrasse. Hier liegt einem das Etschtal zu Füßen.

Das Etschtal zwischen Meran und Bozen

> Zur Zeit der Apfelblüte ist es im Etschtal am schönsten.

Der Schatz unterm Haus
Im Etschtal hat jeder Weinhof, jeder Ansitz auch seinen Keller, in dem edle Tropfen lagern.

Früher rauschte der Verkehr auf der alten Staatsstraße durch Burgstall, Gargazon, Vilpian und Terlan, die sich noch in den 1970er-Jahren darüber freuten, weil mit den Autos Gäste kamen, die in den Dörfern einkehrten und einkauften. Später freute sich niemand mehr über die unablässigen Autoschlangen und die Lkws, die nachts durch die Dörfer donnerten. Das Leben im Etschtal veränderte grundlegend die 1997 eröffnete Me-Bo, wie die Schnellstraße Meran–Bozen im Volksmund heißt. Den Menschen entlang der alten Straße hat sie den Schlaf gebracht. Der Preis ist die zusätzliche Verkehrsbelastung auf der Strecke vom Reschenpass durch den Vinschgau bis Bozen. Noch sind genügend Nadelöhre vorhanden, die einer Transitstrecke im Weg stehen.

Einst durchzogen Schwarzerlenwälder die Niederungen. Doch die Flussregulierung und intensive landwirtschaftliche Nutzung haben Erlen, Weiden und Schilfgürtel als Vertreter einer lebendigen Auenvegetation auf Biotopgröße gestutzt. Das obere Etschtal ist eine große Apfelbaumwiese mit zwei silberglänzenden Streifen in der Mitte, die Etsch und die Me–Bo.

Unterwegs auf der Weinstraße

Wer es nicht besonders eilig hat, kann das Etschtal auf einem dritten Fahrweg erkunden. Durch die weiten Obstwiesen führt ab Lana die Weinstraße nach Süden. An Arbeitstagen geben dort vor allem die Traktoren der Obstbauern das Tempo vor. Apfelzentrum Lana und Weinstraße – wie passt das zusammen? Ehrlich gesagt, gar nicht. Doch nach wenigen Kilometern treffen wir auf Nals und Andrian am Fuß des Tisenser Mittelgebirges. Den höchsten Punkt in Nals nimmt die Schwanburg ein, und jetzt beginnt die Weinstraße tatsächlich. Die architektonisch interessante Burganlage beherbergt die älteste private Weinkellerei. Die Rebanlagen schätzen das sonnig-warme Mikroklima am Porphyrhang, an dem Zypressen und Buschwald die monotonen Apfelkulturen ablösen.

Wer das Mittelgebirge zwischen Meran und Bozen erkunden und dabei die vielfältigen Landschaftsformen kennenlernen will, dem sei der Weg von Tisens nach Prissian (617 m) empfohlen. Weingüter und Obstwiesen, Kastanienhaine und Mischwald wechseln einander ab. Die Burgen und Schlösser am »Prissianer Berghang« bestechen durch Würde. Für eine ernsthafte Verteidigung waren sie kaum geeignet. Schloss Wehrburg (heute ein Hotel) liegt am Weg, ein Blick hinter die Mauern von Schloss Katzenzungen lohnt, und die Fahlburg – seit ewigen Zeiten im Besitz der Grafen Brandis – ist eines der schönsten Renaissanceschlösser Tirols. Am Abhang des »Prissianer Berges« steht man wie auf einem Balkon über dem Etschtal. Von hier geht es wieder hinunter ins Tal nach Nals.

Die letzte größere Ortschaft, bevor die Landeshauptstadt Bozen in Sicht kommt, ist Terlan, die bekannt für ihren Spargel ist. Der Begriff »Terlaner« steht übrigens nicht nur für die Einwohner des Dorfes, sondern ist eine alte einheimische Rebsorte. Der Burghügel der Ruine Neuhaus ist das Wahrzeichen der Gemeinde. Berühmter aber ist Burg Greifenstein, die sich auf einem sonnigen, mit Buschwald besetzten Porphyrhang erhebt. Im Volksmund heißt die Burg »Sauschloss«. Gleich mehrmals war sie im Kampf zwischen Meinhard II. und dem Bischof von Trient erfolglos belagert worden. Als die Belagerer einmal besonders hartnäckig waren und sich in der Burg die Lebensmittel tatsächlich dem Ende zuneigten, warfen die Belagerten ihr letztes Schwein über die Felsen hinunter und den Feinden vor die Füße. Im Glauben, in der uneinnehmbaren Burg schwelge man im Überfluss, brachen die Belagerer ihre Zelte ab und zogen von dannen.

Terlaner Spargel
Neben dem Wein ist es vor allem der Spargel, für den Terlan bekannt ist. Die Spargelzeit dauert je nachdem, ob es ein gutes oder weniger gutes Spargeljahr ist, sechs bis acht Wochen.

Zum Spargel ein Glas Sauvignon

Ab Anfang April sind sich die Speisekarten der Gasthöfe von Terlan, Vilpian und Siebeneich auffallend ähnlich. Das hat aber nichts mit Fantasielosigkeit zu tun: Es ist Spargelzeit! Und Terlan-Vilpian-Siebeneich ist das Spargeldreieck Südtirols. Die Etsch hat in Jahrtausenden das Etschtal mit feiner Erde und Sand aufgefüllt und ideale Bedingungen für den Spargelanbau geschaffen. Somit sind die Voraussetzungen für einen hervorragenden Geschmack gegeben. Ein gutes Dutzend Terlaner Bauern hat sich dem Spargelanbau auf einer Anbaufläche von rund zehn Hektar verschrieben. Die Kultivierung vom Setzen der einjährigen Jungpflanzen im Frühjahr (Bild) bis zur Ernte etwa zwei bis drei Jahre später ist sehr aufwendig und erfordert viel Handarbeit. Wer im Etschtal bei Terlan unterwegs ist, dem werden die unter schwarzen Kunststoffplanen versteckten Erdhügel auffallen, die das Stangengemüse behüten. Und weil es königlich schmeckt, wurde Landesfürstin Margarete als Namensgeberin erwählt. Auf einem Rundgang durch die Spargelfelder kann man die Verarbeitungskette von Annahme bis Lagerung kennenlernen, in fachkundiger Begleitung, versteht sich. Zum Spargel mit dem Gütesiegel »Margarete« gibt es Spargelwein, ein würziger Terlaner Sauvignon, der zum Spargelgericht serviert wird.

MERAN UND BURGGRAFENAMT

SÜDLICHES FLAIR UNTER WEISSEN GIPFELN

Die Apfelgemeinde Lana und ihr Hinterland

Einer von 100 europäischen Äpfeln kommt aus dem Anbaugebiet von Lana.

Sortenvielfalt
Im Apfelmuseum von Lana erfährt man alles rund um die pausbäckige Frucht.

Bäuerliche Idylle in Völlan
Alte Holzzäune um einen Gemüsegarten gehören in Südtirol noch zum gewohnten Bild.

Die Meraner sind auf den Marlinger Berg nicht gut zu sprechen. Die Algunder noch weniger, und vielleicht wären sogar die Marlinger selbst froh, wenn es ihn nicht gäbe. Allerdings nur im Herbst und Winter, denn im Sommer ist der Schatten, den der 1795 Meter hohe bewaldete Bergweiten Teilen des Meraner Talkessels spendet, willkommen. An seinem Hang führt der wohl schönste und mit 13 Kilometern auch der längste Waalweg im Burggrafenamt: Der Marlinger Waalweg beginnt an der Töll bei Partschins und führt über Marling und Tscherms an Schloss Lebenberg vorbei bis nach Lana.

Die Marktgemeinde ist mit rund 12000 Einwohnern die zweitgrößte Gemeinde des Burggrafenamtes. Aber nicht auf die Zahl der Einwohner kommt es in Lana an, sondern auf die Menge der geernteten Äpfel. Rund 500 landwirtschaftliche Betriebe bringen es zusammen auf eine jährliche Ernte von 60000 bis 70000 Tonnen, das entspricht etwa einem Zehntel der gesamten Südtiroler Produktion. Es ist also kein Zufall, dass man dem Apfel in Lana mit dem Apfelmuseum im Ansitz Larchgut ein Denkmal gesetzt hat. Gäste werden zu Obstwiesenführungen eingeladen, um ihnen die Bedeutung der Frucht vor Augen zu führen. Kurz: Hier dreht sich alles um den Apfel.

lautet hier das Motto. Dies gilt für Lana, Völlan und insbesondere für das Vigiljoch.

Die Hochfläche des autofreien Vigiljochs hat seit jeher als Sommerfrischeort für die Bewohner des Meraner Talkessels Bedeutung. Seit 1913 ist das »Joch« nun schon mit einer Seilbahn erreichbar. Deren Erbauer, Ingenieur Luis Zuegg aus Lana, hatte maßgeblichen Anteil an der Entwicklung der Seilbahnen in aller Welt. Die Seilbahn Vigiljoch war übrigens gemeinsam mit der Kohlerer Bahn bei Bozen weltweit die erste Personenschwebebahn der Welt.

Von Weinranken umgeben
Winzerstolz und eine große Ruhe gehen von diesem alten Grabstein am Friedhof in Lana aus.

Rasen anstatt Apfelplantagen
Für den Golfplatz unterhalb von Schloss Brandis in Lana mussten Apfelbäume weichen.

Äpfel und so manches mehr

Seit 1215 ist der Deutsche Ritterorden in Lana ansässig und Mittelpunkt der »Ordensballei an der Etsch«. Die weltlichen Herren sind die Grafen von Brandis, die ihre Meinungsverschiedenheiten mit den Ordensleuten 1728 begruben und seither zum Wohle der Marktgemeinde in Frieden leben. Der Golfplatz in Lana befindet sich auch auf gräflichem Grund und Boden.

In der Pfarrkirche in Niederlana beeindruckt der berühmte spätgotische Flügelaltar von Hans Schnatterpeck. Hinsichtlich Ausmaße und Bilder ist er der größte im Alpenraum und misst vom Fußboden bis zur höchsten Kreuzblume 14,10 Meter. Mehrere Figuren erreichen Lebensgröße. Die Pfarrkirche selbst gehört seit 1396 zum Deutschen Orden sowie zu den schönsten spätgotischen Gotteshäusern Südtirols.

Zu Lana gehören auch Völlan und das Vigiljoch. Im Mittelgebirgsdorf Völlan geben ausnahmsweise nicht die Äpfel den Ton an, sondern die Kastanien. Deshalb hat Völlan vor allem zur Törggelezeit Hochsaison. Wer mehr über die Kastanienbäume wissen möchte, kann sich in Völlan auf einem zwei Kilometer langen Lehrpfad an zehn Stationen unterhaltsam informieren.

Der interessante Brandis-Waalweg führt an Kloster Lanegg und an der Margarethenkirche vorbei. An seiner Strecke erlebt man Kunst im freien Raum mit Skulpturen von internationalen Künstlern. Die so entstandenen Orte sind als Rastplätze und als Stationen der Besinnung konzipiert. »Gemütliches Wandern für Körper, Geist und Seele«,

MERAN UND BURGGRAFENAMT
SÜDLICHES FLAIR UNTER WEISSEN GIPFELN

Sakrales Kleinod
Einladend geöffnet ist das Portal der Wallfahrtskirche von Unserer lieben Frau im Walde am Deutschnonsberg.

Vom Marlinger Berg zum Gampenjoch

Seine Beliebtheit als Fremdenverkehrsort verdankt Lana seiner Lage am Fuß des Marlinger Berges. Es ist ein idealer Ausgangspunkt für Wanderungen und Fahrten in die Mittelgebirgslandschaft von Tisens, ins Ultental und zum Deutschnonsberg. Das Mittelgebirge zwischen Völlan, Tisens und Prissian ist kunsthistorisch wie landschaftlich interessant. Der Platz um das Kirchlein St. Hippolyt bei Völlan gilt als eine der ältesten Siedlungsstätten Tirols. Funde haben ergeben, dass ab der Jungsteinzeit ununterbrochen eine Niederlassung die andere abgelöst hat. Wer vom Hippolyt-Hügel das Panorama genießt, wird verstehen, warum.

Unterhalb des Kirchhügels führt die Straße hinauf auf den Gampenpass. Hier befinden sich die Deutschnonsberger Gemeinden Unser Frau-St. Felix, Laurein und Proveis. Seit 1939 führt eine Straße auf das 1518 Meter hohe Gampenjoch. Die vier deutschen Siedlungen gehören zwar zum verwaltungspolitischen Bezirk Meran-Burggrafenamt, führen aber schon aufgrund ihrer Lage seit jeher ein Eigenleben. Laurein und Proveis sind erst seit den 1990er-Jahren über eine Straße direkt mit dem Ultental verbunden. Um sie zu erreichen, musste zuvor ein weiter Umweg über die Provinz Trient in Kauf genommen werden.

Nicht zufällig gehören Laurein und Proveis zu jenen Südtiroler Gemeinden, die auch nach der Jahrtausendwende am stärksten von der Abwanderung betroffen waren. Um diesem Trend entgegenzuwirken, haben die Südtiroler Landesregierung und die Handelskammer seit 2012 rund zwei Dutzend Projekte angeschoben, die in strukturschwachen Gemeinden neue und vor allem sichere Arbeitsplätze schaffen sollen. Von diesen Maßnahmen und von der Tatsache, dass immer mehr Menschen aus den Städten Ruhe, einen gesunden Lebensraum und nicht zuletzt günstige Wohnungen suchen, profitieren jetzt auch die kleinen Gemeinden am Deutschnonsberg. Was lange Zeit ein Nachteil war, hat sich mittlerweile zu einem Vorteil entwickelt.

Bäuerliche Tradition im Ultental

Dies gilt mit Abstrichen auch für das Ultental. Entlegen, schwer zugänglich und lange Zeit stiefmütterlich behandelt, hat es sich viel von seiner Ursprünglichkeit bewahrt. Der bereits zitierte Reiseschriftsteller Ludwig Steub nannte Ulten »ein

Vom Arbeits- zum Freizeitpferd
In den Reithöfen kann man vom gemütlichen Tagesritt bis zum Kinderreitkurs alles buchen.

Herrliches Pferdeleben
Haflingerherden gehören zum Alltagsbild am Tschöggelberg zwischen Hafling und Jenesien.

beits- zum Freizeitpferd aufgestiegen ist, darf er wieder größer werden. Zuchthengstanwärter messen heute zwischen 1,46 und 1,50 Meter. Ihre bedauernswerten Vorfahren waren im Durchschnitt zehn Zentimeter kleiner.

Die Meraner Körung im Herbst gilt als unbedingter Muss-Termin für italienische Haflingerzüchter, doch kommen auch immer mehr ausländische Züchter. Bei dieser Veranstaltung kann man sich ein Bild von den »Vätern künftiger Haflingergenerationen« machen und vielleicht auch einen der Hengste mit nach Hause nehmen, vorausgesetzt, man ist bereit, zwischen 10000 und 30000 Euro auszugeben. Von Südtirols rund 1500 Haflingerhaltern sind 850 Mitglied im Südtiroler Haflingerpferdezuchtverband, und mit etwa 4000 Pferden lebt hier die Hälfte aller Haflinger in Italien. Seit die blonden Temperamentsbolzen als Freizeitpferd entdeckt wurden, haben sie sich weltweit durchgesetzt.

Bei rund 40 Veranstaltungen im Jahr stehen Haflinger im Mittelpunkt. Wenn am Ostermontag auf dem Pferderennplatz von Meran-Untermais das große Bauerngaloppreiten stattfindet, sind die Hengste allerdings nur Zuschauer. Das Bauerngaloppreiten ist Stuten und Wallachen vorbehalten und in erster Linie ein Heidenspaß für die einheimischen Pferdehalter, deren Familien und natürlich für die Urlaubsgäste.

Blondschopf mit Prädikat

Wesentlich ernster geht es bei den Zuchtprüfungen zu. Die Hengstkörung und die Stammbucheintragung der Jungstuten sind dem Fachpublikum vorbehalten. Zu diesen Gelegenheiten stehen Experten wie Sepp Waldner aus Marling an der Koppel. Mit zehn Jahren musste der Sepp zuschauen, wie der Vater die Viehzucht aufgab, den Stall abtragen ließ und Kühe, Schweine und Pferde verkaufte. Den Abschied von Kühen und Schweinen hätte er noch verkraftet, aber die Haflinger ließen den Buben nicht los. 30 Jahre später erfüllte er sich einen Traum und wurde Haflingerzüchter. »Neben dem Quarter ist der Haflinger das beste Westernpferd«, sagt Waldner. Er muss es schließlich wissen, hat er doch mittlerweile in seinem Reitstall Schloss Baslan bei Tscherms in der Nähe von Meran mehrere Zuchthengste und knapp zwei Dutzend Stuten und Jungpferde stehen.

Wenn die Kandidaten der Reihe nach auf dem Rund des Reitplatzes vorgeführt und kritisch beäugt werden, ist schwer zu sagen, wer nervöser ist, das Pferd oder sein Besitzer. Während die Stuten meistens volkstümliche Namen tragen und die Bauerngaloppsiegerinnen Lilli, Nora, Quitte oder Nelli heißen, werden die Herren der Haflingerschöpfung mit Namen ausgestattet, die beeindrucken: Diablo trägt seinen Namen nicht zu Unrecht, die Mähne von Sturmwind flattert besonders wild, und Atlantis ist geradezu prädestiniert, seinen Beitrag zur Qualitätssteigerung der Haflingerzucht zu leisten.

Falls es Diablo, Sturmwind oder Atlantis aber entgegen allen Erwartungen doch nicht schaffen, die strengen Prüfer zu überzeugen, werden sie alle erdenklichen Gelegenheiten haben, sich bei Spazierritten oder im Winter beim Pferdeschlittenrennen auszutoben. Die Angebote der Reiterhöfe sind vielfältig: Der individuelle Kurs für Freizeit- oder Westernreiten kann ebenso gebucht werden wie Dressur- und Voltigierunterricht, eine Wanderreittour oder die romantische Schlittenfahrt in der verschneiten Winterlandschaft. Mit den temperamentvollen Blonden kann man – wie heißt es so schön – Pferde stehlen.

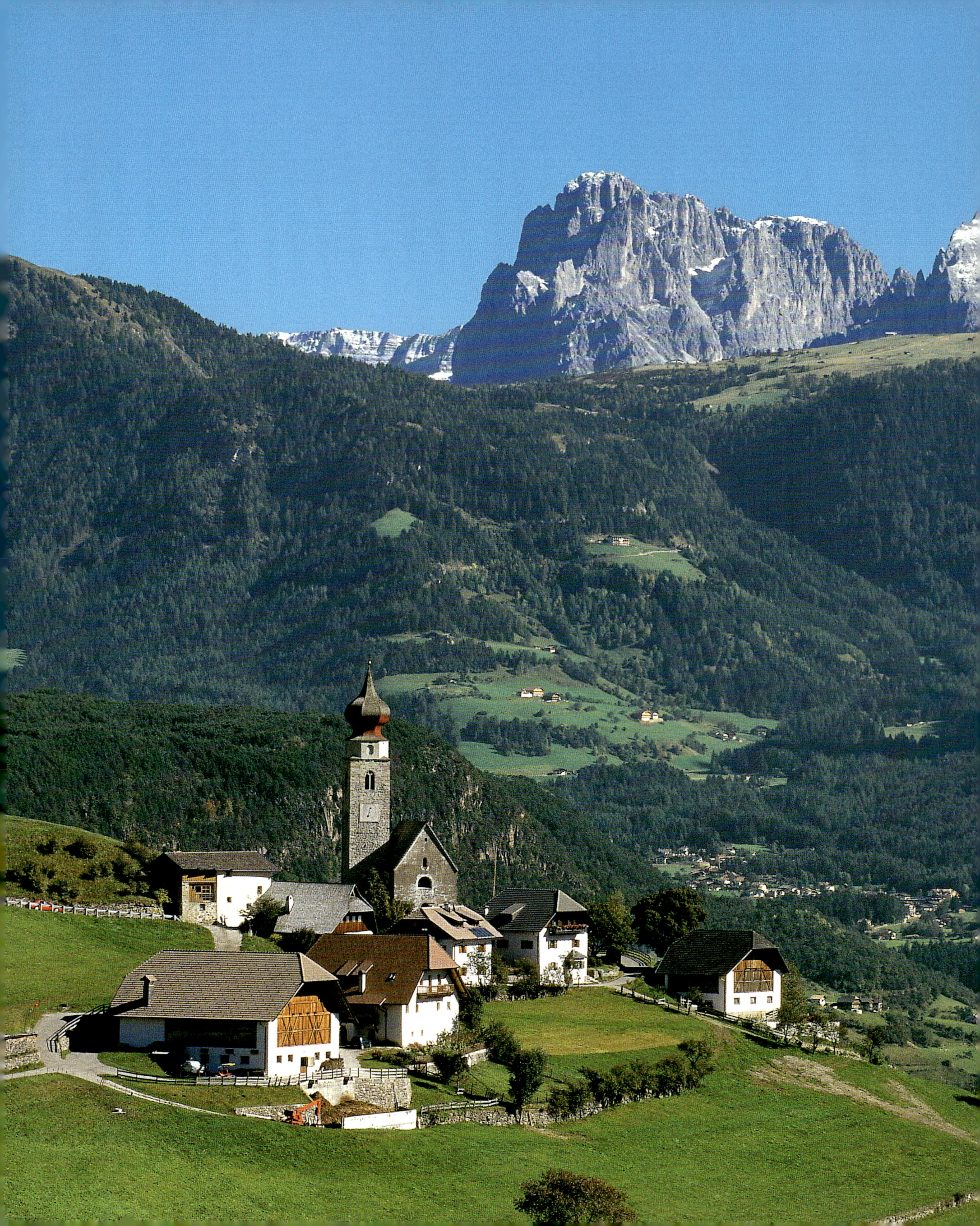

Bozens gute Stube
Abends trifft sich Bozen am Waltherplatz. Dort locken Restaurants und Cafés, wie hier vor dem traditionsreichen »Stadthotel«.

privilegierter Marktstandort wurde und das von der Landesfürstin eingeführte autonome Handels- und Wechselgericht in Marktsachen – der Merkantilmagistrat – zum Vorbild für ähnliche Einrichtungen im deutschen Sprachraum. Der Handel brachte der Stadt den Wohlstand: »Ex merce pulchrior« lautet folglich auch das Motto ihrer Bewohner.

Wer Bozen heute besucht, kann die Geschäftigkeit der alten Handelsmetropole durchaus nachempfinden. Wieder nachempfinden, muss man sagen, denn lange Zeit war Bozen nicht mehr als die verschlafene Verwaltungszentrale des Landes. Im Sog der neuen Universität entstand eine lebendige Lokalszene mit Kleinkunst und Kneipen. Mit dem neuen Stadttheater und dem Museum für zeitgenössische Kunst, Museion, belebte sich das Kulturleben, und Einrichtungen wie das Forschungszentrum Europäische Akademie lassen Bozen sogar den Ruf einer innovativen Denkwerkstatt im Alpenraum zukommen.

Die alte Handelsstadt

Das Herz der Stadt ist die Altstadt mit seinem Obstmarkt, wo im – nicht mehr existenten – Gasthof »Zur Sonne« Goethe und Herder gewohnt haben. Man ist umgeben von alten Bürgerhäusern und schmucken Gebäuden wie dem Merkantilpalast in der Silbergasse. Und irgendwie klingt alles nach Geld in dieser Stadt. Die Kirchen und Klöster der Innenstadt erinnern daran, dass nicht nur weltliche Herren das Schicksal der Stadt mitbestimmt haben. Mittelpunkt ist der gotische Dom, seit 1964 Sitz des Bischofs der Diözese Bozen-Brixen. Urkundlich belegt ist 1184 die Weihe einer Marienkirche. Zwischen 1340 und 1370 wurde das Langhaus vergrößert. Der Turm stammt aus dem frühen 16. Jahrhundert und überstand wie durch ein Wunder die wiederholten Bombardierungen während der zwei letzten Kriegsjahre. Vom Kirchenbau allerdings wurde dabei mehr als die Hälfte zerstört. Der Wiederaufbau erfolgte bis 1959, wobei viele originale Bauteile verwendet wurden.

Nicht weit vom Dom haben Dominikaner und Franziskaner ihre jeweiligen Niederlassungen gegründet und konkurrieren heute um die Gunst der Besucher. Durften sich bei den Dominikanern italienische Künstler betätigen, so beauftragten die Franziskaner lieber einheimische Maler und Bildhauer mit der Ausschmückung von Kirche und Kreuzgang. So stehen sich zwei Kulturkreise auf engem Raum im direkten Vergleich gegenüber.

Museion Bozen
Das 2008 erbaute Museum präsentiert moderne und zeitgenössische Kunst bedeutender regionaler und internationaler Künstler – bietet aber auch Raum für Film, Musik, Theater und Performances.

Alpine Straßenmusik
Straßenmusikanten gibt es natürlich auch in Südtirol. Doch es bleibt nicht bei Country, Klassik oder Rock, sondern auch die Volksmusik mischt mit.

RUND UM BOZEN
ZWEI KULTUREN UND ZWEI WELTEN

Die Ritter und die Minne
Detail aus dem »Saal der Liebespaare«

Aus dem höfischen Leben
Das Fresko im Turniersaal von Schloss Runkelstein stellt ein Lanzenturnier (oben), ein höfisches Ballspiel (unten links) und einen Reigentanz (unten rechts) dar.

Auf Schloss Runkelstein
Die Bilderburg verfügt über den weltweit größten erhaltenen profanen mittelalterlichen Freskenzyklus.

Auch mit ein wenig Kurort-Atmosphäre aus dem 19. Jahrhundert kann Bozen noch aufwarten. Dorf Gries, das 1925 in die Stadt Bozen eingemeindet wurde, war nämlich bis zum Ausbruch des Ersten Weltkrieges ein Kurort europäischen Ranges. Der Dorfcharakter war kein Nachteil. Wem Meran zu mondän und überlaufen war, der zog sich hierher zurück. Dazu gehörten unter anderem Thomas Mann, Gerhart Hauptmann und Robert Musil. In Gries ist die von Josef Anton Sartori um 1770 geschaffene barocke Stiftskirche am Hauptplatz dominierendes Bauwerk. Sie ist Teil der burgähnlichen Klosteranlage der Benediktiner von Muri Gries, die nicht nur ein wachsames Auge auf ihre kunsthistorisch wertvollen Schätze haben, sondern auch auf ihren Weinkeller, gehören doch die Weine der Klosterkellerei zu den begehrtesten im Lande.

Zwischen der Altstadt und dem Kurort Gries liegt das »monumentale« Bozen. Hier, rund um Sieges- und Gerichtsplatz bis zur

Drususbrücke, entstand in den 1920er- und 1930er-Jahren das neue Bozen. Das diktatorische Regime ordnete Renaissance-Architektur als Ausdruck nationaler Größe an. Ohne Rücksicht auf Umgebung und Geschichte entstand hier in etwas mehr als einem Jahrzehnt ein neues Stadtviertel, dessen Symbolcharakter noch immer imstande ist, das harmonische Zusammenleben zu stören.

Schloss Runkelstein – die Bilderburg

Unter allen Schlössern Südtirols – und davon gibt es wahrlich mehr als genug – nimmt Runkelstein oberhalb Bozens eine Sonderstellung ein. Sie beherbergt nämlich die ältesten und umfangreichsten profanen Freskenzyklen, die das Leben der Ritter und Edeldamen am Hof und bei der Jagd beschreiben. Auf einem Felsvorsprung hoch über dem Eingang zum Sarntal gelegen, lässt sich Schloss Runkelstein von den Talferwiesen aus auch bequem zu Fuß oder mit dem Fahrrad erreichen und stellt so ein ideales, wetterunabhängiges Ausflugsziel dar (geöffnet von März bis November, täglich außer Montag).

Die Burg wurde 1237 erbaut und gelangte 1385 in den Besitz der Brüder Nikolaus und Franz von Vintler. Die Vintler waren es, die mehrere Künstler beauftragten, die Burg mit Fresken auszumalen. Diese Fresken haben die Wirren von Krieg und Zerstörung ebenso überstanden wie häufigen Besitzerwechsel. So konnte der Reiseschriftsteller Heinrich Noe 1886 Runkelstein als »das beliebteste Wanderziel aller derjenigen, deren Denken ein wenig über die Coupons der Rundreisebilletts hinausgeht« beschreiben.

Die jüngste Blütezeit für und auf Schloss Runkelstein begann 1995 mit den umfassenden Restaurierungsarbeiten des Freskenschmucks. Im Westpalas empfängt den Besucher im ersten Stock die sogenannte Kammer der Liebespaare. Zwei Edelmänner überreichen ihren Damen blumengeschmückte Wappen. Die Kammer der Ritterspiele zeigt die Gesellschaft bei höfischen Spielen. Dargestellt sind Reigentanz, Ballspiel, Jagd und Turnierspiele. Das Badezimmer beruht auf einem Missverständnis: Bei den scheinbar unbekleideten Figuren handelt es sich nicht um Nackte, sondern um Vorzeichnungen, welche die Künstler nicht beendet haben.

Außen am Sommerhaus sind Abbildungen von bedeutenden Gestalten aus Literatur und Geschichte zu sehen: Alexander der Große und Julius Cäsar finden sich neben Helden des Alten Testaments, Liebespaare wie Tristan und Isolde neben Ritter Parzival oder Recken vom Schlag eines Dietrich von Bern. Und wie zur Bestätigung, dass das höfische Leben damals sehr kunstsinnig war, finden sich Darstellungen der sieben freien Künste.

Aufschwung im 14. Jahrhundert
Im Jahr 1385 erwarben die Brüder Franz und Niklaus Vintler Runkelstein. Damit begann die Glanzzeit der mittelalterlichen Burganlage.

Bozner Promenadenwanderung

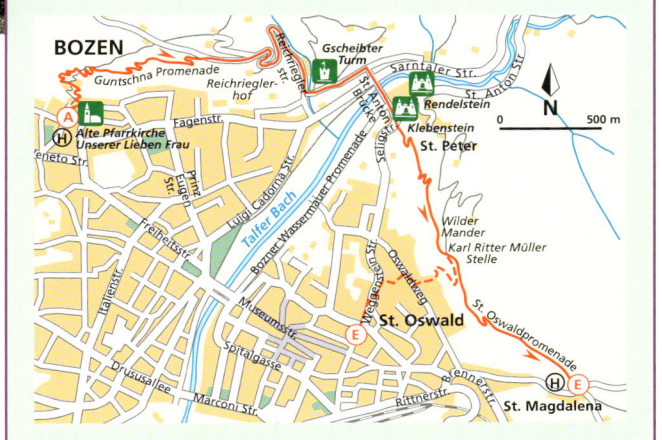

Die steilen Hänge nördlich von Bozen waren vor etwa 100 Jahren beliebte Kurorte des Adels. Auf unserer zweieinhalbstündigen Wanderung (250 Höhenmeter) lustwandeln wir auf den alten Promenaden, die zum Teil bis heute erhalten geblieben sind.

Oberhalb der alten Pfarrkirche Unserer Lieben Frau im Ortsteil Gries beginnt die Guntschna-Promenade, die leicht bergan durch eine üppige mediterrane Pflanzenwelt führt. Unterhalb des Hotels Reichrieglerhof geht es auf der Reichrieglerstraße weiter. Wir überschreiten auf einer schmalen Brücke den Fangenbach und folgen dem Rafensteiner Weg etwa 400 Meter nach Nordosten. Dabei passieren wir den markanten Gscheibten Turm. An der nächsten Kreuzung gehen wir rechts und überqueren auf der St.-Anton-Brücke die Talfer. An Schloss Rendelstein und Schloss Klebenstein vorbei gelangen wir schließlich auf die St.-Oswald-Promenade (Hinweistafeln). Leicht bergauf durch Rebhänge kommen wir in steile Hänge, die eine steppenartige Vegetation aufweisen und vorbei an den »Wilden Mander (Männer)«, zwei in die Höhe ragenden Porphyrfelsen.

Nach der Karl-Ritter-Müller-Stelle kann man über St. Oswald in 15 Minuten in die Bozner Innenstadt gelangen. Oder man geht weiter bis St. Magdalena und kehrt mit dem Linienbus in die Stadt zurück.

RUND UM BOZEN

ZWEI KULTUREN UND ZWEI WELTEN

Ötzi in der Kühlbox – Ansturm auf die Gletscherleiche

Es hat sich in all den Jahren nichts geändert. Ötzi ist seit seiner Entdeckung im Jahr 1991 immer wieder für Überraschungen gut und ein Besuchermagnet. Die jüngste Schlagzeile im Januar 2015 lautete: »Ötzi hat 61 Tattoos«. Die Tattoos sind einfache Strichmuster, die nicht – wie heute üblich – mit Nadeln gestochen wurden, sondern aus kleinen Schnitten bestehen, in die Holzkohle gerieben wurde. Warum Ötzis Körper von Tätowierungen übersät ist, darüber lässt sich nur spekulieren. Sie liegen jedenfalls fast ausschließlich an Körperstellen, an denen Abnutzungserscheinungen festgestellt wurden. Vermutlich sind sie also eine Art »Schmerzmittel« ohne Symbolcharakter. Aber Ötzi ist ein »Spekulationsobjekt«, und gerade deshalb ist seine Geschichte so spannend.

Die Jahre nach seiner Entdeckung waren von Fragen beherrscht. Ethischen und ganz praktischen. Darf man eine Leiche in einem Glaskasten ausstellen? Würde moderne Technik imstande sein, dieselben Bedingungen herzustellen, wie sie im ewigen Eis geherrscht und damit zur Konservierung des Ötzi geführt haben? Die Wissenschaftler befürchteten, Ötzi würde in seinem Bozner Glaskasten nach nicht allzu langer Zeit austrocknen und zerbröseln. Das alles klingt wenig respektvoll, aber mit Respekt hatte diese ganze Angelegenheit von Anfang nichts zu tun.

Machen wir einen Sprung ins Jahr 1998. Damals, sechseinhalb Jahre nach seiner Auffindung am Similaungletscher im hinteren Schnalstal und nach eingehenden wissenschaftlichen Untersuchungen, wurde Ötzi vereinbarungsgemäß von Innsbruck nach Südtirol gebracht. Das Südtiroler Archäologiemuseum wurde eröffnet, im Volksmund »Ötzi-Museum« genannt, weil die Leute hingehen, um den Ötzi zu sehen, obwohl es auch noch andere Gründe gibt, dieses Museum zu besuchen. Aber davon später mehr. Auch im Louvre wollen die Menschen vor allem die »Mona Lisa« sehen.

Zurück in die Eiszeit

Das Museumsgebäude aus dem frühen 20. Jahrhunderts diente einst als Sitz der Österreichisch-Ungarischen Bank in der Handelsstadt Bozen. Dann wurde es von der Banca d'Italia übernommen und schließlich zum Museum umgebaut. Man scheute weder Mühen noch Kosten, um den Ur-Südtiroler standesgemäß zu präsentieren, und die Investition hat sich gelohnt. Vom ersten Tag an erlebte das neue Museum einen Besucheransturm, der alle Erwartungen übertraf. Und auch die Art, wie Ötzi, seine Welt und die Ur- und Früh-

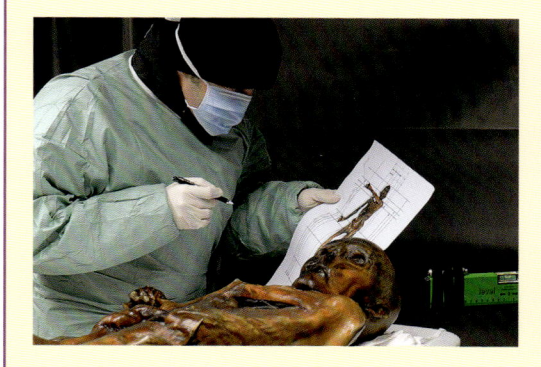

Ötzi auf dem Seziertisch
Bevor der »Mann aus dem Eis« zum Ausstellungsstück wurde, nahmen ihn Wissenschaftler in Innsbruck unter die Lupe (oben). Auch andere Fundstücke, wie etwa seine Bärenfellmütze (ganz oben), bringen die Museumsbesucher zum Staunen.

Das Hauslabjoch im Schnalstal
Hier, am Similaungletscher, wurde auf Südtiroler Seite Ötzis Leiche im September 1991 entdeckt.

geschichte am Alpensüdrand den Besuchern nahegebracht wird, stieß auf uneingeschränkte Zustimmung. Kurz gesagt: Das Museum muss man gesehen haben.

Den Besucher erwartet ein Rundgang durch 15 000 Jahre Geschichte, vom Ende der letzten Eiszeit bis zur Zeit Karls des Großen. Wer auf seiner Zeitreise bei der Kupferzeit angekommen ist, hat es bis zum Ötzi nicht mehr weit. Das Kupferbeil, das er bei sich trug, lässt eine ziemlich genaue Altersschätzung zu: Zwischen 5300 und 5100 Jahre ist der »Mann vom Hauslabjoch«, der Fundstelle am Similaungletscher, alt.

Gut gekühlt

Der Raum liegt im Halbdunkel und Ötzi in einem Kühlzellenblock, der durch ein Guckfenster einsehbar ist. Die Abgrenzung vor dem Fenster soll die Besucherschlange in geordnete Bahnen lenken. Wer zu Sowjetzeiten in Moskau das Lenin-Mausoleum besucht hat, wird an manchen Tagen daran erinnert, wenn er in Bozen einen Blick auf Ötzi wirft. Die nachfolgenden Besucher lassen wenig Zeit, um die Gletscherleiche in Muße zu studieren.

Die Konservierungsanlage garantiert exakt dieselben klimatischen Bedingungen, die dazu geführt haben, dass der unbekannte Jäger über Jahrtausende erhalten geblieben ist. Minus sechs Grad Celsius und beinahe 100 Prozent Luftfeuchtigkeit. Das Konservierungssystem wurde eigens für Ötzis Kühlzellengrab entwickelt und verhindert, dass sich auf der Mumie eine Eisschicht bildet. Auch das Lichtproblem wurde gelöst. Schließlich blieb Ötzi auch dank absoluter Dunkelheit erhalten. Dem Kaltlicht in der Zelle werden durch Spezialfilter alle ultravioletten und infraroten Strahlen entzogen.

Ötzi und sein Doppelgänger
In einer einsehbaren Kühlzelle liegt Ötzi bei minus 6 Grad Celsius und 100 Prozent Luftfeuchtigkeit (oben links). Der Krieger in Bozens Südtiroler Archäologiemuseum ist eigentlich ein Fall für Madame Tusssaud's Wachsfigurenkabinett, doch könnte der »Mann aus dem Eis« tatsächlich so ausgesehen haben.

Doch ebenso interessant wie Ötzi selbst sind die Objekte, die man bei ihm fand: der Grasmantel, das gletschertaugliche Schuhwerk, das Beil, der Glutbehälter. Drei Etagen Ötzi. Am Ende weiß man wirklich alles über den Mann aus dem Eis. Wirklich alles? Die Wissenschaft geht vom Gegenteil aus.

RUND UM BOZEN

ZWEI KULTUREN UND ZWEI WELTEN

Am Tschögglberg – ein Lärchenhain so groß und weit

Die lichtdurchfluteten Lärchenwiesen sind Balsam für gestresste Großstadtmenschen.

Im Kapitel über Meran und das Burggrafenamt war vom Haflinger Hochplateau die Rede. Die Fortsetzung Richtung Süden bis Jenesien ist der Salten oder Tschögglberg. Der Salten besticht durch seine sanften Rundungen und lockeren Lärchenwiesen. Höchster Punkt ist St. Jakob in Lafenn auf 1527 Metern. Die Hochfläche ist ein Waldgebirge mit Almen und Hochweiden und vor allem im Herbst ein klassisches Wanderziel. Der Salten bietet Ansichtskartenidylle: Auf den Rodungsinseln weiden Kühe, neugierige Haflinger recken die Köpfe über die Zäune oder toben übermütig zwischen den Lärchen herum. Von hier hat man einen herrlichen Ausblick auf Langkofel, Schlern und Rosengarten.

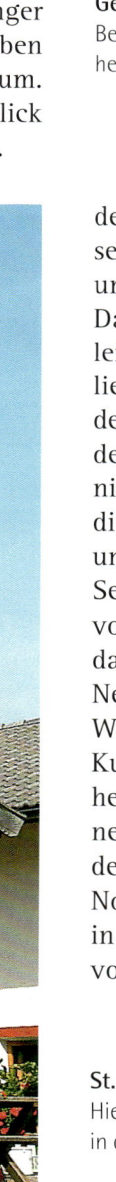

Gemütliches Wandern
Bei einer Wanderung zwischen Vöran und Jenesien heißt es immer wieder die Aussicht zu genießen.

Der besondere Tipp

Das Schupfenfest

Einmal im Jahr geht es drunter und drüber am Salten. Dann erklingt selbst auf den stillsten Lärchenwiesen Musik und dringen die verführerischsten Düfte von Gebratenem, Gekochtem und Gebackenem bis in die entlegensten Winkel. Im September wird das »Schupfenfest« gefeiert und aus jedem Heuschuppen wird ein improvisiertes Gasthaus, wo jeweils nur eine ortstypische Köstlichkeit angeboten wird. So weit wollte man am Salten wandern, und so schwer wird es einem dabei gemacht, die eigenen guten Vorsätze nicht zu vergessen …

Zudem hat der Salten oder Tschögglberg den Vorteil, dass man das Auto im Tal lassen kann. Die Seilbahnen Bozen-Jenesien und Vilpian-Mölten machen es möglich. Das oberhalb von Mölten gelegene Kirchlein St. Jakob in Lafenn mit dem daneben liegenden Gasthaus entspricht in etwa noch den romantischen Vorstellungen vom unentdeckten Südtirol. Gerade deshalb ist Lafenn nicht mehr unentdeckt. Von hier aus führen die Wanderwege weiter zum Möltener Joch und noch ein Stück weiter nördlich zur Sennhütte Möltner Kaser. Auch der östlich von St. Jakob liegende Weiler Flaas hat dank einer Straße den Anschluss an die Neuzeit geschafft. Doch die hoch gelegene Wald- und Wiesenlandschaft schafft das Kunststück, immer noch eine Abzweigung hervorzuzaubern, die in ein noch abgelegeneres Gebiet führt. Und so landet der Wanderer, wenn er von Flaas aus in Richtung Norden geht, irgendwann in St. Magdalena in Kampidell, wo einst Benediktinerpatres von Muri Gries die Sommer verbrachten.

St. Jakob in Lafenn
Hier kann man an einem herrlichen Platz gemütlich in der Sonne sitzen, sofern ein Platz frei ist.

Den Ehestand auf dem Kopf
Die grünen Schnüre weisen die Hutträger als Ehemänner aus. Ledige Burschen tragen rot.

Irrenhaus für die Sarner gebaut.« Entgegnet der Bauer lakonisch: »Hab ich mir auch gedacht. Für die Bozner wär's ja viel zu klein.«

Von Bozen bis zum Penser Joch misst die Straße knapp 50 Kilometer. Auf diesem Weg lernt man die bäuerliche Welt des Tales kennen. Einsame Höfe und Weiler, wie etwa das 1500 Meter hoch gelegene Windlahn, wo um 1700 eine Magd, die sich auf dem Weg zur Christmette verirrt hatte, von Wölfen zerrissen wurde. Die Wölfe sind hier längst ausgestorben, aber die Menschen auf den Windlahn-Höfen haben überlebt.

Von roten und grünen Hutschnüren

Sarnthein, der Hauptort des Tales und Sitz der Gemeinde Sarntal, ist mit mehr als 30000 Hektar flächenmäßig die größte Gemeinde Südtirols. Der Sonntag führt nach dem Kirchgang die farbenprächtige Sarner Tracht vor. Aber nicht, weil die Touristen mit dem Fotoapparat warten, sondern weil die Tracht den Festtag unterstreicht. Den Gupfhut umfassen grüne oder rote Schnüre. Grün bedeutet verheiratet, die Roten sind noch zu haben. Die Sarnerinnen wissen also, woran sie sind. Die »Pfoat« ist das Hemd, darüber wird die Lodenweste getragen. Die breiten Hosenträger aus Leder heißen »Krax« und halten eine Hose aus schwerem, gewalktem Loden. Die »Fatsch«, die Binde, ist ein breiter Ledergurt, mit Federkielstickereien verziert.

Was Leder und Loden bei der Männertracht, ist die Seide bei den Frauen. Seidenbänder verzieren den flachen Hut, das Halstuch ist aus Seide und der kostbare Schurz ebenso. Dieses Bild wird nur noch übertroffen, wenn die Sarner am ersten Sonntag im September ihren Kirchtag feiern, der Markt und Volksfest in einem ist.

Über Meran 2000 oder Mölten gelangt man ebenfalls ins Sarntal. Der Weg von Lafenn (siehe Seite 108) führt über die Große Reisch (2000 m) zu einem geheimnisvollen

Die Kirche von Durnholz
Ein besonderes Kleinod sind die Freskenmalereien im Inneren von St. Nikolaus.

Platz. Die Kuppe ist übersät mit aufeinander geschichteten Steinen. Wir haben die »Stoanernen Mandln« erreicht und können wählen: Lassen wir uns noch ein Weil en einfangen vom Zauber des Sarntals und den rätselhaften Steintürmchen? Oder kehren wir – gedanklich zumindest – zurück in die Neuzeit und suchen Erklärungen für diesen Platz, der nach Götzenkult und Hexenzauber aussieht und vielleicht nur Spielwiese von Hirtenbuben war?

RUND UM BOZEN
ZWEI KULTUREN UND ZWEI WELTEN

Karersee und Latemar
Das Dunkelgrün des Nadelwaldes bestimmt die Farbe des Sees, in dem sich an schönen Tagen das Latemar-Massiv spiegelt..

Durchs Eggental zum Karerpass

Sommerfrische und Winterfreuden ergänzen sich rund um den Karersee.

Der Eingang ins Eggental erinnert an die Sarner Schlucht. Schroffe Felswände, teils überhängend, unter denen sich hoch über dem Eggenbach die Straße hinauf zum Karerpass windet: nach Deutschnofen und Welschnofen, zum Rosengarten und Latemar. Am Taleingang klebt die unangreifbare Felsenburg Karneid. All das sieht der Reisende jedoch nicht, denn seit 2007 führen zwei Tunnel ins Eggental. Die alte Straße von 1860 hat als Fahrweg endgültig ausgedient, doch gibt es Pläne, sie als Wanderweg wieder zugänglich zu machen.

Für die Urlauber spielt das Eggental aber seine wahren Trümpfe erst noch aus: Das Skigebiet Obereggen, nur 22 Kilometer von Bozen entfernt, das Ski- und Wandergebiet um den traumhaft schönen Karersee (1534 m), das Lavazé-Joch und König Laurins Rosengarten haben das Eggental zu einem wichtigen Erholungsziel gemacht. Schließlich haben sich weder Kaiserin Elisabeth noch Winston Churchill davon abhalten lassen, im Grandhotel am Karersee frische Luft zu tanken und auszuspannen. Beide sollen übrigens dieselbe Suite bewohnt haben. Nicht gleichzeitig, versteht sich.

Der besondere Tipp

Eppaner Eislöcher

Bei den Eppaner Eislöchern handelt es sich um eine kesselartige, etwa 200 Meter lange und fünf bis zehn Meter breite Mulde am Fuß des Bergsturzes vom Gantkofel. Durch ein Windröhrensystem im Berg, dessen Aufbau bis heute nicht genau bekannt ist, strömt kalte Luft in den Kessel. Die Temperaturen schwanken zwischen null und fünf Grad. Diese Kaltluftzufuhr bleibt auch in den Sommermonaten unverändert. So kann es sein, dass man fröstelnd zum dicken Pullover greift, während draußen in den Obstwiesen 30 Grad herrschen. An der tiefsten Stelle der Eislöcher befindet sich eine Informationstafel, die die Entstehung und naturkundliche Bedeutung dieses Naturphänomens erklärt. Die Eislöcher unweit von St. Michael erreicht man über den Weg zur Gleifkapelle und zum Schloss Gandegg.

Schmuckes Weindorf
St. Pauls ist einer jener Orte, die dem Wein seinen Wohlstand zu verdanken hat. Liebevoll restaurierte, mit Blumen geschmückte Fassaden machen den Ort besonders reizvoll.

Nähe des Mendelgebirges, um sich dem Schutz von Hocheppan und Boymont anzuvertrauen. Die Hänge sind etwas steiler, zwischen den Moränen liegen tiefe Gräben, auf denen kein Wein wächst.

Einer dieser Gräben dient als Unterlage für die Straße, die ins Etschtal hinunterführt. Man muss es queren, um das dritte Eppaner Weindorf zu erreichen: Girlan liegt auf einer Anhöhe, die sich dann terrassenförmig gegen Montiggl hin senkt. Wie in St. Pauls stehen auch hier die Häuser eng aneinander gereiht, doch sieht man zwischen den Weinhöfen immer wieder Gebäude, die sich mit ihren Erkern und Torbögen als ehemalige Edelsitze zu erkennen geben. Die Bischöfe von Trient, die Grafen von Eppan und auch mehrere Klöster aus Süddeutschland haben in Girlan Weingüter besessen. Zwei große Kellereien, Girlaner und Schreckbichl, stehen heute für die moderne Weinproduktion. Im Weinland Südtirol ist es riskant, einzelne Tropfen hervorzuheben. Die Girlaner und Schreckbichler Weine aber kann man bedenkenlos zu den besten in Südtirol zählen.

ÜBERETSCH UND UNTERLAND

ALTER WEIN UND STOLZE SCHLÖSSER

Kaltern und der Kalterer See

Ein Apfel heißt so, ein See und der Wein. Kaltern kennt man in ganz Europa.

Die Einwohner Kalterns nennt man »Herrgottskinder«. Vielleicht haben sie das auch so lange herumerzählt, bis man es ihnen geglaubt hat. Auf alle Fälle sind Menschen, die auf einem so traumhaften Platz leben, vom lieben Gott bestimmt nicht schlecht behandelt worden. Kaltern wird als Weindorf bezeichnet, hat aber durchaus den Charakter einer Kleinstadt. Der Kern des Ortes in seiner heutigen Form entstand im 15. und 16. Jahrhundert. Die leicht ansteigende Hauptstraße säumen abwechselnd Bürgerhäuser, Ansitze und Bauernhäuser. Der geschlossene Hauptplatz mit dem barocken Marienbrunnen und dem Rathaus ist das »Stadtzentrum«.

Das Südtiroler Weinmuseum

Mitten im Weindorf Kaltern, in einem ehemaligen landesfürstlichen Kellergebäude (Di Pauli'sche Kellerei), werden dem Besucher 3000 Jahre Weinbaugeschichte veranschaulicht. 1955 von einem Freundeskreis gegründet und bis 1987 in Schloss Ringberg untergebracht, war das Südtiroler Weinmuseum das erste seiner Art südlich der Alpen.

1909 haben Archäologen bei Ausgrabungen in Stufels bei Brixen in einem aus der Eisenzeit stammenden Haus Traubenkerne gefunden. Auf vorgeschichtlichen Weinbau weisen auch Gerätefunde hin, etwa Rebmesser und Schöpfkellen. Richtig gelernt haben die Vorfahren der heutigen Weinbauern jedoch ihr Handwerk von den Römern. Die germanischen Volksstämme hatten davon keine Ahnung. Jedenfalls berichtet Cäsar von der Enthaltsamkeit der Germanen (De bello gallico). Lob für den rätischen Wein gab es schon von M. P. Cato dem Älteren und Vergil. Und die für den Weinbau typischen Begriffe sind ebenfalls romanischen Ursprungs: Most – mustum, Essig – acetum, Torggl – torcular, Keller – cellarium, um nur einige lateinische Begriffe zu nennen.

Alte »Torggl« (Weinpresse)
In der Baumkelter wird die Maische mit Hilfe des schweren Balkens gepresst.

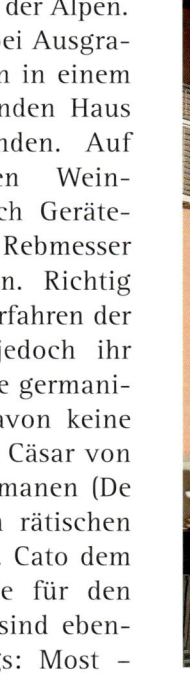

Barocker Brunnen
Die Mariensäule schmückt den Brunnen am Rathausplatz von Kaltern.

Nach den Römern kamen die Mönche. Zahlreiche Bistümer und Abteien legten Weingüter in Südtirol an und pflegten die Kunst des Weinbaus. Der Wein wurde als Willkommenstrunk für Pilger und Gäste geschätzt. Alte Handschriften erzählen vom Weinhandel und Weinpanschen, von alten Rebsorten und davon, dass der Wein kein Armeleutegetränk war: Ein Maurermeister verdiente an einem Tag 30 Kreuzer. Beinahe zwei Drittel seines Taglohnes, sprich: 18 Kreuzer, musste er für eine Maß Wein ausgeben. Soviel kostete der edle Saft, wenn er den Weg vom Weingut in Kaltern in den Klosterkeller von Benediktbeuren hinter sich hatte.

Durch Weinberge zum Kalterer See

Die dreistündige Rundwanderung (200 Höhenmeter) führt von Kaltern zum See und wieder zurück und bietet als »Zugaben« natürlich auch einen Weinkeller und ein Weingut an. Sonst wären wir nicht in Kaltern! Vom Rottenburger Platz verlassen wir Kaltern und über die Europastraße nach Süden in Richtung Sportzone. Am Beginn der Altenburgerstraße biegen wir rechts in den Kardatscherweg ein, der erst durch die Weinberge, dann durch den Wald führt. Wir folgen dem Weg zum Hotel Sonnleiten. Dort queren wir die stark befahrene Straße und erreichen bald den Kalterer See. Vor dem Ufer sind es nur einige Meter bis zum Weingut Panholzerhof (Weinbar und Restaurant). Dessen »Hausweine« werden im benachbarten Weingut Manincor (siehe Seite 132/133) unter Aufsicht von Graf Goess-Enzenberg gekeltert. Auf dem Rückweg geht es vorbei an der Fischerhütte und auf dem Wanderweg 3 durch die Weinberge bis Kaltern. Kurz vor dem Ort passiert man die Weinstraße in einer Unterführung. Nun führt die Straße direkt ins Ortszentrum. Im »Drescherkeller« am Maria-von-Buol-Platz, einem bekannten Törggelelokal mit gemütlichem Gewölbekeller, lässt sich die Wanderung bei einem guten Wein beschließen.

Kalterns Mittelpunkt
Der geschlossene Hauptplatz mit der Kirche zum heiligen Anton ist Treffpunkt und Herzstück der Marktgemeinde Kaltern. Der Glockenturm geht auf das 13. Jahrhundert zurück.

ÜBERETSCH UND UNTERLAND
ALTER WEIN UND STOLZE SCHLÖSSER

Essen unter freiem Himmel
Wer in St. Pauls einen Platz an der »gastlichen Tafel« ergattern will, muss sich beizeiten darum bemühen. Das Dorffest lockt Tausende von Besuchern an.

Das »Lido« am Montigglersee
Die zwei Seen im Montiggler Wald sind ideale Badeplätze für heiße Sommertage. Wer keinen Badebetrieb mag, findet in dem Naherholungsgebiet genügend ruhige Ecken.

Wie sehr dem Wein seit jeher zugesprochen wurde, erkennt man an der Zahl der ausgestellten kostbaren Gläser, Kelche und Humpen. Alte Berufe wie der des Flurhüters (»Saltner«) oder Fassbinders leben im Museum auf, und wie sich die Arbeit eines Weinbauern im Laufe der Jahrhunderte verändert hat, zeigen die vielen Geräte. Wer nicht nur Wein probieren, sondern wissen will, was es mit dem uralten Kulturgut auf sich hat, wird bei einem Besuch des Weinmuseums auf seine Kosten kommen.

Traumhafte Weingüter

Das Ortsbild und die zahlreichen herrschaftlichen Ansitze und schönen Schlösser inmitten der Weinberge stehen für eine Gesellschaft, die das ihr zugesprochene Fleckchen Erde genutzt und Ansehen und Wohlstand erlangt hat. Wer den im Privatbesitz befindlichen und auf einem Hügel inmitten von Weinbergen thronenden Ansitz Windegg erblickt, weiß, was mit »Herrgottskindern« gemeint ist. Von dort oben überschaut man das gesamte Becken des Kalterer Sees. Schloss Ringberg, als Hotel und Weingut bewirtschaftet, liegt nicht minder schön. Könnte man sich seinen Lebensplatz in Kaltern aussuchen, so würde die Wahl wohl auf einen dieser Edelsitze fallen, denen die bis zum See hinabreichenden Weinberge zu Füßen liegen. Am Ostufer grenzt der bewaldete Mitterberg mit der Ruine Leuchtenburg das Überetsch vom Bozner Talkessel und dem Unterland ab. Die Leuchtenburg wurde bereits im frühen 13. Jahrhundert urkundlich erwähnt. Ihre Erbauer dürften die Bischöfe von Trient gewesen sein. Im 14. Jahrhundert waren die Vögte des Gerichtes Kaltern die Burgherren. Bei Kämpfen gegen die Grafen von Tirol wurde die Burg 1339 erstmals zerstört.

Wo Herrgottskinder baden gehen

Der Kalterer See ist das Herzstück dieser Landschaft. Zwei Kilometer lang, 1,5 Kilometer breit und mit einer maximalen Tiefe von sieben Metern steht er im Ruf, der wärmste Alpensee zu sein. 140 Hektar misst seine Oberfläche. Im Norden, Osten und Westen

Vielseitige Reben
Graf Michael von Goess-Enzenberg überprüft den Rebenschnitt im Frühjahr. Der austretende Pflanzensaft wird in Flaschen aufgefangen und in Kosmetikprodukten verarbeitet.

Tradition und Moderne, altes Wissen und technischer Fortschritt ergänzen sich. Der neue Weinkeller wurde 2004 in den Weinberg hinein gebaut: »Somit ist unser Kulturgrund erhalten geblieben und der Keller thermisch vom Weinbergboden abgedeckt. Erdwärme nutzen wir auch zum Temperieren des Kellers im Winter. Im Sommer führen wir die Wärme wieder in den Boden zurück, um ihn kühl zu halten«, erklärt der stolze Weinbauer. Das nächste Projekt nimmt schon Gestalt an. Manincor soll sich mit Windenergie weitgehend selbst mit Strom versorgen.

Die Fassade des Ansitzes prägen eine Sonnenuhr und das Familienwappen, auf dem das Herz in der Hand zu erkennen ist. Das lateinische Man-in-cor könnte man auch mit Hand aufs Herz übersetzen. Der Graf hat seine eigene Interpretation. Hier befände sich das Herz am rechten Fleck. Der Natur wird nichts aufgezwungen. »Wir experimentieren viel, wir haben Raum für Individualität, der Wein muss einen eigenen Charakter haben«, sagt Michael von Enzenberg. Der Cuvée Sophie ist ein Ergebnis dieser Suche nach einem eigenen Charakter. Sechs Sorten vereinigen sich in diesem Wein auf Chardonnay-Basis. Sophie und Philosophie, die Ähnlichkeit ist mehr als ein Zufall, steckt doch die ganze Philosophie von Manincor darin. Sophie ist übrigens der Name der Dame des Hauses.

Qualität vor Quantität

Gäste kommen, Weinliebhaber, die sich zu einer Verkostung angemeldet haben. In den Gläsern schimmert der dunkle Blauburgunder, ein zarter Rosé, ein Terlaner Cuvée aus Weißburgunder, Chardonnay und Sauvignon und das rote Pendant aus Merlot, Cabernet und Lagrein. Auch der klassische Kalterer See, der sich zur Freude sämtlicher Weinbauern nach vielen Jahren und mit viel Mühe endlich seines zweifelhaften Rufes entledigt hat, ist mit von der Partie.

Die Zeit der Massenproduktion, die bis in die 1970er-Jahre andauerte, ist schon lange vorbei. Der Vernatschanteil in Kalterns Weinbergen schrumpft sich gesund. Die Traube wird nur mehr in wirklich »vernatschgünstigen« Hang- und Hügellagen bis zu 500 Meter Meereshöhe angebaut.

In Geisenheim bei Wiesbaden hat Graf Enzenberg Weinbau und Kellerwirtschaft studiert, bevor er 1996 daran ging, Manincor als freier Weinbauer zu führen. Mit Lei-

Qualität auf 3000 Quadratmetern
Der neue Weinkeller hat viel Platz: Hier stehen große Holz- und Barriquefässer, Gärbehälter und Edelstahltanks, Pressen und Abfüllanlage.

denschaft und Vernunft, getreu dem Enzenberg'schen Wahlspruch »vincat affectum ratio«, die Vernunft besiege die Leidenschaft. Mit Graf Enzenberg gründeten 1999 weitere elf Südtiroler Weinbauern den Verein unabhängiger Weinproduzenten. Heute hat der Verein 91 Mitglieder, deren Weingüter sich von Schlanders im Westen bis ganz nach Süden bei Salurn und Vahrn (bei Brixen) im Eisacktal erstrecken. Freie Weinbauern, auch eine Art Adelstitel. Wen wundert's, dass sich noch nie ein Südtiroler Weinbauer gefunden hat, der bereit gewesen wäre, mit einem richtigen König zu tauschen.

ÜBERETSCH UND UNTERLAND
ALTER WEIN UND STOLZE SCHLÖSSER

Mit dem lieben Gott im Bunde
Die Traminer überlassen nichts dem Zufall: In St. Valentin, in der Pfarrkirche, und in St. Jakob in Kastelaz betet man für ein gutes Weinjahr.

Tramin und sein Gewürztraminer

Noch offener und um einen Hauch lieblicher – das Unterland ist der Süden.

Wie muss er gelitten haben, der Oswald, damals beim ewig währenden Konzil in Konstanz. 1415 entstand folgender Vers:

»Und Euer Wein, ein Schlehentrank,
der räuchert mir die Kehle krank,
dass sich verfang mein heller Sang:
Oft nach Tramin steht mein Gedank.«

Natürlich stand Oswalds »Gedank« weniger nach dem Ort, als vielmehr nach dem Gewürztraminer. Böse Zungen behaupten, die Traminer gäbe es überhaupt nicht ohne Gewürztraminer. Sicher ist, dass die ausgezeichneten Weinlagen mit ausschlaggebend waren, dass sich Bischöfe und Fürstengeschlechter dieser Gegend annahmen. Die Sonne des Unterlandes, wo wir uns nun befinden, die Beschaffenheit des Bodens und des Wassers, die Luft – was noch alles könnte die Eigenart der Traminer Rebe beeinflussen? Die Frage bleibt unbeantwortet, zur Freude der Traminer selbst. Der Hügel von Kastelaz, die steilen Weinberge von Rungg und Söll, überall wächst hervorragender Wein, und beileibe nicht nur der Gewürztraminer. Aber er ist halt doch der »Primus inter pares«.

Fällt der Blick von diesen Weinhügeln oberhalb Tramins nach Osten und Süden, so war da kein Mitterberg wie in Kaltern, der mitleidsvoll die Sicht versperrte auf die verwilderten Auen und Sümpfe der Etsch. Dankbar müssen sie gewesen sein, die Traminer, dass sie nicht in dieser Ebene gelandet waren, und haben wohl deshalb im 14. Jahrhundert den höchsten gemauerten Kirchturm des Landes gebaut. 83,5 Meter misst der Turm der Pfarrkirche und ist deshalb auch das Wahrzeichen des Unterlandes. Sie dürfen sich glücklich schätzen, die Traminer, denn recht viel schöner ist es unten im Tal auch heute nicht: Die einförmigen Apfelplantagen werden ziemlich genau in der Mitte von der Brennerbahnlinie und der Brenner-Autobahn durchschnitten. Irgendwo dazwischen liegt die Etsch.

Skurrile Fabelwesen

Ein Rundgang macht schnell deutlich, was in Tramin zählt: der Wein und die Kirchen. St. Jakob in Kastelaz, ein romanischer Bau aus dem 12. Jahrhundert, liegt auf einem Hügel oberhalb des Dorfes und weist noch einen Freskenzyklus aus der Entstehungszeit der Kirche auf. Menschliche Laster symbolisieren die grotesken Fabelwesen des unbekannten Meisters: Kentauren, Hexen und Fischweiber bevölkern den untersten Rand der Apsis.

Mitten in den Weinbergen liegt die Kirche St. Valentin, und im Weiler Söll macht St. Mauritius auf sich aufmerksam. Weniger aus kunsthistorischer Sicht, als vielmehr wegen einiger unerklärlicher Besonderheiten, wie etwa der auffallend unregelmäßige Grundriss des Chores. Wer sich an den sakralen Wunderwerken sattgesehen und eine trockene Kehle hat, kann sich dem zweiten Traminer Standbein zuwenden: dem Wein, der die Traminer die mächtige Nachbarschaft mit Kaltern ertragen lässt. Die Unterlandler haben keinen Grund, den Überetschern neidisch zu sein. Hat Oswald etwa dem Kalterer nachgeweint? Hat er nicht, sondern dem Gewürztraminer.

Schattenplätzchen
Brennholz sammeln, Gartenpflege, Stallarbeit, Hofladen führen – Landwirtschaft ist nicht nur Männersache.

Im Auf und Ab der Gassen
Bauernhäuser und Edelsitze bestimmen im steten Wechsel das Dorfbild Tramins. Die Architektur des Südens unterscheidet sich deutlich von der des Nordens Südtirols.

ÜBERETSCH UND UNTERLAND
ALTER WEIN UND STOLZE SCHLÖSSER

Kurtatsch, Margreid, Kurtinig – ruhiges Dreigestirn im tiefen Süden

Es wäre ein Fehler, dort umzukehren, wo die großen Touristenströme versiegen.

Die Reise durch den Süden Südtirols sollte man bis zur Neige auskosten. Mag ja sein, dass Eppan und Kaltern zwei Prinzessinnen sind und Tramin dank seines Gewürztraminers in der ganzen Welt bekannt. Aber es liegen noch einige Perlen an der Weinstraße, die es wert sind, eingesammelt zu werden. Klein und unaufdringlich, bescheiden, Namen, die man vielleicht einmal gehört und wieder vergessen hat: Kurtatsch, Margreid, Kurtinig. Spätestens jetzt lässt man den Rummel, der Tourismuszentren nun einmal eigen ist, hinter sich. Das Trentino ist schon in Sichtweite, die deutsche Sprache mit italienischen Brocken durchsetzt oder umgekehrt. »Mez per sort« sagt man hier. Halbe-Halbe. Wörter beider Sprachen werden verwendet, wie es einem gerade in den Kram passt.

Die Erste dieser südlichsten Perlen heißt Kurtatsch und empfängt den Reisenden mit zwei Edelsitzen am Dorfeingang, gerade so, als müsste es etwas vorweisen, das die Fahrt hierher rechtfertigt. Wenn die Reise aber einen Ansitz zum Ziel hat, dann Entiklar. Hier entsteht vorzüglicher Wein, was sonst. Der »Feldmarschall Fenner«, ein Müller-Thurgau, reift auf 1000 Metern Höhe am Fennberg und zählt damit zu den höchsten Bergweinen Europas. Natürlich wird auch hier noch Gewürztraminer gekeltert, dazu der süße Rosenmuskateller und ein außergewöhnliches Rotweinsortiment. Ein Park umschließt das Haus. In nächster Nähe stehen Überreste einer Burg aus dem 12. oder 13. Jahrhundert.

Kurtatsch liegt auf zwei Ebenen: der Weinort an den Hangterrassen auf 333 Meter und die höher gelegenen Ortsteile Graun (823 m) und Fennberg (1047 m) auf einer Hochebene unterhalb des Gebirgszuges Fennberg, der an den Mendelstock anschließt. Wir lernen eine neue Facette des Unterlandes kennen: Buchen-Tannen-Wälder, eine ausgedehnte Moorlandschaft und mittendrin in einer Wiesenmulde der Fenner See, ein Moorsee mit Schilfgürtel, der von einem romanischen Kirchlein bewacht wird. Talboden und Fennberg verbindet übrigens ein gesicherter Klettersteig. Wer in diesen fast senkrechten Weg einsteigt (südlich von Margreid, auf der Höhe der Salurner Klause), der von 212 auf 1100 Meter führt, sollte schwindelfrei sein. Doch keine Bange, es gibt außer der Straße auch noch genügend horizontal verlaufende Wanderwege, die einen sicher hin- und zurückbringen.

Zeitsprung
Käme nicht ab und zu ein Traktor des Weges, fühlte man sich in den engen Gassen von Margreid um 100 Jahre zurückversetzt.

Erker, Zinnen, Türme
Die schlossartigen Edelsitze sind typisch für die kleinen Unterlandler Weindörfer.

Das Dorf der Torbogen
Rundbögen, Spitzbögen, Renaissanceportale –
Margreid wird seinem Beinamen gerecht.

Edle Weine, noble Ansitze

Der Fennberg begleitet uns weiter nach Süden. Auch das verträumte Margreid auf dem Schuttkegel des Fenner Baches liegt in seinem Schatten. Hier senken sich Hangterrassen und Hügel des Weinbaugebiets zum Tal ab. Mit seinen vielen Renaissanceportalen, Rund- und Spitzbogen gilt Margreid als »das Dorf der Torbogen«. Das mächtige Hirschprunn am hübschen Dorfplatz gehört zu den eindrucksvollsten Edelsitzen im Unterland. Hinter dem obligaten Margreider Torbogen liegt ein malerischer Innenhof, der an Sommerabenden als Konzertbühne dient. Und dazu trinkt man – natürlich – einen edlen Wein aus der Vinotheque von Hirschprunn. Eine weitere Besonderheit bietet Margreids Grafengasse, in der die älteste Weinrebe Südtirols an der Häuserfront rankt. Das Pflanzdatum wird mit 1601 angegeben. »Als der Dreißigjährige Krieg, der halb Europa verwüstete, im Jahre 1648 zu Ende ging«, berichet die Dorfchronik, »stand die Rebe schon im besten Ertrag ...«

Zuletzt erreichen wir Kurtinig, wo man noch die typischen Weinhöfe des Etschtales findet. Kurtinig ist das Dorf der Hausreben, die früher zu besonderen Anlässen gepflanzt wurden, etwa zu einer Hochzeit oder bei der Geburt des ersten Sohnes. Als einziger Ort im Unterland liegt es mitten im Etschtal, sogar einige Meter unterhalb des Etschdammes, und wurde entsprechend oft von Überschwemmungen heimgesucht. Hier – in Sichtweite des ersten Dorfes der Nachbarprovinz Trient – endet die Reise entlang der Südtiroler Weinstraße.

Gepflanzt anno 1601
Die älteste Weinrebe Südtirols rankt sich an einer Hausfassade in der Grafengasse in Margreid empor.

ÜBERETSCH UND UNTERLAND
ALTER WEIN UND STOLZE SCHLÖSSER

Bis zur Salurner Klaus' – das Etschtal unterm Regglberg

Sprachgrenze, Landesgrenze – erst hinter Salurn beginnt Italien.

Der besondere Tipp

Die Ruine Haderburg

Hoch über dem Tal thront kühn auf einem Felsvorsprung am Geierberg die Haderburg. Das einstige Schloss Salurn verlor Anfang des 17. Jahrhunderts seine Bedeutung und begann zu verfallen. Die Bauern sprachen nur mehr von der Haderburg, weil eine Örtlichkeit nahe des Burgfelsens »in der Hader« genannt wird. Die Burg ist für den geübten Wanderer von Salurn aus in etwa 20 bis 30 Minuten erreichbar. Der schmale Steig erfordert Trittsicherheit und kann bei Nässe rutschig werden. Der Lohn folgt auf dem Fuß, nämlich die Burgschenke mit der eindeutigen Aufforderung: »Verhalten Sie sich ritterlich und holen Sie sich selbst Speys und Trank«.

Genuss in historischem Ambiente
Die Önothek Johnson und Dipoli in den mittelalterlichen Neumarkter Lauben ist ein Treffpunkt für Genießer. Hier legt man Wert auf höchste Qualität.

Was Mendel und Fennberg für die rechte Etschtalseite, das ist der Regglberg für die Gegenseite. Auch hier breiten sich terrassenförmig die Weinberge aus. Die Ortschaften Montan und Pinzon bei Auer und Mazzon, oberhalb des Unterlandler Hauptortes Neumarkt gelegen, gelten als die Heimat des Blauburgunders. Neumarkt mit seinen altertümlichen Lauben kam 2001 zu einer besonderen Ehre: Die in Meran spielenden Szenen des Andreas-Hofer-Films »Die Freiheit des Adlers« wurden in Neumarkt gedreht. Hier hatte der Regisseur keine Probleme, die Zeit zurückzudrehen. Mit der Etsch als Verkehrsweg sozusagen vor der Haustür spielte Neumarkt bereits im frühen Mittelalter eine wichtige Rolle als Handelsplatz, zumal der Bischof von Trient dem Markt Zoll- und Steuerfreiheit gewährt hatte. Mit dem Bau der Eisenbahn 1859 verlor die Etschschifffahrt an Bedeutung.

Nadelöhr ins Trentino

Das Südtiroler Heimatlied »Wohl ist die Welt so groß und weit« besingt die Schönheit des Landes, und zwar »... bis zur Salurner Klaus'«. Geier- und Fennberg nähern sich hier bis auf zwei Kilometer. Dazwischen bleibt gerade noch Platz für Etsch, Staatsstraße und Autobahn und den Gleisstrang der Bahnlinie. Gleich hinter Salurn, der südlichsten Gemeinde Südtirols, ist auch die Landesgrenze markiert.

Das Hinterland Salurns eröffnet vielfältige Wandermöglichkeiten. Anfangs zwischen Obst- und Rebanlagen, dann durch Kastanienhaine und Mischwald geht es hinauf zum kleinen Weiler Buchholz mit seinen verstreut liegenden Einzelgehöften. Der ebenfalls zu Salurn gehörende Weiler Gfrill liegt bereits auf über 1300 Metern und ist einer von vielen Ausgangspunkten für Wanderungen in den Naturpark Trudner Horn.

Castelfeder – rätselhafte Ruinen am Rabenkofel

Jedes Land hat seinen geheimnisumwitterten Ort, an denen eigenartige Dinge geschehen, die zwar nie jemand mit eigenen Augen gesehen hat, aber trotzdem von Generation zu Generation weitergegeben werden. Die Einheimischen kennen Gruselgeschichten, erzählen sie mit Spott in der Stimme, aber wenn dann die Nacht hereinbricht, ziehen sie es doch vor, den seltsamen Ort zu verlassen. Man weiß ja nie …

Dieser Ort liegt in Südtirol oberhalb von Auer und heißt Castelfeder. Schon die Namensdeutung bringt die Gelehrten gegeneinander auf. Kimbern und Römer sollen sich hier blutig bekämpft haben, um dann, des Gemetzels überdrüssig, einen Waffenstillstand zu schließen. Deshalb Castellum Foederis, das Schloss, in dem ein Vertrag geschlossen wurde. Dies wäre eine schöne Geschichte, aber vielleicht haben doch jene Recht, die meinen, das vorrömische Wort federa für Schafweide habe Pate gestanden.

Klein-Griechenland

Was soll's, im Grunde sprechen wir ja vom Rabenkofel, wie der Burghügel nämlich heißt. Was für ein schöner Name für eine Stätte, an der sich die Hexen versammeln, wenn die Schafe gerade nicht da sind. Warum nun soll man nach Castelfeder auf den Rabenkofel? Erstens, weil die herrliche Aussicht über das südliche Etschtal und bis in die Texelgruppe bei Meran reicht. Zweitens, weil Castelfeder tatsächlich archäologische Rätsel aufgibt und drittens, weil die Vegetation eine Südtiroler Besonderheit darstellt. Uralte Flaumeichen, Weißdorngebüsch, ein karger sonnenverbrannter Landstrich, grasarme Terrassen über einer fruchtbaren Obst- und Weingegend. Die Bezeichnungen »Arkadien Tirols« oder »Klein-Griechenland« verdeutlichen, welche Bilder hier auf wenig mehr als 405 Metern entstehen.

Worüber sich Burgen- und Völkerkundler, Archäologen und Historiker seit Jahrzehnten streiten, sind die Reste der Burgruine. Eine Ringmauer mit einem vorgelagerten Wehrgang ist noch zu erkennen, Trümmer eines Vierecksturms, Reste einer romanischen Kapelle. Und dann gibt es da noch Reste von 160 vorgeschichtlichen Wohnhäusern, die ebenso wenig zugeordnet werden können wie die Burganlage selbst.

Wer waren die Siedler von Castelfeder? Wer hat die Burg erbaut? Warum war dieser Ort, der aufgrund seiner Lage kaum zu verteidigen war, überhaupt ein begehrtes Siedlungsgebiet? Alles Fragen, auf die es bis heute keine Antwort gibt. Zum Glück, sonst wäre es um den schaurig-schönen Ruf Klein-Griechenlands schlecht bestellt. Ein Ausflug dorthin, mit dem Auto oder zu Fuß in einer knappen Stunde von Auer aus, verbunden mit einem Picknick im Freien, lohnt sich allemal. Wenn es zu dämmern beginnt, sollte man aber an die Heimfahrt denken, man weiß ja nie …

Woher und warum?
Der Ruinenhügel Castelfeder gibt mehr Rätsel auf als Antworten.

Blick nach Süden
Von Castelfeder aus kann man den Lauf der Etsch in beide Richtungen verfolgen. Hier fällt der Blick auf Neumarkt und die Salurner Klause.

ÜBERETSCH UND UNTERLAND

ALTER WEIN UND STOLZE SCHLÖSSER

Naturpark Trudner Horn

Das Trudner Horn ist im wahrsten Sinn des Wortes ein Naturpark des Südens.

Der Naturpark Trudner Horn erstreckt sich über 6600 Hektar und ist auf insgesamt fünf Gemeinden verteilt: Neumarkt, Montan, Salurn, Truden und Altrei. Die weitläufige Region beherbergt die artenreichste Flora und Fauna aller Südtiroler Schutzgebiete, da der Naturpark als einziger weit in die submediterrane Klimazone bis zum Saum der Etschebene reicht.

Die wichtigste Verkehrsverbindung dieses Hochlands führt ins Unterland, die Straße nach Auer. Das im Nordosten an den Naturpark angrenzende Hochland von Aldein und Radein mit dem nahen Wallfahrtsort Maria Weißenstein gehört zwar eigentlich zur Gemeinde Deutschnofen, wird aber geografisch und historisch dem Unterland zugerechnet.

Östlich von Radein schließen die Südtiroler Zwillingsberge Weißhorn (2317 m) und Schwarzhorn (2439 m), die Dolomiten im Süden ab. Der helle Triasdolomitgipfel des Weißhorns und die dunkle Quarzporphyrkuppe des Schwarzhorns sind von fast allen Aussichtsbergen des Landes zu sehen. Umgekehrt bieten die Zwillingsberge ebenfalls eindrucksvolle Rundblicke. Auf dem kuppelförmigen Gipfel des Schwarzhorns wurden Reste einer urzeitlichen Wallburg gefunden. Es dürfte sich um eine ausgesprochene Bergfestung gehandelt haben. Der gesamte Bergrücken von Aldein bis Truden ist uraltes Siedlungsland, und die Bezeichnung »Aldinum« für Aldein erscheint bereits in einer Urkunde des Kaisers Friedrich Barbarossa aus dem Jahr 1175. Zwischen Schwarz- und Weißhorn breitet sich mit Jochgrimm ein Bergwiesenjoch aus, das als Wander-, Ausflugs- und Wintersportziel gleichermaßen beliebt ist.

Landschaftlich und geologisch besonders interessant ist die Bletterbachschlucht unterhalb des Weißhorns, die auch Grand Canyon Südtirols genannt wird. Dort können sich Erwachsene und Kinder auf die Spuren der Dinosaurier begeben. Von Mai bis Oktober bieten die Wanderführer des Geoparc Bletterbach bei der 15 Kilometer von Aldein entfernten Lahneralm geführte Exkursionen in die 400 Meter tiefer gelegene Schlucht an.

Bergwallfahrt

Das Gebiet unterhalb des Weißhorns ist seit mehr als vier Jahrhunderten Ziel zahlloser Pilger, die – nicht selten auch zu Fuß vom Etschtal herauf – den 1521 Meter hoch gele-

Subalpine Zone
Das Hochplateau des Trudner Horns wird von Borstgrasrasen bedeckt.

Spinnweben-Hauswurz
Das Dickblattgewächs blüht von Juni bis September.

genen Wallfahrtsort Maria Weißenstein aufsuchen. Der mit Abstand prominenteste Pilger war Papst Johannes Paul II., der 1988 in Maria Weißenstein vor Tausenden Gläubigen unter freiem Himmel die heilige Messe feierte. Der Überlieferung zufolge entstand Maria Weißenstein, weil 1553 ein Bauer von geistiger Umnachtung geheilt und den Sturz über einen Felsen überlebt haben soll. Daraufhin errichtete er aus Dankbarkeit eine Kapelle. Bei den Aushubarbeiten fand er eine Marienstatue, die als wundertätiges Gnadenbild verehrt wurde. Der Servitenorden errichtete 1718 ein Kloster und vergrößerte die Kirche. Zum 200. Jahrestag, 1753, wurde die Kirche barockisiert. 1787 ließ Kaiser Josef II. das Kloster schließen und das Gnadenbild wurde in die Pfarrkirche nach Leifers gebracht, wo es heute noch zu sehen ist.

Der Besuch der Pfarrkirche von Leifers lohnt sich nicht nur für Architekturinteressierte auch aus einem anderen Grund: Sie wurde nämlich erst 2004 neu gebaut. Die alte Kirche wurde jedoch nicht abgerissen, sondern als Altarraum des neuen Gotteshauses verwendet.

Begleiter am Wegesrand
Feuerlilie (ganz links), Wald-Ziest (links) und Silberdistel (unten) kann man im Naturpark bewundern.

Unberührte Natur
Das Lange Moos unweit der Krabes-Alm ist eines von vielen Biotopen im Naturpark.

Trudner Höhenweg

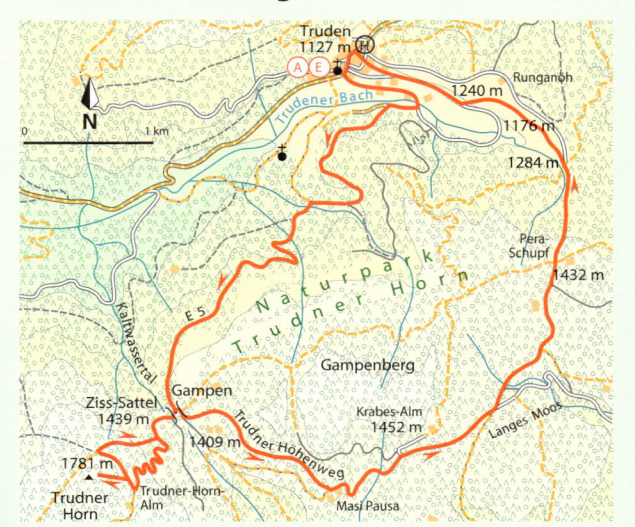

Die vierstündige Wanderung (450 Höhenmeter) führt über leicht begehbare Forst- und Waldwege durch die bewaldeten Hügelketten des Naturparks, vorbei an Lärchenwiesen und Mooren. Die Tour beginnt am Kirchplatz von Truden. Wir folgen der Dorfstraße südwärts (Weg 6) hinab bis zum Sportplatz, treffen auf die Fahrstraße nach Montan und queren etwas später das Blättertal auf einer kleinen Brücke. Hier beginnt der Aufstieg: Zum Ziss-Sattel wandern wir auf dem Europäischen Fernwanderweg E 5. Wer möchte, macht von hier einen Abstecher zum Trudner Horn mit seiner schönen Aussicht.

Weiter auf unserer Rundtour wählen wir Weg Nr. 4/9, der sich nach kurzer Zeit teilt. Wir folgen Weg 9 zur Krabes-Alm und befinden uns nun auf dem Trudner Höhenweg. An der Krabes-Alm (Einkehrmöglichkeit) steigen wir am Rand der eingezäunten Waldwiese zum Fahrweg ab, der zum Lange Moos führt. Das sieben Hektar große Feuchtgebiet ist streng geschützt und weist alle Sumpf- und Moortypen vom offenen Moortümpel bis zum verheideten Hochmoorbereich auf. Weiter geht's durch Lärchenwiesen auf Weg 5, vorbei an der restaurierten Ruine Pera Schupf und zurück nach Truden.

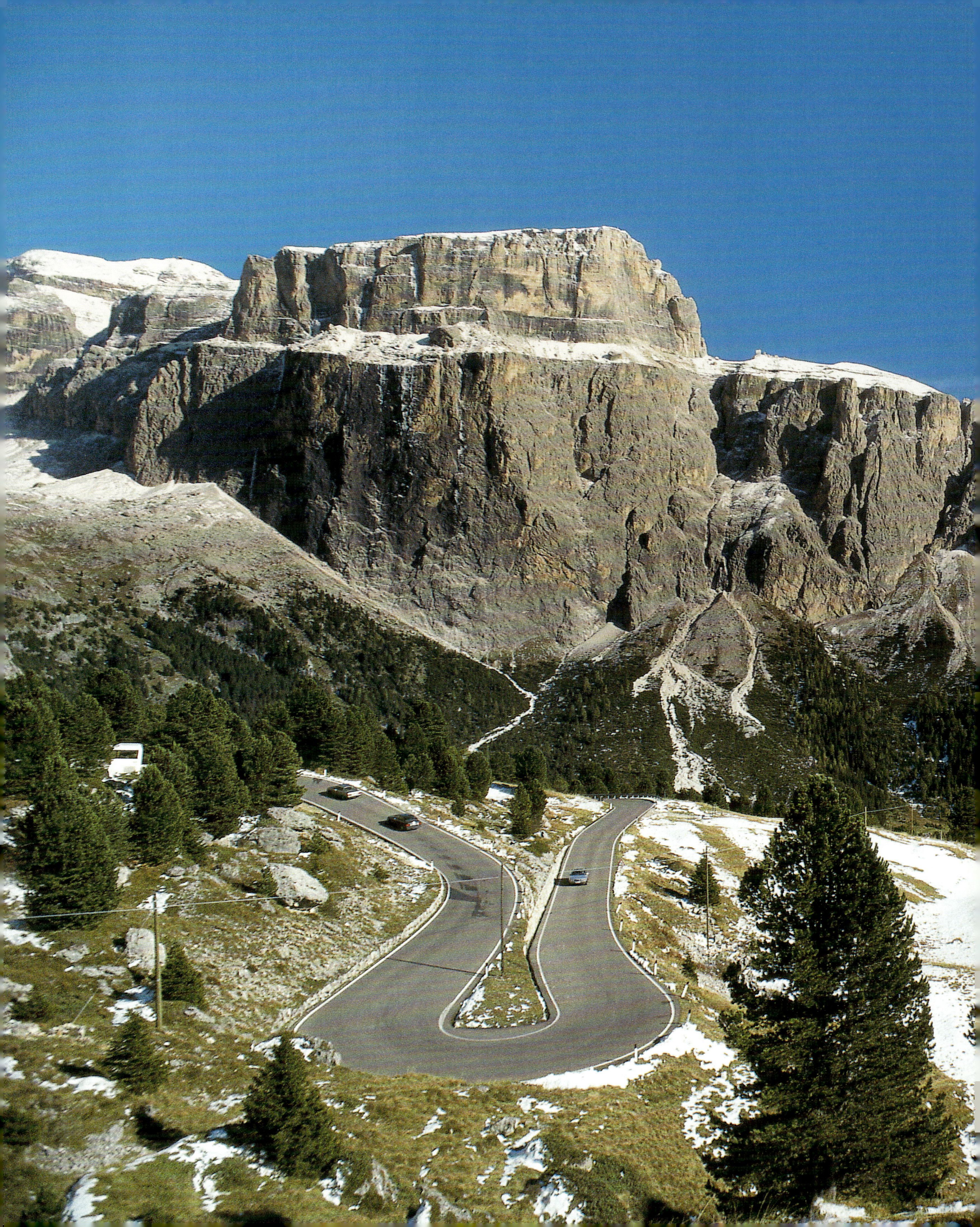

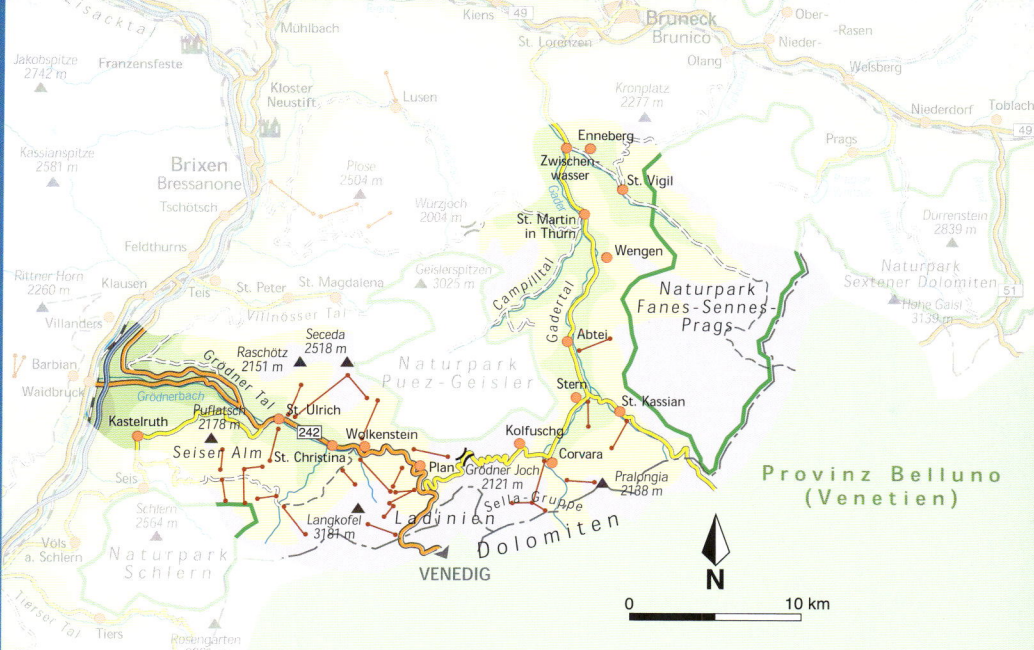

Ladinien

Wo die Dolomiten den Himmel berühren – dort befindet sich das Stammland der rätischen Urbevölkerung: Ladinien. Geografisch stellt der Gebirgsstock der Sellagruppe den Mittelpunkt Ladiniens dar. Zwei seiner angrenzenden vier Täler – Grödner Tal und Gadertal – gehören zu Südtirol. Die frühere Abgeschiedenheit dieser Täler brachte es mit sich, dass die Ladiner als kleine Minderheit zwischen italienischem Süden und deutschem Norden nicht nur überlebt, sondern sich Lebensart, Brauchtum und Sprache auf äußerst lebendige Art erhalten haben.

Rund um den Sellastock
Ladinien lässt sich auf mehrere Arten erkunden: im Sommer über die Passstraßen oder auf Schusters Rappen, im Winter auf Skiern.

LADINIEN

WO DIE DOLOMITEN DEN HIMMEL BERÜHREN

Die Festung Ladinien – rund um den Sellastock

In die ladinischen Täler fährt man, um Berge zu bestaunen oder endlose Pisten hinunterzuwedeln.

Auf dem Weg zum Pordoijoch
Seit mehr als 150 Jahren locken die ladinischen Dolomiten Bergsteiger aus aller Welt an.

Keine Burg auf der ganzen Welt besitzt solch gewaltige Festungsmauern wie Ladinien, das von den Dolomiten wie von einem mächtigen Schutzwall umschlossen wird. Wie überdimensionale Tore führen vier Täler in die Festung hinein, jedes als Pforte für eines der vier ladinischen Täler: Durch das Eggental gelangt man nach Fassa. Wo der Grödnerbach in den Eisack fließt, bleibt eine schmale Pforte als Zugang nach Gröden (lad. Gherdeina). Die Schlucht bei Montal (nahe Bruneck) ist das Nordtor, das den Weg ins Gadertal (lad. Badia) freigibt. Hier wird der Grödnerbach doch zum wilden Gebirgsbach.

Nur Buchenstein ist nicht von Südtirol aus zu erreichen. Dessen Tor, das Cordevoletal, liegt im Süden in der Provinz Belluno. Im Mittelpunkt dieser mächtigen Gebirgsfestung steht der Sellastock. Ladiniens heiliger Berg ist Mittelpunkt und Trennwand in einem.

Englische Pioniere

Obwohl seit Jahrhunderten der Weg über den Brenner durch das Eisacktal das Tor zum Süden war, hat es kaum einmal jemand für nötig gehalten, vom Weg abzubiegen, dem Lauf des Grödnerbaches ins Tal zu folgen, um nachzusehen, was sich wohl hinter diesen riesigen Festungsmauern verbergen würde. Wenn Gröden und das Gadertal heute zu den wichtigsten und wohlhabendsten Tourismusgebieten im südlichen Alpenraum zählen, dann verdanken sie dies der Neugier und Hartnäckigkeit zweier Engländer. G. C. Churchill und J. Gilbert waren 1860 nach Bozen gekommen, um das Dolomitengebiet zu erkunden. Heute würde man die beiden Männer als Globetrotter bezeichnen, denen es vor allem die Berge angetan hatten.

Die mitgeführten Landkarten hatten Churchill und Gilbert verraten, dass es möglich sein musste, über den Karerpass das Fassatal zu erreichen. Die Auskünfte, die sie in Bozen erhielten, waren aber derart spärlich, dass die beiden Reisenden schließlich auf der Seiser Alm landeten und von dort zu Fuß und zu Pferd die ladinischen Täler erreichten und erkundeten. 1864 erschien ihr Buch »The Dolomite-Mountains«, das später auch ins Deutsche übersetzt wurde.

Es ist das große Verdienst der zwei Engländer, dass sie abseits der großen Routen unterwegs waren und sich auf Wege und Pfade begaben, die nicht auf den Landkarten verzeichnet waren. Ihr Buch, in dem immer wieder auf die »panoramic views«, die wunderbaren Panoramablicke, verwiesen wurde, machte das ladinischsprachige

Nach dem Zweiten Weltkrieg dauerte es einige Zeit, bis die Produktion wieder am Laufen war. Der gute Ruf der Grödner Wertarbeit hatte die Kriegsjahre überdauert, und ab einen gewissen Punkt konnten Hausgewerbe und Kleinwerkstätten die Nachfrage nicht mehr befriedigen. Es begann die Zeit der industriellen Fertigung.

Die USA waren mittlerweile zum wichtigsten Abnehmer geworden, auch nach Südamerika wurde exportiert. Die Schnitzarbeiten aus Gröden waren zur Massenware geworden. Aber auch Heimarbeit und Handarbeit erfolgten vielfach nach Schablonen und ließen den Handwerkern wenig Spielraum für Individualität. Industrielle Fertigung und Kunsthandwerk haben heute nebeneinander ein Auskommen gefunden. Jedes einzelne Stück ist gekennzeichnet, und es bleibt dem Käufer überlassen, wofür er sich entscheidet. Eines aber hat die rasante Entwicklung Grödens überdauert: Die Kombination von traditionellem Kunsthandwerk und Fremdenverkehr ist nach wie vor das Erfolgsrezept dieses Tales, das so lange warten musste, um entdeckt zu werden.

Feiner Pinselstrich
Grödner Holzskulpturen sind manchmal kunstvoll bemalt, manchmal auch naturbelassen.

Lebendige Werkstatt
In vielen Werkstätten kann man in Gröden Holzschnitzern bei der Arbeit über die Schulter schauen.

LADINIEN

WO DIE DOLOMITEN DEN HIMMEL BERÜHREN

Gadertal – Zentrum ladinischer Kultur und Lebensart

Das Gadertal verkörpert für viele noch die Gemütlichkeit der alten Zeit.

Die Nabelschnur zwischen Gröden und dem Gadertal (lad. Badia) ist die Straße über das Grödner Joch. Die Straße zur Außenwelt erhielt das Gadertal 30 Jahre nach den Grödner Nachbarn. Es geht halt alles ein bisschen langsamer zu im Gadertal. Das wurde vor Jahren vielleicht noch als Nachteil empfunden, mittlerweile besteht für die Menschen zwischen Enneberg (lad. Mareo) und Corvara (lad. Corvara in Badia) jedoch kein Grund mehr, neidisch über das Joch nach Gröden zu schielen. Weil die Entwicklung im Gadertal nicht so rasch vonstatten ging und der Fortschritt mit all seinen Vor- und Nachteilen behutsamer Einzug hielt, konnte hier viel Erhaltenswertes bewahrt werden. Ein bisschen urige Gemütlichkeit gehört nicht zuletzt auch dazu.

Ein Tal wird erschlossen

Der Anstoß zum Straßenbau ins Pustertal kam auch nicht aus dem Tal, sondern hatte militärisch-strategische Gründe. Pioniere bauten die 33 Kilometer lange Verbindung von St. Lorenzen nach Corvara kostenlos in sieben Jahren. Als die Straße 1892 eröffnet wurde, hatte der alte Saumhang am Hang hoch über der Gader ausgedient. 1956 wurde diese Pionierarbeit den modernen Erfordernissen angepasst. Regelmäßige Hangrutschungen machten eine Neuplanung der Strecke notwendig. Seit 2006 fährt man durch fünf Tunnels, zwei Steinschlaggalerien und über einen Viadukt (bei Montal) ins Gadertal. Touristen müssen seither auf eine wildromantische Fahrt verzichten, aber für die Bewohner im Tal bedeutet die neue Straße mehr Sicherheit, mehr Lebensqualität, kürzere Fahrzeiten und bessere wirtschaftliche Bedingungen.

Das Gadertal weist im Unterschied zu Gröden keine einheitliche Gliederung auf. So gibt es zahlreiche Seitentäler und Verästelungen und die Gemeinden bestehen aus mehreren größeren Siedlungen. Bei Zwischenwasser zweigt die Straße nach St. Vigil (lad. Al Plan) und Enneberg (lad. Mareo) ins Rautal ab, das wohl charakteristischste Seitental im Gadertal. St. Vigil ist mit dem Skigebiet Kronplatz verbunden. Die Siedlung Pederü am Talende ist Ausgangspunkt für Wanderungen in den Naturpark Fanes-

Karneval der Fratzen
Das Ladinische Museum in Vigo di Fassa (Provinz Trient) sammelt auch Holzmasken. Die in einem Stück aus Zirbelkieferholz geschnitzten, bemalten »facéres« werden bei Karnevalsumzügen getragen.

Der Heilige von St. Leonhard
Südtirols einziger Heiliger, der Steyler Missionar Josef Freinademetz, kam 1852 in St. Leonhard (Gemeinde Abtei) zur Welt. Der Weiler im Schatten des 2907 Meter hohen Heiligkreuzkofel gehört zu den ursprünglichsten im Gadertal.

Sennes-Prags. Die für das Gadertal typischen »Viles«, die aus mehreren Bauernhöfen bestehenden Weiler, sind in der Gegend von St. Vigil, in Wengen und im Campilltal (Miscí und Seres) erhalten geblieben (siehe dazu S. 156).

Lässt man die Abzweigung ins Rautal unbeachtet, führt die Straße weiter ins Gemeindegebiet von St. Martin in Thurn (lad. San Martin de Tor). Bei Pikolein erscheinen Heiligkreuzkofel (2911 m) und Peitlerkofel (2874 m) im Blickfeld – Ladinien ist doch nicht nur Sella und Langkofel. St. Martin in Thurn nimmt den gesamten mittleren Teil des Gadertales ein und hat mit der Straße zum Würzjoch eine Verbindung ins Eisacktal. Für die auf jeden Fall lohnende Wanderung rund um den Peitlerkofel ist der Parkplatz auf dem Würzjoch der Ausgangspunkt.

Der besondere Tipp

Micurà de Rü – das ladinische Kulturinstitut

Im kleinen Ort St. Martin, der der Gemeinde den Namen gibt, steht mit Schloss Thurn das kulturelle Aushängeschild des Gadertales. Die gut erhaltene Anlage war Gerichtssitz der Bischöfe von Brixen und beherbergt nun das Ladinische Kulturinstitut und Museum. Nicht nur für das Selbstverständnis der Ladiner ist diese Einrichtung wichtig, sondern auch für Besucher, die mehr über die jahrtausendalte Geschichte und Kultur der kleinsten Südtiroler Volksgruppe wissen wollen.

Ladinisches Selbstbewusstsein
Das neue Ladinische Museum im Schloss Thurn in St. Martin steht für Kultur und Selbstbewusstsein der rätischen Bevölkerung.

LADINIEN

WO DIE DOLOMITEN DEN HIMMEL BERÜHREN

Die »Viles« – Wandern im Tal der Mühlen

Alle sprechen von sauberer Energie – hier wird sie traditionell aus Wasserkraft gewonnen.

Von St. Martin in Thurn führt eine Straße in südwestliche Richtung in das Tal von Campill, oder besser gesagt: nach Longiarü, wie der ladinische Name für das Dorf hinter dem Peitlerkofel lautet. Hier beginnt das Land der »Viles«, kleine Höfegruppen, Weiler, die einsam in Talmulden und manchmal auch an den Hängen kleben. Eng aneinander geschmiegt erwecken die Gebäude den Eindruck, als würden sie sich gegenseitig vor unsichtbaren Feinden schützen.

Diese Weiler sind als Siedlungsform typisch für das Gadertal. Die Menschen, die hier siedelten, haben über Jahrhunderte gelernt, für sich selbst zu sorgen und ohne fremde Hilfe auszukommen. Es ist kein Zufall, dass den Gadertalern der Ruf vorauseilt, äußerst geschickte Handwerker zu sein. Die Männer stellten ihre Häuser, bäuerlichen Geräte und geschmiedeten Werkzeuge selbst her. Die Frauen fertigten aus Wolle, Loden und anderen Geweben das Arbeits- und Festtagsgewand. Im Durchschnitt lebten fünf Familien in diesen »Viles«.

Der kleine Seres-Bach schlängelt sich seit Menschengedenken durch das Tal von Longiarü und trennt die Weiler Miscí und Seres. Wenn man diese Idylle an einem Wochentag besucht, vielleicht an einem Tag, an dem sich die Sonne hinter Wolken versteckt und sich nur wenige Wanderer ins Tal verirren, möchte man glauben, dass sich das Rad des Lebens in den vergangenen 500 Jahren nicht weitergedreht hat. Dafür drehen sich die Mühlräder entlang des Baches

Und sie drehen sich doch
Original restauriert und wieder in Betrieb sind die Mühlen von Seres nicht nur eine Attraktion für Touristen, sondern auch wieder Arbeitsgeräte für die Bauern.

Schlicht und unverfälscht …
… so präsentiert sich das Campilltal, das zu erholsamen Wanderungen einlädt.

wieder. Die ersten Mühlen im Gadertal wurden im Jahre 1030 urkundlich erwähnt. 1622 gab es allein im Gebiet von Campill 40 Wassermaschinen. Die Bewohner der »Viles« betrieben damit Sägewerke und Schmieden, und natürlich wurde Korn gemahlen: Weizen, Roggen, Gerste. Dann drängte die Viehzucht den Ackerbau immer mehr zurück. Viele der Mühlen verfielen und verschwanden im Laufe der Jahrhunderte, ohne Spuren zu hinterlassen. Schließlich wurden auch die letzten Mühlen am Seres-Bach dem Verfall preisgegeben.

Und sie drehen sich doch

Doch manchmal lebt die Vergangenheit urplötzlich wieder auf. Ein Projekt des Amtes für Natur- und Landschaftsschutz der Autonomen Provinz Bozen-Südtirol sorgte Ende der 1990er-Jahre dafür, dass das Mühltal heute seinem Namen wieder gerecht wird: Neun Wassermaschinen haben die Bauern des Tales nach originalen Bauplänen restauriert und darüber hinaus das gesamte Wasserableitungssystem wieder instand gesetzt. Bei den Baustoffen hat man nur jene Materialien verwendet, die auch den Vorfahren früher zur Verfügung standen. Dazu wurde ein Rundweg geschaffen, der in der Ortschaft Campill startet und als Wanderweg dient. An jeder Mühle geben Tafeln Auskunft über ihre Geschichte und Bauweise, wozu sie früher diente und welches ihr heutiger Nutzen ist.

Doch wer nun glaubt, hier hätte man es mit einer Idee der Fremdenverkehrswirtschaft zu tun, die nichts als eine nostalgische Attraktion für ein abseits gelegenes Gebiet schaffen wollte, der irrt. Wie früher dienen die Mühlen auch jetzt wieder der Alltagsarbeit und Eigenversorgung. Auch auf höher gelegenen Höfen werden mit Hilfe der wiedererrichteten Mühlen Arbeitsgeräte betrieben, die Dreschmaschinen zum Beispiel.

Natürlich sind die neuen alten Mühlen entlang des Seres-Baches auch Teil eines Freilichtmuseums, das Besucher anzieht und den Bewohnern der einsamen »Viles« ein Zusatzeinkommen sichert. Doch mit dem Bau der Mühlen in Eigenregie haben die Menschen von Miscí und Seres ebenso ein Stück ihrer Vergangenheit und Geschichte zurückerobert. Das Projekt hat also nicht nur bäuerliche Kultur vor dem Vergessen bewahrt, sondern zur Wiederannäherung der Bewohner an ihre ureigene Wirtschaftswelt geführt. Insofern dürfte es im Urlaubsland Südtirol kaum ein gelungeneres Beispiel dafür geben, wie man zur touristischen Aufwertung eines Gebietes beitragen kann und dabei gleichzeitig der Tradition und vorwiegend bäuerlichen Lebensweise der dort beheimateten Menschen gerecht wird.

Wasserkraft
Auf einem Rundweg von Mühle zu Mühle gewinnt man einen Einblick in die traditionelle »Kraftwerks«-Technik.

LADINIEN

WO DIE DOLOMITEN DEN HIMMEL BERÜHREN

Willkommen in Alta Badia

Es ist Zeit, wieder die Skier anzuschnallen. Das Ski- und Liftkarussell beginnt sich zu drehen.

Eine Fahrt von Gröden übers Grödner Joch ins Gadertal führt deutlich vor Augen: Es geht auch ohne Wintersport. So gibt es etwa in der in einem Seitental gelegenen Gemeinde Wengen (lad. La Val) keine Skilifte. Wozu auch, es gibt ja auch keine Skipiste. Und trotzdem finden die Gäste nach Wengen. Die Weiler Runch, Lunz oder Cians, um nur einige zu nennen, sind Kleinode bäuerlicher Siedlungskultur, wie sie im Alpenraum kaum noch zu finden sind. Zwischen den Häusern dieser »Viles« zu spazieren, die kunstvollen Holzbauwerke mit ihren Ornamenten und Holzportalen zu studieren, fotografisch Sonnenuhren zu sammeln, ist Erfahrung und Erholung zugleich.

Zugegeben: Die Kronplatz-Pisten und das Skikarussell Alta Badia samt zugehöriger Skilifte sind nur wenige Kilometer entfernt. Wenn Italiens Seriensieger in den 1990er-Jahren, Alberto Tomba, den Riesentorlauf von Alta Badia gewann, dürfte man den Jubelschrei der Zuschauer auch in Wengen gehört haben. Aber Tomba kommt auch nur mehr als Zuschauer, und italienische Skifahrer gewinnen seitdem nur mehr selten. Dies nur, damit nicht der Eindruck entsteht, dass im Gadertal überhaupt nichts los sei und immer und überall Ruhe herrsche. Aber streng genommen haben wir das Gadertal soeben verlassen: »Willkommen in Alta Badia«, plärrt es aus den Lautsprechern im Zielgelände, damit vor allem die Fernsehzuschauer wissen, wo sie sich befinden. Ab Pedratsches, dem Sitz der Gemeinde Abtei (lad. Badia), heißt das Gadertal Hochabtei (lad. Alta Badia).

Das Gemeindegebiet wird im Westen vom Felsplateau Gardenaccia begrenzt, einem steinernen Schlachtfeld von

Im Herzen von Dolomiti-Superski
Alta Badia lässt sich am besten in Zahlen erklären: 130 Kilometer Pisten, 53 Aufstiegsanlagen, 80 Kilometer Winterwanderwege, neun Loipen. Und die Schneeverhältnisse gelten als ausgezeichnet.

Vom Kloster Heiligkreuz nach Wengen

Diese fünfstündige Wanderung (250 Höhenmeter, Abstieg 500 Meter) am Rande des Naturparks Fanes-Sennes-Prags wird im Wesentlichen durch zwei Eindrücke geprägt: die Hunderte Meter hohe Felswand des Heiligkreuzkofels, die das gesamte Szenario überragt, und die Blumenpracht der Armentarawiesen, die besonders im Frühsommer kaum zu überbieten ist.

Wir starten in Pedratsches, wo wir zur Überwindung der ersten 700 Höhenmeter den Sessellift in Richtung Heiligkreuzhospiz benutzen. Von der Bergstation folgen wir dem Kreuzweg (Nr. 7) hinauf zu dem aus dem 16. Jahrhundert stammenden Wallfahrtskirchlein Heiligkreuz (mit Gasthaus und herrlicher Aussicht). Hinter der Wallfahrtsstätte nehmen wir Weg 15 in Richtung Armentarawiesen. Nach 600 Metern biegen wir links auf Weg 15a ab, der uns ins Herz der Wiesenflächen führt. An einem großen Stadel gelangen wir auf eine Forststraße. Auf dieser wandern wir bis zum Weiler Furnaccia, wo uns eine asphaltierte Straße aufnimmt, die zum Zielort, nach Wengen, führt. Wer mit dem Bus zum Ausgangspunkt zurückkehren will, sollte etwa 600 Meter nach Furnaccia die Abzweigung nach Pederoa einschlagen, wo regelmäßige Busverbindungen nach Pedratsches bestehen.

beeindruckendem Reiz. Wer hier oben steht, kann sich die Berge aussuchen, die er sehen will: Auch das Ortlermassiv scheint zum Greifen nah. Das Tal hat sich geweitet, ausgedehnte Wiesenhänge prägen das Bild. So ein Hang schiebt sich bis unter den Heiligkreuzkofel, wo auf 2043 Metern die Wallfahrtskirche Heiligkreuz steht. Wir sind etwas näher an Gröden herangerückt, und so können die Wallfahrer wählen, ob sie die 700 Meter zu Fuß oder lieber mit dem Gondellift überwinden möchten.

Je mehr man sich Corvara (lad. Corvara in Badia) und Kolfuschg (lad. Calfosch) nähert, desto schneller und weiter dreht sich das Ski- und Liftkarussell. Die rasante Entwicklung, die die beiden Skiorte in den vergangenen 30 Jahren genommen haben, hat allerdings auch ihre Spuren hinterlassen: Die reiche, vielfältige haltige Volkskultur, die das Gadertal auszeichnet, findet man hier nicht mehr.

Der Conturines-Bär

Ein geologisches Phänomen verdient es noch, erwähnt zu werden: St. Kassian, ebenfalls Teil der Gemeinde Abtei, gibt den so genannten Kassianer Schichten den Namen. Diese Gesteinsschichten zeichnen sich durch einen ungemein hohen Fossilienreichtum aus und waren schon im 19. Jahrhundert Ziel berühmter Geologen, welche die Gegend nach Versteinerungen durchforscht haben. Mit etwas Glück kann man auch heute noch fündig werden, vielleicht auf dem Weg hinauf zu den Conturines, wo in grauer Vorzeit der Höhlenbär beheimatet war:

1987 wurden in einer Karsthöhle im Conturines-Massiv auf 2800 Metern fossile Knochen, Schädel und Zähne von Höhlenbären entdeckt. Der Höhlenbär (Ursus Spelaeus) war eine europäische, im Pleistozän lebende Bärenart und im gesamten südeuropäischen Raum verbreitet. Er unterschied sich vom heutigen Braunbär vor allem durch seine Größe. Höhlenbären wurden bis 1000 Kilogramm schwer. Obwohl der Bär Furcht erregend gewesen sein musste, ernährte er sich vor allem von Pflanzen. Die im Paläolithikum lebenden Menschen jagten den Höhlenbär. Aber erst der Rückgang der Wälder während der letzten Eiszeit ließ seine Nahrungsgrundlagen schwinden und verurteilte ihn vor etwa 14 000 Jahren zum Aussterben. Mit dem Fund beschäftigen sich nach wie vor viele Wissenschaftler. In Begleitung eines bergerfahrenen Führers kann man sich von St. Kassian aus auf die Spuren des Höhlenbärs machen und den bedeutendsten europäischen Fundort dieses prähistorischen Säugetieres erreichen.

Giganten aus Stein
Vom Grödner Joch reicht der Blick über den Fremdenverkehrsort Corvara bis zum mächtigen Sass Songher (2665 m) im Hintergrund.

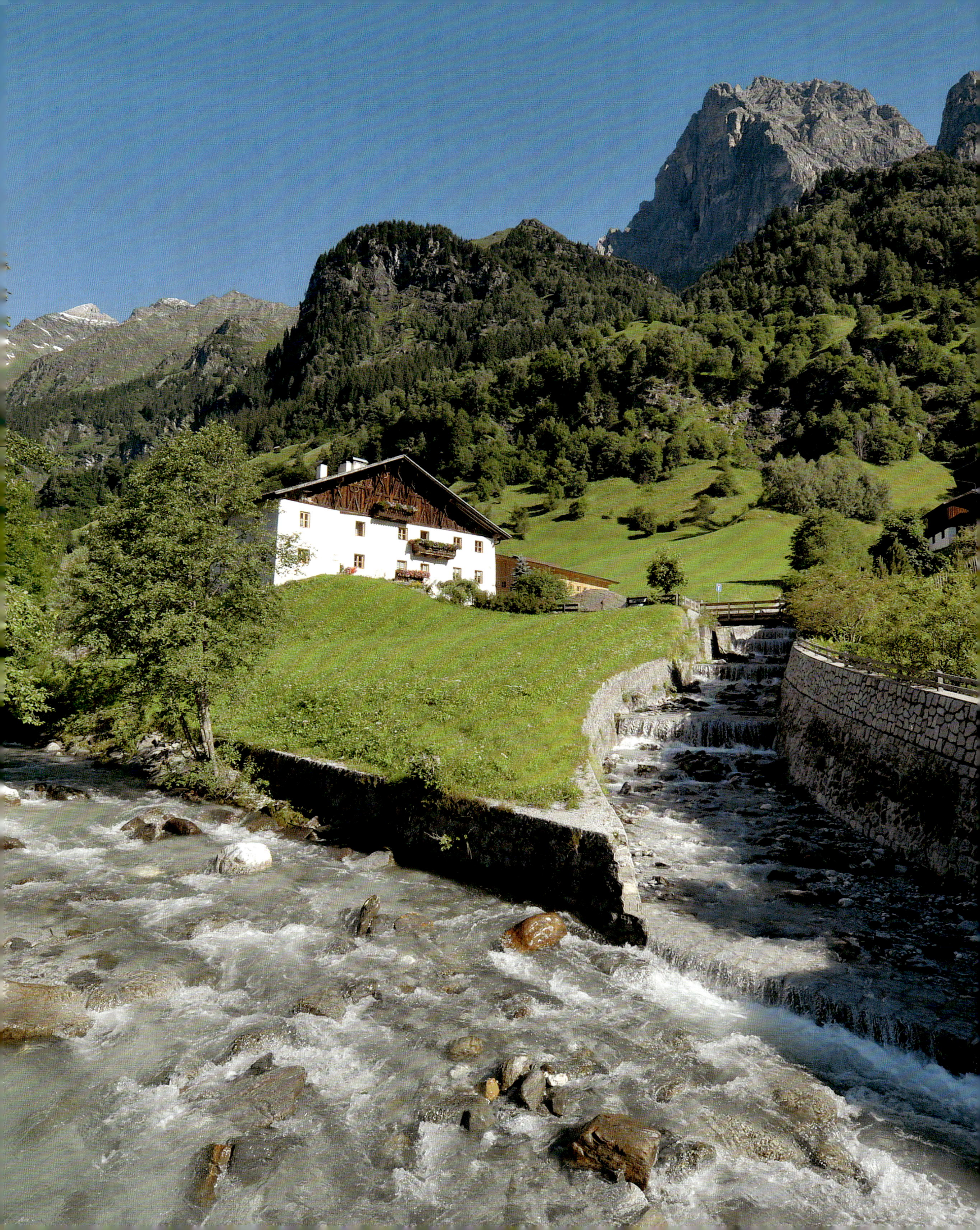

Eisacktal und Wipptal

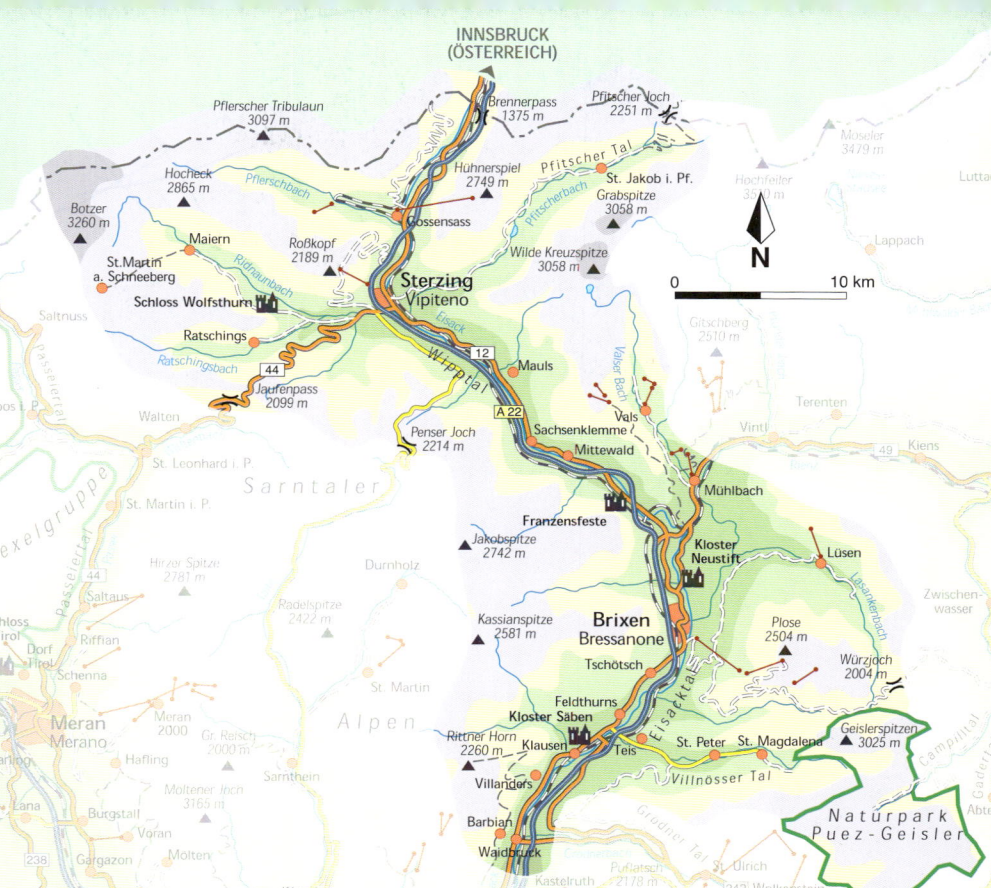

Wo die Kaiser gen Süden zogen – dort bewegen sich heute Autokolonnen Richtung Süden. Oder man verschläft die Passage im Zug. Kein Blick für Wipp- und Eisacktal. Was für ein Fehler! Nichts gesehen von den 3500 Meter hohen Gletschern, von der Bischofsstadt Brixen und Kloster Neustift mit seinen satten Rebhängen. Das Eisacktal verbirgt seine Schätze vor dem eilig Reisenden. Deshalb: anhalten, einhalten, erkunden.

Bergidyll im oberen Pflerschtal
Bis Mitte des 19. Jahrhunderts galt der Tribulaun (3097 m) im Pflerschtal als unbezwingbar. 1874 gelang der erste Gipfelsieg. Der Talschluss bei Stein und St. Anton (im Bild) eignet sich hervorragend als Ausgangspunkt für Hochgebirgstouren in den Stubaier Alpen

EISACKTAL UND WIPPTAL

WO DIE KAISER GEN SÜDEN ZOGEN

Klausen – das Dürerstädtchen

Die Klöster, die Künstler und Klausen. Besinnung und Lebenslust sind hier kein Gegensatz.

Eine kleine Übertreibung ist es schon: Dürerstädtchen. Albrecht Dürer hielt sich 1494 auf der Reise nach dem Süden in Klausen auf, und dort entstand der Stich »Das große Glück« mit den Türmen, Edelsitzen und Weinbergen des Städtchens als Hintergrundmotiv. Zum Glück für Klausen gab es damals noch keine Brenner-Autobahn, sonst hätte Dürer wohl kaum die Fahrt unterbrochen – und einen großen Fehler begangen. Denn Klausen ist trotz Autobahn und Eisenbahn die vielleicht liebenswerteste Stadt Südtirols.

Klausens Charme beruht wohl darauf, dass man sich hier wie in einer Miniaturstadt fühlt. Seine Entstehung verdankt es seiner Lage am Brennerweg, von einer Stadt ist erstmals 1308 die Rede. Klausen war Zollstation, dann Markt und Gericht und erlebte im Mittelalter eine wirtschaftliche Blüte. Ganz andere Blüten trieb in der zweiten Hälfte des 19. Jahrhunderts das Walther-Fieber in Klausen. Damals scharte der Germanist und Schlossherr von Summersberg in Gufidaun, Ignaz Vinzenz Zingerle, gelehrte Herren um sich, die sich ganz und gar mit Walther von der Vogelweide beschäftigten.

Die Herren der Tafelrunde

Dass im nahen Lajener Ried zwei Vogelweiderhöfe lagen, war für Zingerle Grund genug, Walther von dort abstammen zu lassen. Im Klausener Gasthof »Lampl«, wo die Herren abstiegen, gab es einen Walthersaal und einen Walthergarten, und auf Schloss Summersberg saßen nach dem Vorbild der Artusrunde mit dem Schlossherrn elf Herren an einem Tisch, um Walther hochleben zu lassen, mit viel Wein, versteht sich, sodass es weder im »Lampl« noch im Schloss allzu wissenschaftlich trocken her-

Spitzweg-Idylle
1846 malte Carl Spitzweg in Klausen. An stillen Winkeln, die den Künstler inspirierten, fehlt es auch heute nicht.

Oh heiliger St. Florian ...
... verschon' mein Haus, zünd' andere an. Den Brunnen vor dem Gasthof »Zum Hirschen« schmückt St. Florian, der Schutzpatron der Feuerwehrleute.

Der besondere Tipp

Südtiroler Bergbaumuseum

Der Museumsbereich Schneeberg/Ridnauntal bei Maiern bietet Schaustollen, Erztransport- und Erzaufbereitungsanlagen sowie dazu passende Ausstellungen. Ein besonderes Erlebnis sind von April bis Oktober die Exkursionen auf den Spuren der Knappen. Das volle Programm umfasst eine Bergwanderung von Ridnaun zum Knappendorf St. Martin am Schneeberg, das auch vom Passeiertal aus erreichbar ist. Die Rückkehr zum Ausgangspunkt erfolgt unter Tage in voller Bergmannsausrüstung zu Fuß und mit der alten Grubenbahn durch sechs Kilometer lange Stollen.

Zum Bergbaumuseum gehört auch die Anlage in Prettau im Ahrntal (siehe Seite 198). Das Erlebnisbergwerk und die Schutzhütte am Schneeberg (2355 m) sind vom 15. Juni bis 15. Oktober geöffnet und nur zu Fuß erreichbar: von der Timmelsjochstraße im Passeiertal in ca. zwei Stunden auf vier verschiedenen Wegen und von Maiern im Ridnauntal in vier Stunden. Für die Tour in Schneeberg/Ridnauntal ist eine Anmeldung erbeten (www.ridnaun-schneeberg.it oder www.bergbaumuseum.it, Tel. +39 0472 656364).

Kilometer zurück. Der noch weiter im Tal liegende Weiler Stein (1555 m) ist die letzte ganzjährig bewohnte Siedlung im Tal. Der Hochfeiler, mit 3510 Metern die höchste Spitze der Zillertaler Alpen, ist zum Greifen nah. Im Süden und Osten schirmen die Zacken und Wände der Pfunderer Berge das Tal ab. Soweit das Auge reicht, unberührte Natur. Nur der Weg hinauf aufs Pfitscher Joch (2251 m) ist von Menschenhand geschaffen. Von dort geht es weiter ins Zillertal. Wer Hochgebirgstouren liebt, kommt in den Sterzinger Seitentälern auf seine Kosten. Stützpunkte im Pfitscher Tal sind das Pfitscher Joch-Haus, die Hochfeilerhütte und die Landshuter Europahütte (2693 m), die je zur Hälfte in Österreich und in Italien steht.

ort der Gemeinde Pfitsch am Anfang des Tals heißt nicht zufällig Wiesen. Einsame Höfe, kleine Weiler und die für das Tal typische »Heuschuppenlandschaft« ziehen vorüber. Selbst kleinste Mähflächen werden genutzt. Der Ortsteil Knappen ist ein weiterer Beweis, dass es in dieser Region keinen Flecken gibt, an dem nicht Schätze aus dem Berg geholt wurden. Bei St. Jakob in Innerpfitsch liegt Sterzing schon 20

St. Jakob in Pfitsch
Vom verkehrsgeplagten Eisacktal ist hier wenig zu spüren. Selbst die Gänse beanspruchen die Straße im ungeordneten Haufen anstatt im Gänsemarsch.

Kruzifix am Wegesrand
Liebevoll werden Stätten der Andacht mit Blumen geschmückt.

Stallwärme von unten
Oben das Wohnhaus und unten der Stall. So wurde in höheren Lagen seit Jahrhunderten gebaut. Dass an dieser »Tradition« nicht festgehalten wird, ist verständlich: Moderne Technik und öffentliche Subventionen haben vielen Bergbauern das Leben »da oben« erleichtert.

EISACKTAL UND WIPPTAL
WO DIE KAISER GEN SÜDEN ZOGEN

Ein Rundgang zum Staunen
Die Barockräume von Schloss Wolfsthurn mit den Wandbehängen aus dem Besitz der Familie Sternbach zeigen Hof- und Jagdszenen und gehören zu den Höhepunkten einer Schlossführung.

Zu Füßen der Stubaier Alpen

Im Westen von Sterzing warten Ratschings- und Ridnaun-Tal mit einer noch eindrucksvolleren Kulisse auf: Wilde Wasser und Fels liefern sich seit Jahrtausenden einen heftigen Kampf, ohne dass es bisher einen Sieger gegeben hätte. Die Kulisse am Talschluss bei Maiern in Ridnaun beherrschen drei Bergriesen der Stubaier Alpen: Zuckerhütl (3505 m), Wilder Pfaff (3457 m) und Wilder Freiger (3419 m). Das Element Wasser hält dagegen: Also stürzen Wasserfälle von den Bergflanken und tobt der Ratschingsbach ins Tal, um schließlich mit einem Naturschauspiel aufzuwarten, das in dieser Form einzigartig sein dürfte. Wo führt schon ein Weg durch eine Schlucht aus weißem Marmor wie in der Gilfenklamm? Der etwas mehr als 2000 Meter hohe Mareiter Stein

Jagd- und Fischereimuseum Wolfsthurn
Die Größe des Schlosses ließ die Bauern über die Schlossherren spotten, diese könnten an jedem Tag des Jahres zu einem anderen Fenster aus ihrem Haus hinausschauen.

am Nordhang des Ratschingstales verbirgt einen Marmorkeil unter seiner grünen Decke. An manchen Stellen treten die Marmorbrüche zutage, unter anderem in der Gilfenklamm. Die Steiganlage ermöglicht es, die Klamm in beiden Richtungen zu durchsteigen.

Ausgangspunkte sind entweder die Ortschaft Stange oder Jaufensteg an der Straße vom Talanfang nach Ratschings. Schon 1895 erschloss der Alpenverein die Schlucht unter dem Namen »Kaiser-Franz-Joseph-Klamm«. Wer die Gilfenklamm aus allen Blickwinkeln erleben möchte, sollte für den Auf- und Abstieg rund zwei Stunden einplanen. Damit bleibt noch genügend Zeit für das prächtige Barockschloss Wolfsthurn in Mareit, das zwar ein Jagd- und Fischereimuseum beherbergt, aber beileibe nicht nur für passionierte Jäger und Fischer eingerichtet wurde.

Rund um Schloss Wolfsthurn

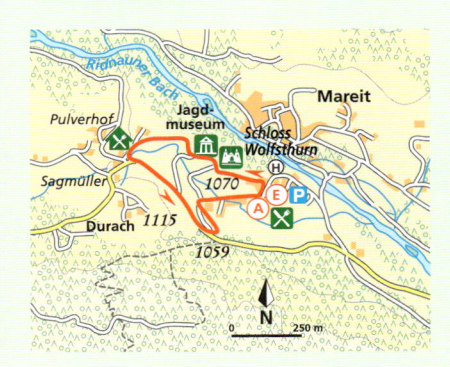

Ausgangspunkt unserer kleinen Rundwanderung (60 Höhenmeter) ist Mareit. Die reine Gehzeit, ohne Besichtigung und Einkehr, beträgt 35 Minuten. Rechts neben dem Gasthof zum Stern gehen wir in Kehren ansteigend zur hohen, von einem Pavillon gekrönten Zinnmauer des Schlosses Wolfsthurn. Nach Besichtigung der Anlage und des Jagd- und Fischereimuseums verlassen wir das Schloss, halten uns rechts und gelangen entlang der Südmauer zur Rückseite des Kavaliertraktes. Weiter geht es auf dem Fahrweg durch die Allee. Am einstigen Fischweiher des Schlosses gehen wir rechts vorbei. Ein Wiesenweg führt hoch zum Hotel Pulverhof, wo die Möglichkeit zur Einkehr besteht. Anschließend wandern wir auf der Straße ca. 400 Meter talauswärts und schließlich links vollends hinab nach Mareit.

Der Ballsaal
Er erlebte früher prächtige Feste und dient auch heute noch für offizielle Empfänge.

EISACKTAL UND WIPPTAL
WO DIE KAISER GEN SÜDEN ZOGEN

Vom Brenner bis Gossensass

Es muss etwas dran sein an dieser Gegend, wenn Ibsen, Lehár und Richard Strauss immer wiederkamen.

Wie oft sind wir schon über den Brennerpass gefahren, und immer war es kalt, regnete oder schneite es. Aber obwohl als Wetterloch verrufen, führt der Grenzpass seit der Bronzezeit die Menschen zusammen. Der wichtigste Übergang in den Ostalpen ist mit 1375 Metern zudem der niedrigste. Er bildet die Wasserscheide zwischen Sill und Eisack, Schwarzem und Adriatischem Meer.

Die erste Kirche am Brenner ist dem Schutzpatron der Pilger, dem Wanderbischof Valentin, geweiht. Weil das Dorf stetig wuchs, baute man Anfang der 1960er-Jahre eine größere Kirche: Maria am Wege. Heute würde St. Valentin wieder vollauf genügen.

Als 1998 das Schengen-Abkommen in Kraft trat, verlor das Dorf sozusagen seine Existenzberechtigung. Freier Waren- und Personenverkehr war nun möglich und die Grenze aufgehoben. Rund 1000 Menschen lebten hier: Kaufleute, Polizeibeamte, Zöllner, viele mit ihren Familien. 2014 zählte der Ort noch rund 250 Einwohner. Dabei gab es am Brenner durchaus bessere Zeiten. Mehr als 60 deutsche Kaiser zogen hier ebenso durch wie die Händler zwischen Venedig und dem Norden. Für Hitler und Mussolini lag der Pass so günstig, dass sie sich gleich dreimal dort trafen. Aus dieser Zeit stammt auch die Marmortafel, die an einen gewissen »Giovanni Volfgango Goethe« erinnert. Goethes »Italienische Reise« nahm hier am 9. September 1786 quasi ihren Auftakt.

Grenzort Brenner
Seitdem die Grenze keine mehr ist, geht es in der Ortschaft eher beschaulich zu.

Rettungsanker Outlet?
Früher beherrschten Marktstände das Bild, jetzt versucht das Designer Outlet Brenner (DOB), Kunden von der Autobahn anzulocken.

Brenner – wieder eine Grenze

Am Brenner gestrandet! – eine häufige Schlagzeile in Südtirols Medien. Gemeint sind die Verzweifelten, die in sich in überfüllten Booten über das Mittelmeer und weiter Richtung Norden durchgeschlagen haben. Am Brenner aber ist meist Endstation. Ohne gültige Papiere verweigern Österreichs Behörden die Weiterreise. Also stehen die Flüchtlinge auf der Straße und warten. Freiwilligenvereine kümmern sich um sie. Seit 1998 Synonym für das neue Europa ohne Grenzen, ist der Brenner wieder eine Grenze. Regelmäßig wird dort demonstriert, je nach Überzeugung für mehr Menschlichkeit oder gegen zu viele Flüchtlinge. Und dabei wollen auch die doch nur eins: schnell weg von hier.

Designer Outlet und Plessi-Raststätte

Um hingegen die Reisenden auf der Autobahn zum Bleiben zu überreden, baute man 2012 das »Designer Outlet Brenner«, kurz DOB, mit einer Verkaufsfläche von mehr als 10 000 Quadratmetern und schuf so über 300 neue Arbeitsplätze. Für einen Besuch des DOB muss man die Autobahn verlassen, an der italienische und österreichische Betreiber zwei Raststätten errichtet haben. Das Gebäude auf Südtiroler Seite erinnert an alles, nur nicht an eine Autobahn-Raststätte. Und tatsächlich ist es auch zuallererst eine Kunsthalle, 55 Meter lang und 30 Meter breit. Wer in dem Tempel einen Kaffee trinken möchte, muss suchen. Die Kunst springt ihn dagegen schon in der Eingangshalle mit Fabrizio Plessis Installation an, die Grenzen überschreitende Zusammenarbeit symbolisiert. Plessi schuf sie im Auftrag der Europaregion Tirol-Südtirol-Trentino für deren

Ein Kunsttempel als Raststätte
Die Raststätte am Brenner zeigt Kunstwerke von Fabrizio Plessi.

Verkehrsknotenpunkt wider Willen
Der Brennerbasistunnel ist im Bau und soll 2025 in Betrieb gehen. Der Schwerverkehr bevorzugt bis dahin die Autobahn, denn nirgendwo überquert man die Alpen so günstig.

Stand auf der Expo 2000 in Hannover. Ausgestellt werden auch weitere Installationen, Videos und Zeichnungen des Künstlers. Keine Frage, dass die Meinungen über die »Raststätte« auseinandergehen und von »hässlich und falscher Standort« bis zu »faszinierend und genau am richtigen Platz« reichen. Dem Reisenden bleibt nur, am Brenner eine Pause einzulegen und sich selbst eine Meinung zu bilden.

Die Metzgerei am Brenner hat seit Langem geschlossen. Auch eine Apotheke gibt es nicht mehr. Die Familie aus Pakistan bewohnt jetzt die Wohnung des süditalienischen Zöllners. Trotz billigster Mieten stehen viele der Mietskasernen am Ortsende leer. Der Brenner bleibt ein Ort, an dem das Verweilen schwerfällt. Daran werden auch DOB und Plessi-Museum nichts ändern.

EISACKTAL UND WIPPTAL
WO DIE KAISER GEN SÜDEN ZOGEN

Zur Kur an den Brenner

Auch Brennerbad, der Kurort am Brenner, hat seine besten Tage längst hinter sich: Landesfürst Sigmund und seine schottische Gattin Eleonore waren schon Gäste des Heilbades, und richtig los ging der Badetrubel 1867 mit der Inbetriebnahme der Brennerbahn. Zwei Jahre später erhielt Brennerbad eine eigene Haltestelle, und die Prominenz rollte an: Henrik Ibsen, Richard Strauss, Franz Lehár. Zwischen 1880 und 1900 hatte Brennerbad weit mehr als 1000 Gäste im Jahr, die den Heilkräften der Quelle mit ihrem alkalisch-eisenhaltigen Wasser vertrauten. Ein Großbrand 1902, der das drei Jahre zuvor gebaute Grand Hotel zerstörte, bedeutete für das kleine Kurbad einen Rückschlag. Das endgültige Aus kam nach dem Ersten Weltkrieg. Erstmals seit Tausenden von Jahren gab es keinen freien Weg mehr am Brenner. Mit der Teilung Tirols war eine Grenze entstanden. Die Verkehrsentwicklung nach dem Zweiten Weltkrieg mit dem Bau der Autobahn besiegelte dann das Schicksal des Brennerpasses als Transitstrecke.

Der Verwaltungssitz der Gemeinde Brenner liegt zehn Kilometer südlich, in Gossensass, ein Name, der sämtlichen Südtiroler Schulkindern nur wegen eines unmöglichen Schüttelreims bekannt ist:

»*Fuhr ein Auto durch Gossensass
mitten durch die Soßengass,
sodass die ganze Gassensoß
sich über die Insassen goss.*«

Dem Leser dieses Buches soll Gossensass allerdings aus einem anderen Grund in Erinnerung bleiben. Warum wohl wäre Henrik Ibsen sonst siebenmal hierher gekommen, um an seinen Stücken zu schreiben und zu feilen. Des frischen Bieres wegen sicher nicht, auch wenn er glaubte, immer ein solches serviert zu bekommen. Ibsen bestellte nämlich ein Bier nur, wenn ein neues Fass

Im Hochtal von Pflersch
Die Wasserfälle, die von den Wänden stürzen, lassen ahnen: Man ist lange noch nicht oben angekommen.

angeschlagen worden war, worauf eine pfiffige Kellnerin in Ibsens Quartier ab und zu in einen Nebenraum ging und mit einem Schlegel auf ein altes Fass schlug. Ibsen soll den Trick nie durchschaut haben.

1899 wurde Gossensass zwar offiziell ein Kurort, aber seine Geschichte ist im Kleinen jener von Sterzing ähnlich: Bereits um 1350 wurden im Pflerschtal auf mehr als 2000 Metern Silbergruben ausgebeutet und der Ort kam rasch zu Wohlstand. Die Knappenkapelle Sankt Barbara am Friedhof ist ein Geschenk der Bergleute aus dem Jahre 1510. Alte Gewerkenhäuser, also Wohnsitze jener Unternehmerfamilien, denen die Bergwerke gehörten, haben sich jedoch kaum erhalten. Die Kurgäste schätzten an Gossensass vor allem die Spazierwege und die sommerliche Kühle. Allerdings litt der Ort aufgrund seiner Lage an der Straße zum Brenner und der Brennerbahn mehr als andere unter den Aus- und Nachwirkungen der Kriege.

Zwischen Himmel und Hölle

Für Wanderungen bietet sich das Pflerschtal an. Man muss ja nicht unbedingt gleich auf den Gipfel des Tribulaun (3097 m), mit dem auch bergerfahrene, geübte Geher oft mehr Mühe haben als ihnen lieb ist. Das Netz an Höhenwegen und Übergängen ist weitverzweigt und bietet Alternativen auch für jene, die nicht um jeden Preis ganz hoch hinaus wollen. Obwohl man auch so dem Himmel sehr nahe ist, führt der Weg geradewegs zur »Hölle«. Schon von weitem sieht man den aufsteigenden Rauch, der sich schließlich als tosende Gischt und filigraner Sprühregen entpuppt.

Die »Hölle« ist ein 46 Meter hoher Wasserfall, den der Pflerschbach bei den Hintersteiner Höfen (am Talschluss) bildet. Naturschauspiel und Urgeschichte sind wie so oft in Südtirol auch an diesem Ort eng miteinander verknüpft. Lange vor unserer Zeitrechnung haben hier Menschen am Berg gelebt und im Berg gearbeitet. Felszeichnungen am Eingang eines verfallenen Bergwerkstollens nahe dem »höllischen« Wasserfall, deren Alter nicht einwandfrei geklärt ist, und die geheimnisvollen Schalensteine lassen allerdings auf früheste Besiedlung schließen.

Blick auf die Brennerautobahn
Südlich von Brixen führt die Brennerautobahn das malerische Eisacktal entlang. Im Hintergrund sind die Dolomiten zu sehen.

Kunstbau und Schandfleck
Die Brennerautobahn führt im Wipptal kilometerlang über Stützpfeiler. Die Nord-Süd-Verbindung hat das Leben im Tal nicht nur verändert, sondern auch belastet.

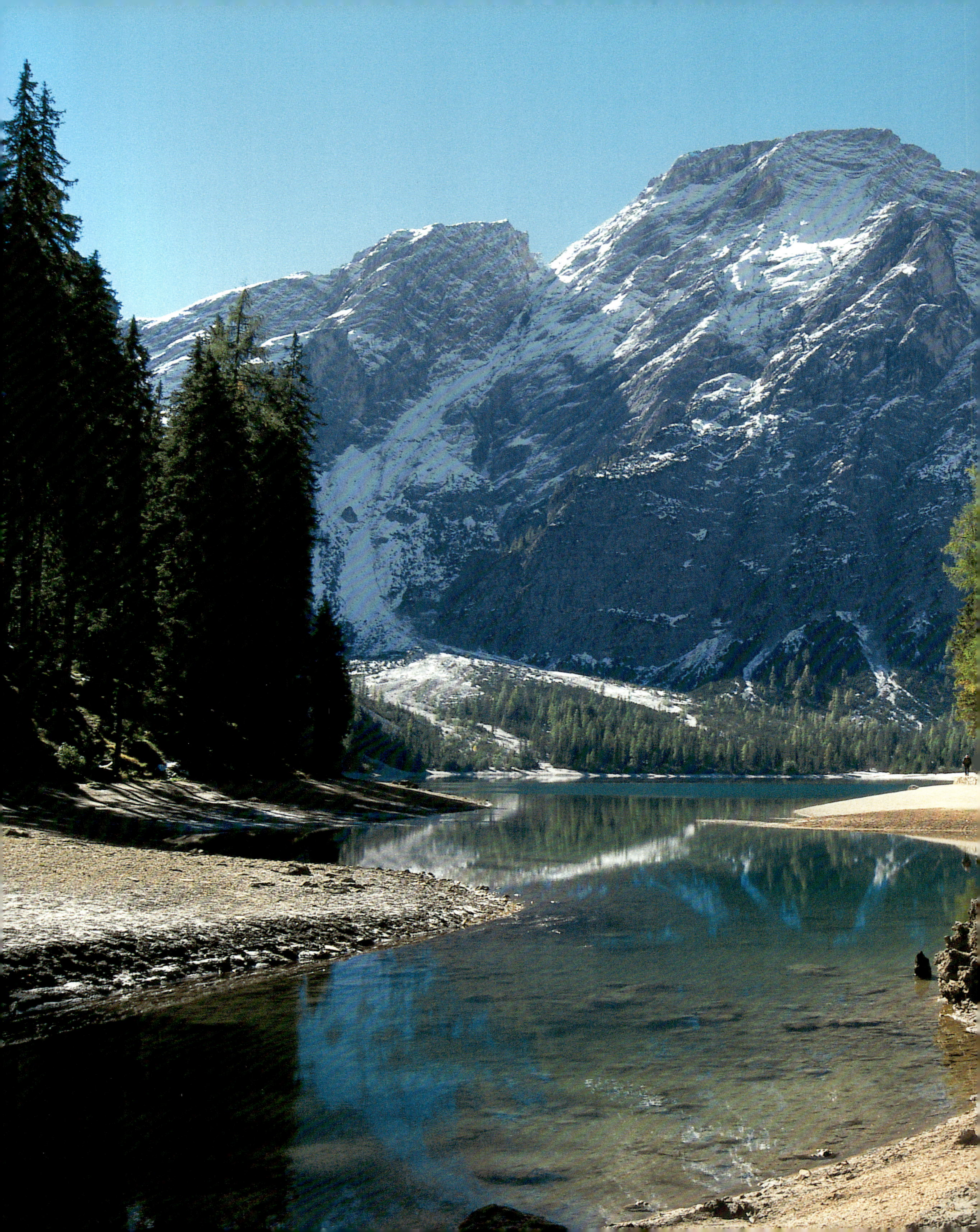

Pustertal

Das grüne Tal hinter den Bergen – ein Land der Extreme. Wer das erste Mal ins Pustertal kommt, dem fällt vor allem eines auf: der Wald. Daher wird es auch das »Grüne Tal« genannt. Hier endet nichts in sonnigen Rebhängen. Hier ist nicht der Süden. Wo das »Grüne Tal« endet, beginnen die faszinierenden Felsformationen der Dolomiten, der »Bleichen Berge«. Das Pustertal ist Winterkälte und Sommerfrische. Es will nicht hastig durchstreift, sondern mit Bedacht erkundet werden.

Eine Dolomiten-Perle auf fast 1500 Metern
Den Pragser Wildsee – im Hintergrund die Seekofel-Nordwand – kann man in einer einstündigen Wanderung umrunden.

PUSTERTAL
DAS GRÜNE TAL HINTER DEN BERGEN

Das untere Pustertal von der Mühlbacher Klause bis Bruneck

Noch ist das Tal weit geöffnet und sonnig. Nicht zufällig lagerten hier schon die alten Römer.

Mit dem Rechen zum Heuwenden
Das Arbeitsjahr des Bauern hat 365 Arbeitstage.

Das untere Pustertal reicht von Mühlbach bis zum Brunecker Becken und ist in zwei Ebenen gegliedert. Da sind zum einen die in der Talsohle an den Ufern der Rienz gelegenen Dörfer, zum anderen die Siedlungen an der so genannten Pustertaler Sonnenterrasse. Die Ruine an der Mühlbacher Klause war früher eine Grenzfestung, später ein Jagdschloss. Seitdem der Verkehr über eine Tunnelumfahrung um Mühlbach geleitet wird, wird der schattige Kirchplatz seinem Ruf, einer der schönsten Hauptplätze Südtirols zu sein, wieder gerecht. Mit den nahe gelegenen Ortschaften Meransen, Vals und Spinges hat Mühlbach ein ausgedehntes Wandergebiet anzubieten. Meransen ist mit seinem Skigebiet am 2510 Meter hohen Gitschberg vor allem im Winter ein beliebtes Fremdenverkehrsziel.

Von der Straße, die durchs Pustertal führt, ist Burg Rodenegg aus dem 12. Jahrhundert gut zu sehen. Sie bildet eine Art Grenzfestung zum Brixner Talkessel und damit zum Eisacktal. 1972 wurde in der Burg ein wahrer Schatz entdeckt: ein profaner Freskenzyklus aus dem 13. Jahrhundert mit Bildern, die einen Abschnitt des Versepos »Iwein« darstellen. Wir haben es hier mit einer frühen Form von Buchillustration zu tun.

Hoch oben auf der Sonnenstraße

In Vintl zweigt die Sonnenstraße von der Pustertaler Hauptverkehrsader ab. Der Berufs- und Geschäftsverkehr, der Last- und Reiseverkehr wird trotz zähflüssigem Weiterkommen von der direkten Verbindung nach Bruneck nicht abweichen. Wer aber Zeit hat und von der Landschaft etwas sehen will, soll die Serpentinenstraße hinauf bis 1200 Meter Höhe zur Sonnenterrasse des unteren Pustertales wählen. Wir befinden uns im Gemeindegebiet von Terenten, mit Betonung auf der ersten Silbe. Das romanische »torrentum« dürfte hier Pate gestanden haben. Die Streusiedlungen und Höfe liegen inmitten sanfter Hügelkuppen und leicht ansteigender Wiesenhänge. Die Glockentürmchen auf dem First der Höfe sind eine Besonderheit dieser Gegend.

Die Sonnenstraße bringt uns in angenehmer Fahrt nicht nur zum Issinger Weiher, einem kleinen Badesee oberhalb von Kiens, und dem nahe gelegenen Pfalzen, sondern wieder einmal auf die Spur von Oswald von Wolkenstein. Burg Schöneck liegt auf halber Strecke am Wege. 1377 wurde der Gerichtssitz von Friedrich von Wolkenstein verwaltet, Oswalds Vater. 1377 (oder 1376) soll Oswald geboren sein. Man darf also annehmen, dass Burg Schöneck der Geburtsort Oswalds war. Der lebenslustige Dichter und Sänger würde sich heute in seinem (?) Schloss ebenfalls wohl fühlen, denn Schöneck steht auch für ein anspruchsvolles Speiselokal. Und Oswald war bekanntlich kein Kostverächter.

Wo die Römer lagerten

Im Tal, auf der Hauptroute durchs Pustertal, hätte man die Fahrt vermutlich in dem unweit Kiens liegenden Ehrenburg unterbrochen. Fünf prähistorische und viele Römerfunde haben über Jahre Archäologen und Historiker mit Arbeit versorgt. Münzen, Mauerreste und ein weiterer Meilenstein aus der Zeit von Septimius Severus (201 n. Chr.) geben Aufschluss über diesen Zeitabschnitt in der Geschichte des unteren Pustertales. Doch was ist das schon gegen den Sensationsfund im nahen St. Lorenzen, wo 1938

Der besondere Tipp

Johanniskraut für die gute Laune

Bereits seit drei Generationen verbringen die Niederkoflers ihr Leben zwischen Latschenöl, Kräutern, Gräsern und Blumen. Der Familienbetrieb am Issinger Weiher (850 m) zwischen Kiens und Pfalzen blickt mittlerweile auf eine mehr als 100 Jahre alte Geschichte zurück. Arnika gegen Muskelkater, Johanniskraut für bessere Laune – beim »Bergila« gibt es für jedes Wehwehchen ein »Kraut«. Der Kräutergarten ist nach den Regeln des Mondkalenders angelegt. Alles stammt aus biologisch kontrolliertem Anbau. Die Pflanzen werden mit eigenem Quellwasser destilliert und manuell weiterverarbeitet, unter anderem zu ätherischen Ölen. Die Latschenölbrennerei liegt ganz in der Nähe und kann besichtigt werden. Zur Herstellung des Latschenöls werden Latschenkiefer, Bergföhre und Wacholder aus der Umgebung verwendet. Wer Anbau und Destillation der Kräuter hautnah erleben will, kann sich einer der kostenlosen Führungen anschließen, die die Familie Niederkofler zwischen Mai und Oktober anbietet. Ob man Ihnen aber alle Geheimnisse rund um Kräuter und Latschenkiefern verraten wird, steht auf einem anderen Blatt (www.bergila.it).

ein ganzes Römerlager entdeckt und freigelegt wurde (»Sebatum«).

Die Ehrenburger Besonderheit aber ist der Burghügel: Inmitten von Rosskastanien, Eichen und Ahornbäumen erheben sich Schloss Ehrenburg und die Kirche Maria Himmelfahrt. Das Schloss war 600 Jahre Familiensitz der Grafen Künigl und ist einer der wenigen heute noch erhaltenen barocken Profanbauten. Es ist in Privatbesitz und nicht öffentlich zugänglich. Schloss und Kirche bilden auf dem Burghügel ein geschlossenes Ensemble von seltener Eintracht: weltliche und kirchliche Macht Seite an Seite mit dem Dorf zu Füßen. Bevor Bruneck in Sicht kommt, rückt bei St. Lorenzen die Felskuppe des Terner Bühels ins Blickfeld. Hier liegt bei der Einmündung der Gader in die Rienz der sehenswerte Weiler Sonnenburg mit dem heute aufgelassenen Nonnenkloster.

Die Sonnenburg bei St. Lorenzen
Das ehemalige Nonnenkloster ist ein exklusives Schlosshotel. Der Verkehr von und nach Bruneck fließt unter dem Sonnenburghügel durch einen Tunnel.

PUSTERTAL

DAS GRÜNE TAL HINTER DEN BERGEN

Bruneck – Stadt Michael Pachers

Die Stadt ist der Stolz ihrer Bürger und die einstige Heimat Michael Pachers.

Stadtgasse Nummer 29
Über der Tür von Michael Pachers Wohnhaus ist der Wappenstein eingesetzt.

Von Bruneck nach Bozen
Wer das bedeutendste Werk gotischer Kunst in Tirol von Michael Pacher sehen will, muss nach Bozen: Der Altar in der Grieser Pfarrkirche zeigt die Krönung Mariens.

Die Geschichte der Stadt Bruneck beginnt mit dem Geschenk einer Edelfrau an einen Bischof. Die edle Swanhild übereignete dem Bischof von Brixen ihr Landgut Ragen. Fortan ist nur mehr von den Bischöfen die Rede, was ganz im Sinne der Stadtchronisten gewesen sein muss. An Ragen erinnern noch die Stadtteile Ober- und Außerragen. Mehr als 250 Jahre später befestigte Bischof Bruno von Brixen die Stadt und gilt de facto als deren Gründer. Die Stadtgasse mit den heute noch erhalten gebliebenen Toren und dem Schloss geht auf Brunos Bautätigkeit in der zweiten Hälfte des 13. Jahrhunderts zurück.

Schloss Bruneck wurde Sitz des bischöflichen Vertreters und später auch Zufluchtsort für die geistlichen Würdenträger. Wann immer Ungemach drohte, bot sich Bruneck als sicherer Ort für einen vorübergehenden Rückzug an, was angesichts der Plagen und Katastrophen, die über Bruneck in beeindruckender Regelmäßigkeit hereinbrachen, kaum glaubhaft erscheint: Nach einer Überschwemmung fielen die Heuschrecken ein, auf ein Erdbeben folgte die Pest, und kaum war alles ausgestanden, wütete eine Feuersbrunst. Den Bruneckern blieb in den vergangenen sieben Jahrhunderten wirklich nichts erspart, umso erfreulicher ist es, wie sich das Städtchen an der Rienz heute zeigt.

Maister Michl und purger

Ein Rundgang beginnt im Rechteck innerhalb der Stadttore. Der westliche Zugang erfolgt durch das Ursulinen- oder Klostertor, weil die Ursulinen hier 1743 ein Kloster und eine Mädchenschule gründeten. Die nun vor einem liegende Hauptstraße, geht in ihrer Grundstruktur auf das 15. und 16. Jahrhundert zurück. Viele Häuser wurden nach dem Brand von 1723 barockisiert. Die Häuserfassaden sind – mit wenigen Ausnahmen – erhalten geblieben.

Mit dem Haus Stadtgasse Nummer 29 hat es eine besondere Bewandtnis: Hier lebte im 15. Jahrhundert der Maler und Bildhauer Michael Pacher, der »maister Michl und purger«, wie er im Stadtarchiv geführt wird. Kunsthistoriker zählen ihn zu den bedeutendsten Künstlern der Spätgotik. Sein Geburtsort und das Geburtsjahr sind nicht genau bekannt (1430 bis 1435). Wer den Dombezirk in Brixen oder Kloster Neustift gesehen hat, hat einen Eindruck von der Schaffenskraft Pachers erhalten. Seine bedeutendsten Werke sind aber der Flügelaltar von St. Wolfgang am Wolfgangsee und der Hochaltar in der Pfarrkirche Gries in Bozen. Auch das lebensgroße Kruzifix in der Pfarrkirche seiner Heimatstadt, Unsere Liebe Frau, wird Pacher zugeschrieben.

Zwischen Schloss und Burg

Außerhalb der ummauerten Stadt steht Brunecks Wahrzeichen, die Rainkirche mit dem doppelten Zwiebelhelm. Einige wenige Schritte sind es von hier zum Schloss Bruneck, das seit 2011 das Messner Mountain Museum »MMM Ripa« zum Thema »Bergvölker« (siehe Seite 74/75) beherbergt. Aber auch ein Abstecher zur Lamprechtsburg lohnt sich, vor allem des Landschaftsbildes wegen. Der Burghügel mit der kleinen Kapelle fällt steil zur Rienzschlucht ab. In nächster Umgebung stehen prächtige Ansitze und Bürgerhäuser, darunter der Ansitz Ragen, in dem sich Brunecks Kulturleben des 21. Jahrhunderts abspielt. Da es sich dabei aber nicht um jenes Landgut handelt, mit dem die Geschichte Brunecks begann, bleibt die edle Swanhild für immer und ewig im Schatten der Bischöfe.

Geschäftige Kleinstadt
Die verkehrsfreie Stadtgasse ist die Brunecker Hauptgeschäftsstraße. Im Hintergrund erhebt sich der auffällige Turm der Rainkirche mit dem doppelten Zwiebelhelm.

PUSTERTAL
DAS GRÜNE TAL HINTER DEN BERGEN

Landadel, Kleinhäusler und Bauernstand – das Volkskundemuseum Dietenheim

Dem bayerischen Schriftsteller Ludwig Steub (1812–1888) hatte es die alpine Bergwelt angetan, besonders jene Tirols. Bereits 1846 erschien sein Buch »Drei Sommer in Tirol«. Bis Steub das Pustertal entdeckte, sollten noch einige Jahre vergehen. 1870 und 1871 war es dann soweit. Steub erreichte Bruneck und stieß ganz in der Nähe, in Dietenheim, auf einen Gutshof: »In Dietenheim steht auch ein großes, nicht eben alterthümliches aber altmodisches, roth und gelb angestrichenes Haus, beim Mair im Hof genannt. ... doch finden sich in dem Hause Ansätze zu einem kleinen pusterthalischen Nationalmuseum, alte Trachten, kostbare Brautkleider aus vergangenen Zeiten, die schönen, gelben Hüte mit den grünen Bändern, wie sie früher die Pusterinnen trugen und dergleichen.«

Kulturgut aus dem ganzen Land
Auf dem Freigeländes des Volkskundemuseums sind unter anderem authentisch eingerichtete Bauernhöfe mit typischen Bauerngärten zu besichtigen.

Nun, hätte Steub, den man heute als Reisejournalist bezeichnen würde, Dietenheim und den Gutshof 100 Jahre später entdeckt, wäre ihm der Bau sicherlich ebenfalls aufgefallen und er hätte ihn in seinen Aufzeichnungen erwähnt. Wahrscheinlich hätte Steub angemerkt, dass das Gebäude einen etwas vernachlässigten, um nicht zu sagen verwahrlosten Eindruck macht. Doch der Glanz vergangener Zeiten war erkennbar, und so entschieden sich Südtirols Kulturträger 1974 für diesen Gutshof, als es darum ging, einen Standort für das geplante Volkskundemuseum festzulegen.

Wer Südtirols Landschaften durchstreift, wird Gelegenheit haben, herrschaftliche Ansitze und alte Bauernhöfe zu besuchen und sich im persönlichen Gespräch über Sitten und Gebräuche zu informieren. Beinahe in jedem Tal findet sich ein kleines Heimatmuseum, das viel verrät über Leben und Arbeit seiner Bewohner. Dietenheim aber gibt einen historischen Einblick in die sozialen Verhältnisse im südlichen Tirol, wo Landadel, Kleinhäusler und Bauern nebeneinander lebten. Auf einer drei Hektar großen Wiese stehen gut zwei Dutzend Gebäude und Bauwerke, die zwischen 1977 und 1993 hierher übertragen wurden. Landwirtschaft hat nicht nur mit dem Bauernstand zu tun. Auf diesen Nenner lässt sich die Philosophie, die hinter und in Dietenheim steckt, bringen.

Reise in die Vergangenheit

Beschränken sich Freilicht- oder Volkskundemuseen anderswo ausschließlich auf bäuerliche Bauten, so lässt Dietenheim schon mit der Wahl des Hauptsitzes und Eingangsgebäudes erkennen, dass mehr dahintersteckt, als der bloße Versuch, den Bauernalltag vergangener Jahrhunderte zu dokumentieren. Der herrschaftliche Gutshof Mair am Hof steht für die Oberschicht, den Landadel. Wer das Haus betritt und durch die Wohn- und Arbeitsräume schlendert und der beachtenswerten Hauskapelle Aufmerksamkeit schenkt, gewinnt einen ersten Eindruck von der Wohnkultur gehobenen Bürgertums auch oder gerade hier inmitten bäuerlichen Lebens.

Lebenswelt der Landbevölkerung
Die getäfelte Bauernstube mit Ofen und Ofenbank ist in noch immer Synonym für Wohnlichkeit und Gemeinschaftsleben auf einem Hof.

Zweiter Schnitt: Heuernte
Das Heu wird mehrmals im Jahr eingebracht – wenn das Wetter mitspielt. Der zweite Schnitt heißt »Grummet«.

Gutshof mit Garten
Das Hauptgebäude des Volkskundemuseums ist der Ansitz Mair am Hof.

Was für ein Unterschied zum einfachen Bauernhaus, wo plötzlich deutlich wird, warum immer nur von der »guten Stube« die Rede ist. Die Küche mit dem offenen Herdfeuer war mehr Räucherkammer als sonst etwas. Die Kammern waren unbeheizt, und so blieb eben nur die Stube, wo sich die Familie abends zusammenfand. Der Bauernhof stand bis 1979 im nahen Ahrntal und war zum Abbruch bestimmt. Überhaupt stammen viele der in Dietenheim ausgestellten Gebäude und Einrichtungen aus dem Ahrntal, das sich im Laufe der Jahre als wahre Fundgrube für die Museumsbetreiber erwiesen hat. Aber auch in anderen Südtiroler Tälern wurde man fündig: In zu kleinen Wohnhäusern brachte man die Burschen früher in einem Nebengebäude unter. Ein solcher »Schlafkasten« aus dem 16. Jahrhundert kam aus dem Passeiertal ins Museum. Der strohgedeckte Steildachstadel, ein Schmuckstück bäuerlicher Baukunst, stand einst im Sarntal. Die Schmiede hatte ihren ursprünglichen Standort im Gadertal, der Beschlagstall für Pferde und Ochsen in Tramin im Unterland.

Überlebenskunst

Womit die Menschen ihren Lebensunterhalt verdienten – manchmal nur so viel, dass es zum Leben zu wenig und zum Sterben zu viel war –, wird beim Rundgang auf dem Freigelände sichtbar. Neben den eben erwähnten Wirtschaftsgebäuden und Werkstätten sieht man auch verschiedenartige Mühlen, Almhütten und Arbeitsgeräte. Dazu zählt ein Backofen oder »die Harpfe«, jenes Gestell, wo der Bauer das Getreide trocknen und nachreifen lässt. Viele dieser Gebäude waren schon für den Abriss bestimmt und konnten dank Dietenheim der Nachwelt erhalten bleiben.

Als Ludwig Steub beim Mair am Hof einkehrte, erkundigte er sich, ob denn Dietenheim auch schon von Sommerfrischlern aufgesucht werde. Und es wurde ihm gesagt, einige englischsprachige Damen seien gerade anwesend. Heute sind Sommerfrischler im Pustertal und weitgereiste Besucher in Dietenheim nicht mehr die Ausnahme. Und das Museum macht es möglich, dass es nur wenig Fantasie braucht, um die bäuerliche Welt Tirols mit den Augen Ludwig Steubs zu sehen.

PUSTERTAL

DAS GRÜNE TAL HINTER DEN BERGEN

Das Tauferer Ahrntal – steile Hänge, wilde Wasser

Nur wer im Ahrntal war, weiß, wie steil Wiesen und wie hoch Höfe angesiedelt sein können.

Anseilen wäre manchmal gut. So steil sind die Hänge, dass man sich kaum vorstellen kann, wie die Bergbauern da oben ihre Höfe bestellen. Die Kirche in Mühlbach (1462 m) oberhalb von Gais ist den 14 Nothelfern geweiht. Ein einziger Heiliger wäre kaum imstande gewesen, das alte Gotteshaus über fünf Jahrhunderte da oben zu halten. In Lanebach müssen die Bauern noch höher hinauf, wenn sie ihre Höfe erreichen wollen. Mühlbach, das zu Gais gehört, und Lanebach (Gemeinde Uttenheim) sind zwei für das Ahrntal typische Siedlungen. Die Bewohner sind sich ihrer Lebenslage bewusst und erzählen es jedem, der es wissen will: »In Lanebach stirbt kein Bauer im Bett. Den einen nimmt die Lahn (Lawine), den anderen erschlagt's Holz und der dritte verkugelt (stürzt ab).«

Mühlwalder Bach, Mühlwald, Mühlen – natürlich drehen sich hier die Mühlräder. Seit alters her wird die Wasserkraft genutzt, für Kornmühlen, zum Betrieb von Sägewerken, Schmieden und Webstühlen.

Doch erst in Sand in Taufers beginnt das Ahrntal, Südtirols nördlichster Winkel. Sand liegt in einer fruchtbaren Talmulde, die von der Nordkette geschützt wird und sich gegen Süden öffnet. Beherrschendes Motiv ist die auf einem Hügel gelegene Burg Taufers aus dem 13. Jahrhundert, die schon allein der Größe wegen beeindruckt, aber vor allem wegen der Ausstattung der Innenräume einen Besuch lohnt.

Höher, rauer, unzugänglicher: im Raintal

Bei Sand teilt sich die Straße. Nach rechts führt der Weg ins Raintal, das mehrerer Superlative für das Reisetagebuch bietet: Die Rainbachwasserfälle sind noch eine Spur höher und wilder, das Gebirgspanorama mit der Rieserfernergruppe atemberaubend, und der »Kofler zwischen den Wänden« ein Kapitel für sich. Vor nicht allzulanger Zeit war dieser Hof auf knapp 1500 Metern der unzugänglichste im Land. Wer zum »Kofler« hinaufschaut, sieht vor allem senkrechte Wände. Die Kinder erreichten die Schule über einen in Fels gehauenen Steig. Die Verbindung nach unten zur Straße führte über Holzleitern. Bergbauernidylle ist etwas anderes, auch heute noch, obwohl man Hof und Hofschenke nun über die Straße von Ahornach aus erreicht. Gästen, die hier Urlaub auf dem Bauernhof machen, kann man schlecht Holzleitern zumuten. Aber früher, wenn der Großvater vom »Kofler« den Hof zwischen den Wänden verließ, dann ist er wie so viele seiner Landsleute mit schweren Lasten auf der Buckelkraxe übers Klammljoch oder über den Krimmler Tauern (2633 m) gestiegen. Waren verkaufen, im Sommer das Vieh versorgen, es gab immer einen Grund, über die Grenze nach Österreich zu gehen. Das Ahrntal ist traditionsverbunden. Das Brauchtum wird gelebt, die alte Höfelandschaft gepflegt: Kornkästen, Backöfen, Mühlen und Hofkapellen – bäuerliche Nebengebäude, die anderswo selten geworden sind, gehören hier noch zum Bild einer Hofstelle.

Burg Taufers

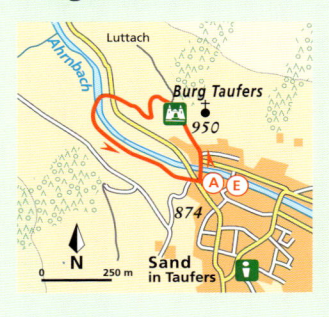

Die reine Gehzeit für diese Rundtour beträgt 50 Minuten (85 Höhenmeter). Am nördlichen Ortsrand von Sand gehen wir bei der Schlossbrücke bzw. rechts davon auf überdachtem Holzsteg über den Ahrnbach. Nun folgen wir rechts dem Schlossweg (Markierung 33). Nach Haus Nr. 8 geht's links, hinauf zur Kapelle Schlosskreuz, die wir linker Hand passieren, und weiter, bis man bei glatt geschliffenem Felsen auf den staubigen Fahrweg stößt, der einen rechts folgend zur Burg Taufers führt. Eine Texttafel und ein Grundriss geben Vorabinformationen. Durch den gebrochenen Tunnel erreichen wir den Innenhof, wo wir uns einer Führung anschließen können.

Für den Rückweg verlassen wir die Burg und halten uns links. An der Gabelung biegen wir links ab und laufen hinunter zur Talstraße, die man kreuzt. Auf einem Holzsteg geht man über den Ahrnbach. Im »Pranter Waldele« halten wir uns links, entsprechend Markierung 4, und kommen auf schattigem Weg wieder zu unserem Ausgangspunkt, zur Schlossbrücke.

Burg Taufers
In strategischer Position auf dem Felshügel über dem Ort erhebt sich eine der mächtigsten Burganlagen Südtirols. Darunter rauscht die Ahr.

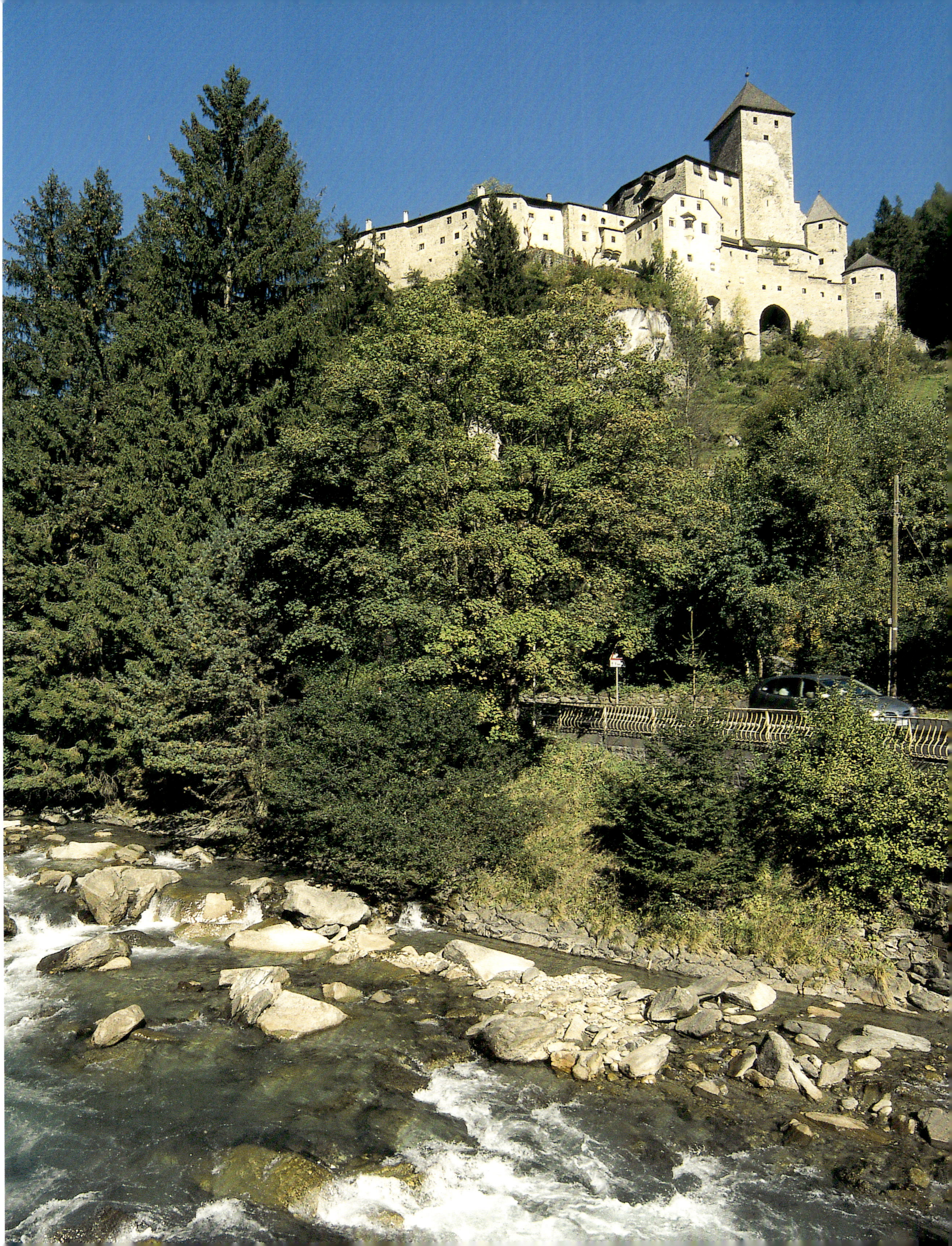

PUSTERTAL
DAS GRÜNE TAL HINTER DEN BERGEN

Höfetradition
Nicht zufällig kommen viele Höfe des Museums in Dietenheim aus dem Ahrntal. Zum Glück befinden sich noch einige gut erhalten an ihrem Ursprungsort.

Wohlstand aus den Bergen: im Ahrntal

Und doch bestimmte nicht die Landwirtschaft, sondern der Bergbau die Entwicklung im Tal. In Steinhaus, dessen Name von den gemauerten Bergwerksbauten herrührt, wurden die Kupfererze verladen, die in Prettau gewonnen und bei Luttach verhüttet wurden. Der Kornkasten in Steinhaus diente der Versorgung von rund 300 Knappen. Heute ist das restaurierte Gebäude Teil des Bergbaumuseums (siehe Seite 181).

Mit Ausnahme Prettaus sind die Ahrntaler Siedlungen in einer Gemeinde – eben Ahrntal – zusammengeschlossen. Prettau (1476 m) ist zwar eine Hochgebirgsgemeinde, liegt aber keineswegs im steilen Gelände. Das Tal weitet sich zu einer »breiten Au«, die der Siedlung ihren Namen gegeben hat. In der Blütezeit des Bergbaus war das Ahrner Kupfer derart gefragt, dass die Nordtiroler Konkurrenz in Schwaz ein zeitweiliges Schürfverbot erwirkte. Ende des 19. Jahrhunderts ging diese Blütezeit nach beinahe 400-jähriger Dauer zu Ende. Und knapp 30 Jahre später kam der zweite Schicksalsschlag für die Menschen im Ahrntal. Nach der Teilung Tirols war es nicht mehr selbstverständlich, über die Jöcher auf die andere Seite zu gehen. Aus dem Bindeglied war eine Sackgasse geworden.

Auf alten Saumwegen

Aber auch diese schwere Zeit haben die Ahrntaler überstanden. An die Stelle des Bergbaus ist der Fremdenverkehr gerückt. Das Ahrntal ist Ziel von Winter- und Sommerurlaubern, die die Bergwelt erkunden, unberührte Landschaft entdecken und tradi-

Alter Hof modern verpackt
Die Aufregung war groß. Bauherr und Architekt bekamen nicht nur Komplimente zu hören, doch mittlerweile haben sich die Ahrntaler an ihre neue Sehenswürdigkeit gewöhnt.

tionelle Lebensart sehen wollen. Bis auf 1600 Meter ist dies möglich. So hoch liegt Kasern, die letzte Siedlung im Tal.

Die Straße endet ein Stück weiter beim Bergkirchlein Heilig Geist, eine Knappenkapelle, in der auch die Kraxenträger noch schnell ein Kreuzzeichen schlugen, bevor sie zum Gang über die hochalpinen Übergänge, die Hochjöcher, aufbrachen. Der gepflasterte Saumweg zum Krimmler Tauern mit den Kreuzwegstationen macht die Passage übers Joch heute um einiges leichter, keiner trägt hier heute mehr Lasten hinauf. Ein Kurzbesuch beim Heiligen Geist kann trotzdem nicht schaden, und sei es nur der Bitte um schönes Wetter wegen.

Knappenkapelle Heilig Geist
Ein paar Höfe und das Kirchlein waren die letzte Station, bevor die Bauern den Fußmarsch über die Hochjöcher antraten.

PUSTERTAL

DAS GRÜNE TAL HINTER DEN BERGEN

Antholzer Tal – Wanderparadies für jede Jahreszeit

Antholz gilt als Mekka der Skijäger und als Paradies für die Freunde des Langlaufsports.

Einmal im Jahr ist das Antholzertal in deutschen Wohnzimmern zu Gast. Die Landschaft rund um den See ist tief verschneit. Der See, Hochgall und Rote Wand rücken nur selten ins Bild, denn die Fernsehkameras halten eng auf einen Langläufer, der mit weit ausholenden Schritten und Gewehr auf dem Rücken ins Skistadion hetzt. Die Zuschauer auf den vollbesetzten Tribünen jubeln begeistert, und viele winken zudem mit schwarz-rot-goldenen Fahnen. Auch sie haben keinen Blick für das Wintermärchen. Einmal im Jahr, beim Weltcup im Januar, zählt in Antholz nur der Biathlon-Wettkampf. Fünfmal trug Antholz auch schon Weltmeisterschaften im Biathlon aus, zuletzt 2007. Für 2021 will sich Antholz wieder als WM-Austragungsort bewerben. Wenn die Übertragungswagen von ZDF oder ARD verschwunden sind, und mit ihnen Tausende Fans, dann kehrt am Antholzer See (1642 m) wieder Ruhe ein. Die Loipen gehören nun wieder all jenen, die ihre Runden ohne Gewehr und nicht im Wettlauf mit der Uhr drehen möchten. Würden die Kameraleute jetzt auf Motivsuche gehen, dann wären wohl der Hochgall (3435 m) und der See konkurrenzlos. Der Antholzer See – nach dem Kalterer und Haidersee der drittgrößte in Südtirol – ist einer der schönsten Alpenseen und das Tal im Sommer ein Wandergebiet ersten Ranges und im Winter ein Eldorado für begeisterte Langläufer und Skitourengeher.

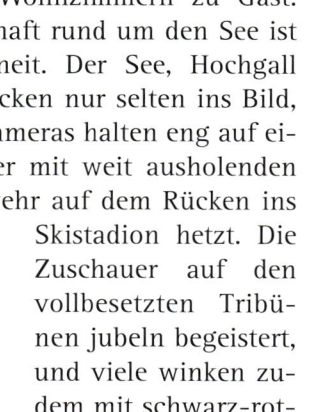

Publikumsmagnet
Eine Woche im Jahr ist das Schießstadion in Antholz bis auf den letzten Platz gefüllt. Dann kommen die großen Namen des Biathlonsports zum Weltcup ins Tal.

Olanger Aussichtsterrasse

Dort, wo der Antholzer Bach in die Rienz mündet und sich das Pustertal weitet, liegt Olang. Die Holzlager der Sägewerke nahe der Hauptstraße verraten, worin unter anderem die wirtschaftliche Stärke des Pustertales besteht. Das zweite Standbein ist der Fremdenverkehr, und auch dafür steht Olang. Im Ortsteil Gassl, einst ein Winkel mit wenigen Bauernhöfen, befindet sich die Talstation der Seilbahn zum Kronplatz (2277 m), das Paradeskigebiet des Pustertales. Von Gassl führt eine Straße am Furkelbach entlang und dann hinauf nach Geiselsberg. Von hier schweift der Blick über das Olanger Talbecken und weit hinein ins Antholzer Tal. Am Straßenrand stößt man auf das »Spitzige Stöckl«, eine freskenbemalte Pestsäule aus dem 15. Jahrhundert.

Zum Weiber- und Gliederbadl

Die Strecke von Olang bis zum Antholzer See ist 18 Kilometer lang, 600 Höhenmeter sind zu bewältigen. Jetzt braucht man nur noch entscheiden, ob man das Auto nimmt oder sich doch mit den schmalen Brettern auf die Loipe begibt.

Auf der Fahrt durch das Antholzer Tal sticht gleich zu Beginn ein prächtiger Ansitz ins Auge. Der Edelsitz Heufler bei Rasen ist eines der bemerkenswertesten historischen Gebäude nicht nur des Antholzer, sondern des gesamten Pustertales. Vor allem die Innenräume halten, was das äußere Erscheinungsbild verspricht. Die Gewölbe und getäfelten Herrschaftsräume, darunter eine Stube mit Renaissancetäfelung aus dem 16. Jahrhundert, rechtfertigen eine kurze Rast.

Auf halber Strecke bis zum See befindet sich in Bad Salomonsbrunn eines der bekanntesten Heilbäder des Landes. Urkundlich belegt ist es seit dem 15. Jahrhundert. Im Volksmund hieß Salomonsbrunn »Weiberbad«, weil das stark radioaktive Wasser im Ruf stand, vor allem bei Frauenleiden zu helfen. Das nahe Antholz-Mittertal gelegene Stampferbad war hingegen das »Gliederbadl«, weil das Heilwasser gegen Rheuma half. Heute ist es nicht mehr in Betrieb, aber noch im 19. Jahrhundert kamen auch die Bauern aus dem Osttiroler Defreggental nach Antholz, um ihren Gelenksrheumatismus zu lindern.

Nach Antholz-Mittertal gewinnt man auf der Fahrt zum See rasch an Höhe. 2,5 Kilometer weiter ist Italien zu Ende und beginnt Österreich. Als es am Staller Sattel noch einen Schlagbaum und Grenzkontrollen gab, durften Motorfahrzeuge nur im Sommer von Juni bis September über den Sattel. Jetzt hängt die Dauer der Öffnung vom Wintereinbruch ab. Und der Winter kommt hier meist sehr früh. Falls wegen Schneemangels irgendwo in Europa die Biathlon-Weltcup-Veranstaltungen nicht stattfinden können, springt Antholz in der Regel als Ersatz-Austragungsort ein. Dann rollen Übertragungswagen und Fankolonnen eben zweimal an. Das freut die Wettkämpfer, die gern ins schneeverwöhnte Tal kommen, und die Gastwirte noch ein bisschen mehr.

Der See der Bischöfe
Bis 1806 war der Antholzer See Eigentum der Bischöfe von Brixen. Mit 44 Hektar Wasseroberfläche ist er der drittgrößte Natursee Südtirols.

PUSTERTAL

DAS GRÜNE TAL HINTER DEN BERGEN

Innerpichl im Gsieser Tal
Die Höfegruppe mit der kleinen Kapelle ist ein für das Tal typischer Weiler.

Welsberg und das Gsieser Tal

Im Sommer 1907 befand sich Hugo von Hofmannsthal mit Familie auf der Fahrt nach Wien. Eigentlich wollte er in Welsberg nur übernachten, blieb dann aber zehn Tage. Vielleicht war Welsberg und Umgebung der Grund, vielleicht auch die Tatsache, dass Arthur Schnitzler mit seiner Frau Olga gerade auf Sommerfrische weilte.

Stichwort Sommerfrische: Jahrzehntelang war das Straßendorf vom Durchfahrtsverkehr geplagt. Seitdem jedoch im Sommer 2003 die vier Kilometer lange Umfahrung eröffnet wurde, können die Urlauber wie seinerzeit Arthur Schnitzler und Hugo von Hofmannsthal wieder einigermaßen sorglos durch Welsberg bummeln.

Aus Welsberg stammt der neben Michael Pacher bedeutendste Künstler des Pustertales, Paul Troger (1698–1762). Er gilt als einer der wichtigsten Barockmaler des österreichischen Raumes. Seine Fresken schmücken unter anderem die österreichischen Barockklöster Seitenstetten, Zwettl und Melk. Trogers Hauptwerk in Südtirol ist das Deckengemälde im Brixner Dom (»Die Anbetung des Lammes«). Bei seinem Tod war Troger Rektor der Akademie der Bildenden Künste in Wien, für den Sohn eines einfachen Handwerkers hatte er eine bemerkenswerte Karriere geschafft. Seinen Heimatort beschenkte Troger mit den Altarbildern für die Pfarrkirche.

Was für ein Glück, sonst hätte der kunstinteressierte Gast seinen Weg wohl schnurstracks zum nahe gelegenen Taisten fortgesetzt. Das auf einem Sonnenhang in einer Höhe von 1200 Metern gelegene Dorf kann immerhin mit einem Kirchenbau aus dem 13. Jahrhundert aufwarten, in dem sich

> In den stillen Wäldern um Welsberg trafen sich Schnitzler und Hofmannsthal zu ausgedehnten Spaziergängen.

neben vielen anderen Künstlern auch Michael Pacher verewigt hat. Eine Madonna im Gewölbe der rein gotisch erhaltenen Welsberg-Kapelle im Kirchenanbau stammt vom Brunecker Meister, Michael Pacher.

Das Gsieser Tal ist nach Ahrntal und Antholzer Tal die dritte große Öffnung des Pustertals zum Alpenhauptkamm. Wie Antholz ist auch Gsies im Winter Ziel der Langläufer. Am Eingang des Tales erhebt sich auf einem Waldhügel Schloss Welsperg. Von hier kann man eine der schönsten Wanderungen im Pustertal unternehmen: Über den Römerweg erreicht man taleinwärts nach rund vier Stunden über Eggerberg und Radsberg Toblach.

Die Hutterer – von Welsberg in die Welt

Auf den Farmen im kanadisch-amerikanischen Grenzgebiet lebt eine religiöse Minderheit, die heute noch einen uralten Tiroler Dialekt spricht. Es sind dies die Hutterischen Brüder (auch: Hutterer oder Wiedertäuferbewegung). Vor allem die Gottesdienste halten die Hutterer in der Sprache ihrer Vorfahren ab. Der Name der Religionsgemeinschaft »Die Hutterer« geht auf Jakob Huter zurück, der aus St. Lorenzen stammte, aber vor allem in und um Welsberg eine zahlenmäßig starke Anhängerschar hatte. Huters Lehre gründete auf einem ausgeprägten Pazifismus und eine Urform des Kommunismus: Nicht der Einzelne hatte Besitz, sondern die Gemeinschaft. Die religiösen Missstände, die auch zur Bauernrebellion unter Michael Gaismair führten (siehe Seite 18), bereiteten den Boden für die Bewegung der Wiedertäufer.

Doch im katholisch geprägten Tirol war kein Platz für abweichende Glaubensgemeinschaften. So führte Huter seine Anhänger nach Mähren. Als Huter nach Tirol zurückkehrte, um neue Mitglieder zu werben, wurde er in Klausen festgenommen. Da er sich weigerte, seinem Glauben abzuschwören, wurde ihm in Innsbruck der Prozess gemacht. Am 25. Februar 1536 wurde Jakob Huter als Ketzer auf dem Scheiterhaufen verbrannt.

Zu Beginn des 17. Jahrhunderts begann für die Hutterer mit der Vertreibung aus Mähren eine neue Odyssee. Sie flüchteten nach Siebenbürgen und in die Ukraine. Unter dem Druck ständiger Verfolgung wanderten die Nachfahren Huters in den 70er-Jahren des 19. Jahrhunderts nach Amerika aus. Es dauerte mehr als 100 Jahre, bis eine Abordnung der amerikanischen Hutterer erstmals nach Europa zurückkehrte, um die Pustertaler Heimat des Gründers ihrer Gemeinschaft kennen zu lernen.

Stimmungsvoll
Silber glänzend liegt der Raureif über den Gsieser Wiesen.

Schloss Welsperg
Etwas außerhalb des Dorfes erhebt sich inmitten des grünen Nadelwaldes das Schloss, das auf drei Seiten von einem Wildbach umtost wird.

Schloss Welsperg

Ausgangspunkt dieser zweistündigen Rundwanderung (150 Höhenmeter) ist das Hotel Weißes Lamm im Ortszentrum von Welsberg. Hier biegen wir in den Schlossweg (Markierung 41) ein und gehen rechts an den Parkplätzen vorbei. Vor der Schule links halten. Auf asphaltiertem Fahrweg gelangen wir zum Schloss Welsperg, wo wir uns einer Führung anschließen können. Oberhalb des Schlosses geht es geradeaus auf dem Weg Nr. 41a in den Wald (nicht rechts: Römerweg nach Toblach) und in 30 Minuten zur Brücke über den Pidigbach. Vom Gasthaus Brückenwirt (Haltestelle) aus wandern wir rechts auf der Gsieser Straße, wenig später scharf links, dann ansteigend auf der von alten Bauernhöfen des Weilers Wiesen gesäumten Straße. Vorbei an der Pension Wiesenhof. Auf der Simon-von-Taisten-Straße erreichen wir Taisten. Am Ortsanfang, links unten, steht der Marenklhof, die Geburtsstätte des Malers Simon von Taisten (ca. 1460–1530). Ab dem Tourismusbüro geht's hinunter zur Talstraße, auf der man, die Schleife entsprechend Markierung 38 links abkürzend, vorbei am Schwimmbad, nach Welsberg gelangt.

PUSTERTAL

DAS GRÜNE TAL HINTER DEN BERGEN

Das Hochpustertal: von Prags in die Sextner Dolomiten

Je näher die Dolomiten rücken, desto faszinierender wird das Pustertal.

Auf der Plätzwiese
Von der Hochalm (2000 m) im Naturpark Fanes-Sennes-Prags hat man einen exzellenten Panoramablick auf die Pragser Dolomiten und die Ampezzaner Dolomiten.

Einen Vorgeschmack auf Dolomitenszenarien bieten das Pragser Tal und der Naturpark Fanes-Sennes-Prags. Dort wird am knapp 1500 Meter hoch gelegenen Pragser Wildsee, in dem sich an klaren Tagen der Seekofel (2810 m) spiegelt, die erfolgreiche TV-Serie »Un passo dal cielo« (Nur ein Schritt bis zum Himmel) gedreht. Den schönen »Lago di Braies« kennt man jetzt bis Sizilien, und am Seeufer warten italienische Touristen, dass ihnen Terence Hill als Förster Pietro entgegenkommt. Daran wird sich so schnell nichts ändern, denn 2015 wird die dritte Staffel der Serie produziert. Die Wanderung um den See dauert eine Stunde, und wer nicht ausgerechnet sonntags oder an einem Drehtag mit Förster Pietro kommt, den wird das Naturerlebnis zutiefst beeindrucken.

Prags steht auch für ein glanzvolles Stück Pustertaler Fremdenverkehrsgeschichte: Das Seehotel erinnert an die tüchtige Emma Hellenstainer (siehe Seite 35), Bad Altprags an die Tiroler Bädertradition und die Gipfel rundherum an manche Namen, die in den Dolomiten Bergsteigergeschichte geschrieben haben.

Doch Prags bietet auch all jenen Rundblicke und Bergerlebnisse, die keine schwierigen Kletterrouten suchen. Der Anstieg auf den Dürrenstein (2839 m) oder eine Wanderung in rund 2000 Meter Höhe auf den Plätzwiesen führen zu Aussichtsplätzen allererster Ranges. Zudem bietet gerade der Naturpark Fanes-Sennes-Prags die für das Hochpustertal typische und reizvolle Mischung von wilder Hochgebirgs- und sanfter Almenlandschaft.

Einkaufen

Wer für Südtirol typische Produkte mit nach Hause nehmen will, hat bei einheimischen Lebens- und Genussmitteln die größte Auswahl. Angeführt wird die Hitliste von Weinen, Spirituosen, Speck und Obst. Aber auch Kunsthandwerk (Holzschnitzereien), Loden oder italienische Markenprodukte von Schuhen bis hin zur typischen Espressomaschine sind nach wie vor begehrt.

Feiertage

Neujahr (1. 1.), Dreikönigsfest (6. 1.), Ostermontag, Tag der Befreiung vom Faschismus (25. 4.), Tag der Arbeit (1. 5.), Pfingstmontag (nur in Südtirol, nicht im restlichen Italien), Tag der Republik (2. 6.), Mariä Himmelfahrt (15. 8.), Allerheiligen (1. 11.), Mariä Empfängnis (8. 12.), Weihnachten (25./26. 12.).

Flugzeug

Der Flughafen Bozen (Airport Bozen Dolomiti ABD) bietet ganzjährig nur die Verbindung Bozen–Rom–Bozen an. Die Flughäfen Verona (150 km) und Innsbruck (120 km) sind Südtirol am nächsten.
www.abd-airport.it

Informationen

Südtirol Marketing Gesellschaft (SMG), Pfarrplatz 11, 39100 Bozen, Telefon 0039 0471 999999, www.suedtirol.info. Über die Website der SMG führen Links zu den örtlichen Tourismusvereinen und -organisationen.

Mobilcard Südtirol

Damit können Sie alle öffentlichen Verkehrsmittel des Südtiroler Verkehrsverbundes nutzen. Dazu zählen die Regionalzüge in Südtirol, die Nahverkehrsbusse (Stadt-, Überland- und Citybusse), die Seilbahnen nach Ritten, Meransen, Jenesien, Mölten und Vöran, die Trambahn Ritten, die Standseilbahn auf die Mendel und der Postbus nach Graubünden im Abschnitt Mals–Müstair. Die Mobilcard gibt es für einen, drei oder sieben Tage. Die bikemobil Card schließt zusätzlich ein Leihfahrrad mit ein, die museumobil Card den Besuch von rund 80 Ausstellungsorten und Museen.
www.mobilcard.info

Notrufnummern

Notrufzentrale (auch für Einsätze der Bergrettung): 118, Feuerwehr: 115, Polizei: 113, Carabinieri: 112, Pannenhilfe des italienischen Automobilclubs (ACI): 803116.

Parkplätze

In den Städten und größeren Ortschaften gibt es zentrumsnah kaum mehr kostenlose Parkmöglichkeiten. Am besten, man fährt ein Parkhaus an. Kostenpflichtige Parkplätze im Freien sind mit blauer Umrandung gekennzeichnet (Münzautomaten).

Reisezeit

Südtirol ist eine Ganzjahresdestination. In Bozen und Meran klettert die Quecksilbersäule zwischen Mitte Juni und Anfang August mitunter auch über die 35-Grad-Marke. Das ist dann die Zeit für Hochtouren (2000 m und darüber). Wer weniger hoch hinaus will (Mittelgebirge, Waalwege), kann Südtirol von März bis in den November hinein erkunden. Alles über das Südtirol-Wetter – Bergwetter inklusive – unter www.provinz.bz.it/wetter.

Schutzhütten

Frühe Reservierung ratsam. Die Schutzhütten in Südtirol werden vom Alpenverein Südtirol (AVS) oder vom Club Alpino Italiano (CAI) verwaltet.
www.alpenverein/it/de/berg.

Übernachten

Die Pensionen und Hotels sind in Kategorien unterteilt (1–5 Sterne). Das Angebot reicht vom Schlosshotel und Luxus-Wellnesstempel bis zur Frühstückspension, vom Reiterhof bis zum Golf-Resort. Urlaub auf dem Bauernhof: www.roterhahn.it/de. Familienhotels: www.familienhotels.com.

Tanken

Durchgehende Öffnungszeiten haben nur die Autobahntankstellen und jene an der Schnellstraße Bozen-Meran, alle anderen halten eine Mittagspause ein, die um 12.00 oder 12.30 Uhr beginnt und bis 14.00 Uhr dauert. In dieser Zeit ist Selbsttanken möglich. Flüssiggas (LPG) heißt in Südtirol/Italien GPL. Das Netz ist gut ausgebaut, aber mit Gas betriebene Fahrzeuge dürfen nur vom Tankwart betankt werden. Einzige Ausnahme: An der Tankstelle an der Schnellstraße Meran–Bozen ist Selbstbedienung auch an den GPL-Zapfsäulen möglich. Tankstellen mit Erdgas (Methan) sind eher selten.

Telefonieren

Vorwahl Südtirol/Italien 0039, dann die Null der Ortsvorwahl mitwählen. Südtirol hat vier Ortsvorwahlen, so 0471 Netz Bozen, 0472 Netz Brixen, 0473 Netz Meran und 0474 Netz Bruneck. Vorwahl Deutschland 0049, Österreich 0043, Schweiz 0041.

Unterwegs mit der Vinschgerbahn
Auf einer Zugfahrt von Meran nach Mals lassen sich in aller Ruhe die Sehenswürdigkeiten des Vinschgaus bewundern, wie hier Schloss Kastelbell.

SÜDTIROL KOMPAKT
ALLES AUF EINEN BLICK

Veranstaltungen im Jahreslauf

JANUAR

Toblach: Der Himmel voller bunter Heißluftballone. Dieses Bild bietet sich immer Anfang des Jahres beim »Dolomiti-Balloon-Festival«. Wer die Gelegenheit nutzen will, die schneebedeckten Dolomiten aus der Vogelperspektive zu sehen, hat jetzt eine Woche lang Zeit. Termin: Anfang Januar (www.balloonfestival.it).

Innichen/St. Vigil i. Enneberg: Stacheldraht, Sägen und Schaufeln sind das Werkzeug der Künstler, Schnee und Wasser die Rohstoffe, Handschuhe und Ohrenschützer gehören zur Arbeitskleidung. Drei Tage haben die Teilnehmer am »Internationalen Schneeskulpturen-Festival« Zeit, um ihre fantasievoll-bizarren Gebilde fertigzustellen. Und die Temperaturen im winterlichen Pustertal sorgen dafür, dass die Kunstwerke einige Wochen das Dorfbild beherrschen. Termin: Anfang bis Mitte Januar (www.snow-festival.com).

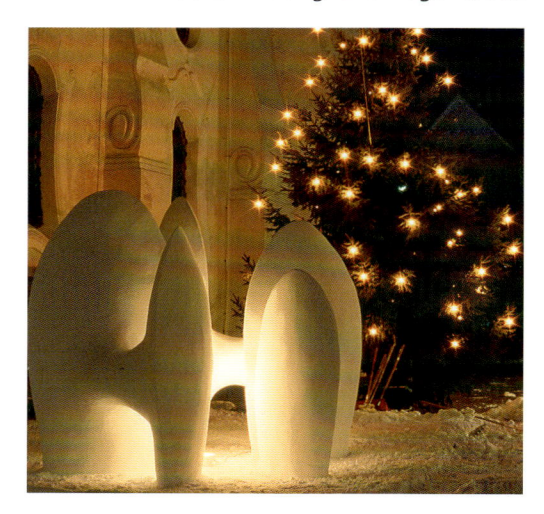

Schneeskulpturen-Festival
Die Künstler arbeiten bei arktischen Temperaturen. Ironie des Schicksals: Sobald es wärmer wird, zeigt sich die Vergänglichkeit ihrer Kunst.

Kalte Füße, heiße Rhythmen
Bei »Swing on Snow« auf der Seiser Alm gibt es Musik, die richtig einheizt. Wenn das Wetterglück Südtirol nicht verlässt, scheint bei den Freiluft-Auftritten der verschiedenen Musikgruppen schon eine wärmende März-Sonne.

Prags/Toblach/Sexten: Der »Pustertaler Ski-marathon« führt über 60 km von Prags nach Sexten, wenn genügend Schnee liegt. 2015 war das erstmals nicht der Fall. Nächster Versuch: Januar 2016 (www.ski-marathon.com).

Antholz: Der »Biathlon-Weltcup« lockt Tausende Zuschauer an. Termin: Ende Januar (www.biathlon-antholz.it).

FEBRUAR

Tramin: Was sind »Wuddelen«? Und wie heiratet der Egetmann-Hansl? Die Antwort liefert der Traminer »Egetmann-Umzug«, Tirols ältester Fastnachtsbrauch (seit 1591). Der Hochzeitszug (mit mehr als 700 Mitwirkenden) ist in Jahren mit ungerader Endziffer zu sehen. Dazwischen gibt es den Egetmann-Kinderumzug. Auch der Vinschgau ist reich an Fastnachtsbräuchen. Termin: Faschingsdienstag (www.egetmann.com; www.suedtirol-tirol.com/Fasching-in-Südtirol).

MÄRZ

Bozen: Rund 60 Produzenten präsentieren etwa 350 Weine. Die »Bozner Weinkost« im herrlichen Ambiente von Schloss Maretsch ist das Schaufenster der Südtiroler Weinwirtschaft. Termin: Anfang März (www.suedtirolwein.com).

Eisacktal: Seit 1972 laden knapp zwei Dutzend Eisacktaler Gastbetriebe zu Spezialitätenwochen ein, bei denen die einheimische Küche im Mittelpunkt steht. Deshalb »Eisacktaler Kost«. Termin: Drei Wochen im März (www.eisacktalerkost.info).

Sand in Taufers: Aus Liebe zum Käse treffen sich alle zwei Jahre (mit gerader Endziffer) Produzenten, Händler, Feinschmecker beim »Käsefestival«. Termin: 2. oder 3. Wochenende im März.

Sterzing: Die »Sterzinger Osterspiele« bieten über mehrere Wochen ein ebenso anspruchsvolles wie abwechslungsreiches Kulturprogramm mit Konzerten, Chormusik, Theateraufführungen. Termin: März/April (www.osterspiele.it).

Seis/Seiser Alm: Bei »Swing on Snow« erklingen Jazz und Brass, Rock oder Polka am Vormittag auf den Skipisten, über die Mittagszeit in den Hütten und abends in den Lokalen im Ort. Termin: Letzte Dekade im März (www.seiseralm.it).

APRIL

Meran: Zum Auftakt der Frühjahrs-Rennsaison am Untermaiser Pferderennplatz findet jedes Jahr am Ostermontag das »Haflin-

Alles Käse
Treffpunkt der Käseliebhaber: Alle zwei Jahre lockt das Käsefestival in Sand in Taufers mit rund 1000 verschiedenen Käsesorten.

ger Bauerngalopprennen« statt. Jockeys und Amazonen tragen Tracht. Dem sportlichen Ereignis geht ein festlicher Umzug durch die Straßen der Stadt voran. Es darf gewettet werden (www.meran.eu).

Bozen: Eine Plattform für junge Filmemacher, neue Filme aus vier Nationen (Italien, Deutschland, Österreich, Schweiz) im Wettstreit um Jury- und Publikumspreis. Die

Bauerngalopprennen
Der Pferderennplatz in Meran-Untermais gehört nicht nur den edlen Arabern. Zweimal im Jahr dürfen sich die blonden Haflinger im weiten Rund austoben.

»Bozner Filmtage« haben ihren festen Platz im Festivalkalender und warten Jahr für Jahr mit prominenten Ehrengästen auf. Termin: 3. Woche im April (www.filmclub.it).

Terlan: Es ist Spargelzeit, zwei Monate lang. Und so laden die Restaurants und Gasthöfe im Spargeldreieck Terlan-Vilpian-Siebeneich zur »Terlaner Spargelzeit«. Termin: April/Mai (www.terlan.info).

Meran/Algund: Der Internationale Frühlings-Halbmarathon (21 km) durch die blühenden Obstanlagen zwischen Meran und Algund lockt alljährlich weit mehr als 1000 Hobbyläufer an. Termin: Letzter Sonntag im April (www.sportclub-meran.it).

Natz-Schabs: Eine Apfelkönigin lädt zum »Blütenzauber«. Regionale Produkte und ein Bauernmarkt laden zum Bummeln ein.

Termin: 30. April/1. Mai (www.natz-schabs.info).

Bozen: Beim »Blumenmarkt« am Waltherplatz verwandelt sich Bozens gute Stube in ein Meer von Farben und Düften. Termin: 30. April/1. Mai (www.bolzano-bozen.it).

MAI

Kastelruth/Seis/Völs: Seit 1983 findet alljährlich das größte mittelalterliche Reitspektakel Südtirols statt, der **Oswald-von-Wolkenstein-Ritt**. 36 Teams zu je vier Mann messen sich hoch zu Ross zwischen Trostburg und Schloss Prösels. Umrahmt wird das Geschicklichkeits-Reitspiel von einem mittelalterlichen Dorffest in Seis. Termin: Ende Mai (www.ovw-ritt.com).

Bozen: Aus dem ehemaligen Speckfest am Waltherplatz ist nun das »Genussfestival« geworden. Alle Produktgruppen, die das Südtiroler Qualitätszeichen tragen, sind vertreten: ob Apfel oder Honig, Wein und Grappa, Milchprodukte und – natürlich – der Bauernspeck. Termin: 29. – 31. Mai (www.bolzano-bozen.it).

JUNI

Kastelruth/Seis: Darauf warten die Fans der Kastelruther Spatzen jedes Jahr. Egal, ob es regnet oder nicht, das »Spatzen Open Air«

Biken auf der Via Claudia Augusta
Wo einst die Legionen Kaiser Claudius' nach Norden zogen, fahren heute bunte Biker nach Süden. Der Radweg »Via Claudia Augusta« quert Südtirol und führt durch den Vinschgau entlang der Etsch bis Salurn.

Hoch zu Ross beim Wolkenstein-Ritt
Einmal im Jahr fordern die Reiter Geschick und Glück heraus und jagen zwischen Trostburg, Hauenstein und Prösels der begehrten Oswald-Trophäe nach.

findet statt. Wer kein freies Zimmer mehr findet, sollte sich auf jeden Fall das Spatzen-(zelt-)fest im Oktober vormerken. Termin: Erstes Juni-Wochenende (www.kastelrutherspatzen.de).

Glurns: 2015 hat der »Ortler-Bike-Marathon« Premiere. Start und Ziel ist in Glurns. Zur Auswahl stehen zwei Strecken: der Marathon (90 km, 3000 Hm) und die Classic-Tour (51 km, 1600 Hm). Gelegenheitsradler sollten sich mit Zusehen begnügen. Termin: 1. Samstag im Juni (www.ortler-bikemarathon.it).

SÜDTIROL KOMPAKT
ALLES AUF EINEN BLICK

Ohrenschmaus und Gaumenfreuden
Stimmungsvolle Konzerte bietet Schloss Tirol im Juni und Juli, und in den Pausen gibt es Kostproben aus der Schlossküche.

Schnals: Der »**Schafübertrieb**« ist eine uralte Tradition im Tal. Anfang und Mitte Juni ziehen Hirten in einem zweitägigen Marsch (etwa 44 km) mit 2000 bis 3000 Stück Vieh der Vinschgauer und Schnalser Bauern ins Tiroler Ötztal nach Vent. Termine: 1. Samstag Übertrieb von Vernagt über das Niederjoch (3019 m), 2. Samstag Übertrieb von Kurzras über das Hochjoch (2850 m) (www.schnalstal.com).

Südtirol: Im ganzen Land flackern die **Bergfeuer**. Der Brauch hat seinen Ursprung im Herz-Jesu-Gelöbnis, welches die Tiroler 1796 leisteten. Der junge Napoleon hatte Trient erobert und marschierte gegen Norden. Da gelobten die Tiroler, das »**Herz-Jesu-Fest**« besonders feierlich zu begehen, sollte der Feind aufgehalten werden. Und der Bund mit dem lieben Gott trug Früchte: Napoleons Truppen wurden an der Landesgrenze bei Salurn besiegt. Termin: 2. oder 3. Sonntag nach Pfingsten.

Gröden/Badia: Am 3. Sonntag im Juni sind Grödner- und Sella-Joch sowie Pordoi- und Campolongopass ausschließlich für Radsportfreunde reserviert (von 8.30 bis 15.30 Uhr). Der »**Sellaronda Bike Day**« lockt jedes Jahr mehrere Tausend Hobby-Radler an (www.sellarondabikeday.com).

Bozen/Brixen/Meran/Sterzing: Beim »**Südtirol Jazz Festival**« wird zehn Tage lang auf Straßen und Plätzen, in mittelalterlichen Burgen und modernen Konzertsälen gefeiert. Termin: Ende Juni/Anfang Juli (www.suedtiroljazzfestival.com).

JULI

Gröden/Badia: Die »**Maratona dles Dolomites**« (Dolomiten-Radmarathon) wird auf drei verschiedenen Strecken unterschiedlicher Schwierigkeitsgrade ausgetragen. Eine touristische Großveranstaltung für Radamateure aus der ganzen Welt. Termin: Erster Juli-Sonntag (www.maratona.it).

Dorf Tirol: Die »**Soireen von Schloss Tirol**« bieten musikalische Werke aus der Zeit des Mittelalters und der Renaissance, Termin: immer donnerstags ab Ende Juni bis Anfang August (www.meranofestival.com).

Schenna: Die »**Südtirol Classic**« ist der prestigeträchtigste Wettbewerb für Oldtimer-Freunde. Vier Tage lang werden von Schenna aus Fahrten durch das ganze Land unternommen. Die Teilnehmerzahl ist beschränkt. Termin: Erste Julihälfte (www.suedtirolclassic.com).

Toblach: Die »**Gustav Mahler-Wochen**« sind eine Reminiszenz an den berühmten Urlaubsgast. Termin: Zweite Juli-Hälfte (www.gustav-mahler.it).

Kaltern: Die »**Kalterer Seespiele**« bringen ab Mitte Juli Musicals und Konzerte auf die Seebühne. Termine siehe: www.kaltern.com

Sand in Taufers: Kochen unter freiem Himmel, und natürlich sind regionale – vor allem Pusterer – Spezialitäten auf den Speisekarten zu finden. Die »**Tauferer Straßenkuchl**« ist jeden Dienstag im Juli und August geöffnet (www.tauferer.ahrntal.com).

Ritten: Die längste Tradition im Südtiroler Freilicht-Theaterkalender haben die Rittner Sommerspiele. Seit 1973 wird im Kommen-

Archaisches Schauspiel
Die jährlichen Schafübertriebe vom Südtiroler Schnals- ins Tiroler Ötztal und zurück gehören seit 2011 zum immateriellen UNESCO-Welterbe.

dehof von Lengmoos Theater gespielt. Von Shakespeare bis Dürrenmatt und Mitterer. Termin: Mitte Juli bis Mitte August (www.rittnersommerspiele.com).

St. Pauls (Eppan): Die »**Wein-Kultur-Wochen**« im historischen Ambiente drehen sich nicht nur, aber vor allem um den Wein. Es gibt Vorträge, Autorenlesungen, Konzerte

Der ganze Stolz der Bäuerinnen …
… ist ihre Sonntagstracht. Sie wird bei jeder festlichen Gelegenheit, ob Feiertag oder Familienfest, getragen.

und die lange Tafel, ein Abendessen im Freien für Gourmets. Termin: Letzte Juli-Dekade (www.eppan.com).

AUGUST

St. Ulrich/Gröden: Bei der Skulpturenmesse »**Unika**« geht es um die Holzbildhauerei. Unika steht für Unikate. In der Freilicht-Werkstatt geben Bildhauer, Holzschnitzer, Vergolder und andere Kunsthandwerker vier Tage lang einen Einblick in ihr Können. Termin: Dritte Augustwoche (www.unika.org).

Meran: Das internationale Festival der »**Meraner Musikwochen**« nimmt einen Top-10-Platz im internationalen Festivalkalender der klassischen Musik ein. Die Reihe umfasst rund zehn Konzerte innerhalb von vier Wochen und beginnt Ende August (www.meranofestival.com).

Bozen: Der internationale »**Klavierwettbewerb F. Busoni**« ist einer der renommiertesten weltweit. Termin: August/September (www.concorsobusoni.it).

Schluderns: Die Churburg bietet eine ideale Kulisse für die **Südtiroler Ritterspiele** in Schluderns. Drei Tage lang sind über 1000 Beteiligte im Einsatz, bei Schaukämpfen und Markttreiben. Termin: Vorletztes Wochenende im August (www.ritterspiele.it).

Laas: Der Name ist Programm: Alles dreht sich um jene beiden Produkte, die das Dorf über die Grenzen des Landes hinaus berühmt gemacht haben: »**Marmor und Marillen**«, also Aprikosen. Termin: Erstes Wochenende im August (www.vinschgau.net).

Der Star ist die Marille
Es gibt kaum eine Hausfrau, die nicht ein paar Kilo Vinschger Marillen in köstliche Marmelade oder Kompott verwandelt.

Ritterliches Schauspiel
Alljährlich im August begeistern Schlachtszenen, Ritterturniere und anderes mittelalterliches Treiben bei den Südtiroler Ritterspielen in Schluderns Jung und Alt.

SEPTEMBER

Sexten: Ein Tipp für die ganz Sportlichen: der »**Drei Zinnen-Alpin-Marathon**«. Auf der 21 km langen Strecke von Sexten ins Fischleintal bis zur Drei Zinnen-Hütte müssen 1500 Höhenmeter überwunden werden. Die Teilnehmerzahl ist auf 1000 begrenzt. Termin: Zweiter Sonntag im September (www.dreizinnenlauf.com).

Kaltern: Der historische Marktplatz und die »**Kalterer Weintage**« bieten einen stilvollen Rahmen für die originelle Präsentation heimischer Weine. Termin: Anfang September (www.wein.kaltern.com).

Gröden/Badia: Herbstausgabe des »**Sellaronda Bike Day**« (siehe Juni). Termin: Mitte des Monats (www.sellarondabikeday.com).

Meran: Der Höhepunkt der Galoppsportsaison in Untermais ist der »**Große Preis von Meran**«, das höchstdotierte Hürdenrennen im italienischen Pferderennsport. Termin: 3. oder 4. Sonntag im September (www.meraninfo.com).

Ulten: Auf die Spuren einer bäuerlichen Tradition begibt sich, wer die »**Ultner Lammwochen**« besucht. Auf dem Markt in Kuppelwies (bei St. Walburg) gibt es Woll- und Filzprodukte und kulinarische Speziali-

SÜDTIROL KOMPAKT
ALLES AUF EINEN BLICK

täten. Termin: Letzte Dekade im September und Anfang Oktober (www.ulten-deutschnonsberg.info).

OKTOBER

Brixen/Villnöss: Jedes Tal hat seine kulinarische Spezialität auch auf dem »Brot- und Strudelmarkt« am Domplatz. Und zeitgleich wird in St. Magdalena in Villnöss das »Speckfest« gefeiert. Termin: Erstes Oktober-Wochenende (www.suedtirolerspezialitaeten.com).

Kastelruth: Nach dem Open Air (siehe Juni) gibt es im Herbst das »Kastelruther Spatzenfest« als Zeltfestausgabe. Drei Tag lang darf mitgesungen und geschunkelt werden (www.kastelrutherspatzen.de).

Brixen: Der Berg ruft! Internationale Größen der Bergsteigerszene tauschen beim »International Mountain Summit (IMS)« in Brixen Ideen aus und halten Vorträge. Termin: Mitte Oktober (www.ims.bz).

Meran: Das traditionsreichste Folklore-Fest Südtirols ist das **Meraner Traubenfest** (auch: Herbstfest). Am großen Festzug durch die Stadt nehmen auch Musik- und Trachtengruppen aus Österreich, Bayern und dem Trentino teil. Termin: Drittes Oktober-Wochenende (www.meraninfo.it).

Eisacktal/Lana: Die »Köschtn«, also Kastanien, sind reif. Bei den »Eisacktaler Kastanienwochen« und beim »Köschtnriggl« in Lana, Völlan und Tisens kann man sich in den Gasthöfen davon überzeugen. Termin: Ab Mitte Oktober und November.

NOVEMBER

Glurns: Der »Sealamorkt« (Seelenmarkt) an Allerseelen ist einer der liebenswertesten Märkte Südtirols (www.suedtirolerland.it).

Meran: Treffpunkt der renommiertesten Weinproduzenten aus aller Welt ist im Kurhaus das »Merano Wine Festival«. Bei der parallel stattfindenden »Culinaria« werden italienische Spezialitäten verkostet. Termin: Anfang November (www.meranowinefestival.com).

Riesige Fangemeinde
Norbert Rier, Frontsänger der Kastelruther Spatzen, sorgt mit seiner Band bei einer treuen Fangemeinde für gute Laune. Die Südtiroler Band gibt es schon seit 1975.

Festumzug in Meran
Seit 1886 begeistert das bekannte Traubenfest jährlich am dritten Oktober-Wochenende Tausende von Zuschauern in der Meraner Innenstadt.

Bozen/Meran/Brixen/Bruneck/Sterzing: In den Städten des Landes, aber auch in vielen kleineren Orten sind **Christkindl- bzw. Weihnachtsmärkte** in der Adventszeit und darüber hinaus eine feste Einrichtung. Termin: Ab Ende November (www.suedtirol-it.com).

DEZEMBER

Gröden/Alta Badia: Fixpunkt im jährlichen Rennkalender des »Alpinen Ski-Weltcups« der Herren sind die Speed-Rennen auf der Saslong-Piste in Gröden (Super G und Abfahrt) und der Riesentorlauf in Alta Badia auf der Piste Gran Risa. Termin: 3. Wochenende im Dezember (www.saslong.com).

Bozen: Die »Bo-Classic« gehört zu den prestigeträchtigsten Silvesterläufen der Welt. Jedes Jahr sind zahlreiche Top-Athleten (Männer und Frauen) der internationalen Laufszene am Start. Der Lauf geht durch den Altstadtkern mit Start und Ziel am Waltherplatz. Termin: 31. Dezember (www.boclassic.it).

Register

Ahr 33
Ahrntal 181, 195, 196-199
Albert II. von Tirol 86
Albuin, Bischof 170
Aldein 140
Algund 92
Allitz 68
Alpenvereine 37, 38-39, 215
Alta Badia 158-159, 220
Altrei 140-141
Alt-Schluderbach 207
Ampezzaner Dolomiten 204
Andrian 91
Antholzer See 37, 201
Antholzer Tal 11, 25, 34, 200-201, 216
Antholz-Mittertal 201, 216
Apfelanbau 12, 22-23, 68-69, 92-93
Arunda 109
Auer 24, 138-140, 220
Auer, Karl 146

Bad Salomonsbrunn 200
Bad Süß 52, 112
Baden 32-33
Barbian 167
Bauernbad 112, 167
Benn, Gottfried 35
Bergbauern 25
Bergbaumuseum, Südtiroler 181, 198
Bergisel, Schlacht am 15
Bergila 191
Biathlon 200-201, 216
Bienenmuseum Plattnerhof 111
Bismarck, Otto von 45
Blaas, Josef 74
Bletterbachschlucht 140
Botanischer Landesgarten 82-83
Bozen 102-107
Brenner 13, 16, 27, 80, 144, 165, 176, 178, 184-185, 210, 212
Brenner-Autobahn 135, 162, 176, 186-187, 214
Brennerbad 45, 186
Brixen 33, 51, 53, 128, 133, 169, 170-173, 174, 176, 193, 210-212, 220
Bruneck 39, 49, 118, 176, 190, 191-194, 216, 220
Brunnenburg 84
Buchenstein 144
Buchholz 138
Burg Branzoll 164
Burg Greifenstein 91
Burg Karneid 116
Burg Rodenegg 190
Burg Schöneck 118, 190
Burg Taufers 196-197
Burgeis 58
Burggrafenamt 77-99
Burgstall 90
Buschenschank 52-53, 74

Campilltal 155, 156-157
Cans 158
Caroline von Monaco 43
Castelfelder 139
Chenot, Henri 43
Churburg 13, 49, 60, 70
Churchill, G. C. 144
Churchill, Winston 116-117
Ciampinoi 151
Club Alpino Italiano 37, 39, 215
Col Raiser 151
Comici, Emilio 151
Conturines-Massiv 159
Corvara 154, 158, 159

Damasus II., Papst 170
Dantercepies 151
Defregger Berge 206
Designer-Outlet DOB 185
Deutschnofen 37, 116-117, 140
Deutschnonsberg 51, 94
Dietenheim 194-195
Dietrich von Bern 40, 105
Dolomieu, Déodat de 41
Dolomiten 40-41
Dolomiti-Superski 34, 146
Dorf Tirol 33, 34, 81, 85, 218
Drau 49
Drei Zinnen 205, 206
Dreikirchen 50, 166
Dreischusterspitze 205, 207
Dreizinnenhütte 205
Dürer, Albrecht 162, 164
Durnholz 115
Dürrensee 206
Dürrenstein 204
Düsseldorfer Hütte 39, 75

E5 37, 39, 141
Eggental 116-117, 144
Eggerberg 203
Eisacktal 160-175
Eisjöchl-Hütte 84
Elisabeth von Österreich 82-83, 116-117
Enneberg 154
Entiklar 136
Eppan 124-127, 136, 210, 217
Eppaner Burgenrunde 124
Eppaner Eislöcher 127
Erdpyramiden 110, 112-113
Ernst August von Monaco 43
Erzherzog Sigmund 12
Etsch 33
Etschquelle 57
Etsch-Radweg 48
Etschtal 90-91
Europäischer Fernwanderweg Nr. 5 37, 39, 141

Faschismus 16-17, 39, 78, 102, 105, 212
Fassatal 144
Feldthurns 165, 166, 220
Fennberg 136-137, 138
Fenner See 136
Ferdinand I., Kaiser 18, 78, 211
Fermeda 169
Feste 20-21
Fischburg 149
Fischleintal 205, 207
Flaas 108
Flora, Paul 63
Franz I., Kaiser 174, 176
Franz Joseph I., Kaiser 35
Franzensfeste 176-177, 178
Freiheitskampf, Tiroler 14-15, 18, 78, 164, 176
Fresken 57, 59, 67, 70, 105-106, 115, 121, 125, 135, 171, 173, 174, 190, 196, 200
Freud, Sigmund 110
Friedrich Barbarossa, Kaiser 86, 140
Friedrich IV., Herzog 84
Fugger 178
Fürstenburg 59

Gadertal 47, 144, 146, 154-155, 156, 195
Gais 196
Gaismair, Michael 18, 170, 203, 211
Gampenjoch 49, 94
Gantkofel 32, 124, 127
Gardenaccia 158
Gargazon 90-91
Garn 165
Geierberg 138
Geiselberg 200
Geiselberger Hütte 39
Geislerspitzen 149, 160-161, 168
Gfrill 138
Gilbert, J. 144
Gilfenklamm 182
Girlan 67, 124, 126-127
Gitschberg 190
Gletschermumie 13, 72-73, 106-107, 212
Glurns 20, 49, 62-63, 66, 220
Goess-Enzenberg, Michael von 132-133
Goethe 35, 103, 184
Gossensass 186-187
Grafen Hendl 70-71, 74
Grafen Trapp 60
Grafen von Brandis 93
Grafen von Eppan 84-85, 124-125
Grafen von Künigl 191
Grafen von Matsch 60
Grafen von Meran 85, 210
Grafen von Tirol 70, 84-85, 86, 124, 210
Grafen Wolkenstein 151
Gran-Risa-Bahn 146
Graun 56-57, 58, 136
Grawand-Gletscher 72
Gries 105-106, 193
Grödner Joch 47, 146, 154, 158, 159
Grödner Tal 118, 144, 148-151, 152-153, 216, 219, 220
Grohmann, Paul 205
Große Dolomitenstraße 47
Große Reisch 115
Gschwell 57
Gsieser Tal 11, 34, 202-203
Gudifaun 162, 169
Günther, Mathäus 174

Haflinger Hochplateau 96-97, 108-109
Haflingerpferde 98-99, 108, 217
Haidersee 58, 200
Haller, Josef Valentin 78
Hans von Bruneck 175
Haspinger, Joachim 15, 18, 164
Haunold 207
Hauptmann, Gerhart 104
Hauslabjoch 13, 107
Haydn, Joseph 57
Heiligkreuzkofel 154-155, 158
Heinrich der Löwe 125
Heinrich von Montfort 60
Heinrich, Graf von Tirol 73
Hellenstainer, Emma 35, 204
Herder, Johann Gottfried 103
Herren von Tarasp 59
Herz-Jesu-Feuer 21
Heubad 43, 45, 120
Hill, Terence 204
Hinterkirch 57
Hirzer 36
Hitler, Adolf 16, 184, 212
Hochabtei 158
Hochfeiler 181
Hochgall 200
Hochmuter 33
Hochpustertal 204-207
Hofer, Andreas 14-16, 18, 27, 37, 57, 86-87, 138, 176, 211
Hofmannsthal, Hugo 35, 202
Hohe Gaisl 204
Höhlensteintal 205, 206
Holzer, Josepha 45
Holzschnitzer 150, 152-153
Huber, Johann 78
Hutter, Jakob 203, 211

Ibsen, Henrik 186
Ifinger 96
Innerfeldtal 205, 207
Innerkofler, Franz 205
Innerkofler, Johann 205
Innerkofler, Michael 205
Innerkofler, Sepp 205
Innerpichl 202
Innerprags 206
Innichen 206-207, 210, 216, 219
Issinger Weiher 190

Jaufenpass 49, 79, 88, 180
Jaufensteg 183
Jenesien 37, 99, 108
Jenner, Matthias 165
Jochgrimm 140
Johann III. von Portugal 173
Johann, Erzherzog 65, 85
Johannes Paul II., Papst 140
Johnson und Dipoli 138
Joseph II., Kaiser 73, 211
Jung, C. G. 110

Kajak 33
Kaltenbrunn 37
Kalterer See 11, 32, 33, 49, 124, 125, 128-131, 132, 200, 214
Kaltern 124, 128-131, 132, 135, 136, 217, 218, 219
Kammerlander, Hans 37
Kapron 57
Karerpass 33, 116-117, 144
Karersee 204

221

SÜDTIROL KOMPAKT
ALLES AUF EINEN BLICK

Karl II. von Spanien 163
Karthaus 73
Kasern 199
Kastelaz 134–135
Kastelbell 22, 34, 71
Kastelruth 21, 23, 118, 121, 217
Kastelruther Spatzen 18, 118
Katharinaberg 73
Kiens 190
Klammljoch 196
Klausen 148, 162–165, 169, 203
Klausener Hütte 165
Klobenstein 110, 112, 113, 166
Kloster Heiligkreuz 158
Kloster Marienberg 13, 55, 59–60, 62
Kloster Neustift 13, 170, 172, 174–175, 193
Kloster Säben 164–165
Kloster Sonnenburg 191
Knottnkino 97
Kolfuschg 158
Kollmann 166
Kompatsch 118–119
Königsspitze 41, 64
Kortsch 68–69
Kostner, Isolde 146
Kratzberger See 33
Kreisky, Bruno 26
Kreuzbergpass 205
Kreuzkofelgruppe 191
Krimmler Tauern 196, 197
Kronplatz 39, 154, 191, 200, 216
Küchelberg 79–81
Kurtatsch 28
Kurtinig 124, 136–137
Kurzras 72

Laas 61, 66, 68, 83, 91, 210, 219
Ladinien 47, 142–159
Ladinische Volksgruppe 145, 154–155
Lajener Ried 162
Lamprechtsburg 193
Lana 33, 45, 51, 91, 92–93, 218, 220
Landshuter Höhenweg 39
Lanebach 196
Laner, Jul Bruno 132
Lang, Matthias 60
Langental 151
Langkofel 100–101, 108, 112, 146, 149, 151, 155, 160–161
Langtauferer Gletscherlehrpfad 57
Langtaufers 57
Latemar 116–117
Latsch 48, 66, 70, 210
Latzfons 165
Laurein 94
Laurin 40, 116
Lavazé-Joch 116
Lechner, Ludwig 61
Lefebvre, General 15, 176
Lehár, Franz 186
Lengmoos 110, 112
Lengstein 100–101
Leonardo da Vinci 163
Lichtenberg-Tour 49
Loretoschatz 163
Lunz 158
Luttach 198

Madritschjoch 67
Magdeburger Hütte 39
Mahler, Gustav 206–207, 218
Maiern 182
Mals 48, 58–59, 62, 63, 218
Mals-Burgeis 58
Malser Haide 54–55, 58–60, 215
Manincor, Hieronymus 132–133
Mann, Heinrich 45
Mann, Thomas 45, 105
Maradona, Diego Armando 43
Maratona dles Dolomites 49
Maria-Anna von Pfalz-Neuburg 163
Mareit 183
Margarethe von Schwangau 121
Margreid 49, 136–137
Maria Saal 112
Maria Theresia, Kaiserin 211
Maria Weißenstein 21, 33, 140
Maria-Anna von Pfalz-Neuburg 163
Marling 92
Marlinger Berg 92, 93
Martelltal 23, 46, 66
Mauls 176, 178
Maximilian I., Kaiser 78, 210
Maximilian, Erzherzog 173
Mazzon 138
Medici, Claudia de' 102, 211
Meinhard II., Graf 79–80, 84, 91, 210
Meister von Uttenheim 175
Melag 57
Mendelgebirge 127, 136, 138
Mendelpass 131
Meran 78–81
Meran 2000 33, 37, 97, 115
Meraner Höhenweg 84–85
Meransen 33, 190
Mesner, Franz 97
Messner, Reinhold 19, 37, 41, 65, 74–75, 168
Micurà de Rü 154
Misci 156–157
Missian 124, 126
Mittelberg 112
Mitterbad 45
Mitterberg 128
Mittewald 178
MMM Messner Mountain Museum 74–75
Mölten 37, 97, 108, 109, 115
Möltener Joch 108
Möltner Kaser 108
Montan 138, 140
Monte Pana 151
Monte Piz 149
Montiggl 127
Montiggler See 11, 33, 124, 125
Moos 86, 89
Moretti, Tobias 18
Morgenstern, Christian 35, 167
Moroder, Giorgio 150
Mühlbach 33, 190, 196, 218
Mühlbacher Klause 190
Muri Gries 105, 108
Musil, Robert 105
Mussolini, Benito 16–17, 23, 184, 212
Muti, Ornella 43

Nafen 169
Nals 91
Napoleon 14–16, 18, 86, 165, 176, 211
Nationalpark Stilfser Joch 66–67
Naturns 13, 68–69, 70
Naturpark Fanes-Sennes-Prags 154, 204
Naturpark Puez-Geisler 169
Naturpark Trudner Horn 37, 138, 140–141
Natz-Schabs 217, 220
Naudersberg 58
Neumarkt 138, 139, 140
Nibelungenlied 67
Niederlana 93
Nikolaus von Kues 170
Noe, Heinrich 105
Nörderberg 68–69

Oberbozen 110–111, 112
Obereggen 116
Obermontani 67
Oberpurgstainer, Peter 173
Olang 200, 216
Ortler 36, 41, 64–65, 68, 75, 112, 158, 205
Oswald von Wolkenstein 18, 99, 118, 121, 134–135, 174, 190, 217
Otto von Görz und Tirol 178
Ötzi 13, 72–73, 106–107, 212
Ötztal 73
Ötztaler Alpen 37, 57, 86, 89, 106, 112

Pacher, Friedrich 175
Pacher, Michael 192–193, 202–203
Palabirnen 61
Panoramahütte 39
Panoramastraßen 46–47
Pardell 165
Partschins 92
Passeiertal 14, 37, 78, 84, 85, 86–89, 178, 181, 195
Passer 33
Pavarotti, Luciano 43
Payer, Julius 65
Pederü 154
Pedraces 158
Pedroß 57
Peintner, Martin 174
Peitlerkofel 155, 156
Pemmern 112
Penser Joch 115
Pergl 132
Petersberg 33
Pfalzen 176, 190
Pfitsch 181
Pfitscher Joch 181
Pfitscher Tal 178, 180–181
Pflerschtal 41, 186–187
Pfunderer Berge 181
Piacentini, Marcello 16
Pichler, Josef 65
Pikolein 155
Pinggera, Johann 65
Pinzon 138
Piz La Ila 146
Piz Sella 151

Plan de Gralba 151
Plätzwiesen 204
Plessi-Raststätte 185
Plochl, Anna 85
Plose 160–161
Pontifeser, Gabriel 163
Pordoi 146
Posch, Andre 173
Pound, Ezra 84
Prad 49, 66
Pragser Tal 204
Pragser Wildsee 33, 35, 188–189, 204, 206
Prettau 181, 198
Primele, Ulrich 58
Prissian 90, 94
Prodoijoch 144
Proveis 94
Puflatsch 40, 119
Puntleid 176
Pustertal 188–207

Rabenkofel 139
Radein 140
Radlsee 33
Radlseehütte 38
Ragen, Ansitz 193
Raintal 196
Rampold, Josef 166
Ranui 168, 169
Raschötzer Wald 149
Rasen 200
Ratschings 183
Ratschings-Tal 182–183
Ratzes 118
Rautal 154
Regglberg 138
Reichlich, Max 175
Reischach 39
Reiten 98–99
Reiterer, Josef 109
Reschenpass 48, 54–55, 56–57, 79, 91, 214
Reschensee 32–33, 56–57, 58
Ridnauntal 37, 89, 181–183
Rienz 49
Riesenferner 196
Riesenfernerhütte 38
Riffian 21, 86
Rilke, Rainer Maria 35
Riol 176
Ritten 21, 52, 100–101, 110–113, 166, 217, 218
Rittner Horn 112, 166
Ritzlár 165
Rojen 57
Rosengarten 36, 40–41, 108, 116–117, 146
Rosso, Gambero 24
Rote Wand 200
Rotensteinkogl 97
Rowland, William 74
Rubens 163
Ruine Haderburg 138
Ruine Hauenstein 118
Ruine Leuchtenburg 128, 132
Ruine Neuhaus 91
Ruine Wolkenstein 151
Runch 158

Rungg 134

Saalong-Piste 146
Säben 170
Sachsenklemme 176
Salcher, Peter 205
Saltaus 86
Salten 25, 36, 37, 97, 108
Saltnuss 88
Salurn 48, 69, 133, 138
Salurner Klause 48, 125, 136, 138, 139
Sand in Taufers 196, 218, 219
Santnerspitze 118
Sarntal 105, 114–115, 178, 195
Sarntaler Alpen 33–34, 36, 37
Sarnthein 115
Sass Rigais 169
Schengen-Abkommen 27, 185
Schenna 23, 47, 85, 218
Schlanders 11, 61, 69–70, 133
Schlern 18, 40, 45, 52, 108, 112, 118–121, 205
Schlernbodenhütte 38
Schloss Annenberg 70
Schloss Baslan 99
Schloss Boymont 122–123, 124–125, 127
Schloss Brandis 93
Schloss Bruneck 191–192
Schloss Ehrenburg 190–191
Schloss Gandegg 127
Schloss Garnstein 165
Schloss Goldrain 49, 70
Schloss Hauenstein 18
Schloss Hocheppan 122–123, 124–125, 127
Schloss Juval 74–75
Schloss Klebenstein 105
Schloss Korb 122–123, 124
Schloss Labers 11
Schloss Lebenberg 92
Schloss Moos 180
Schloss Prösels 120, 121
Schloss Rendelstein 105
Schloss Ringberg 128
Schloss Rottenstein 82
Schloss Runkelstein 105–106
Schloss Runkelstein 105
Schloss Sigmundskron 12
Schloss Summersberg 162
Schloss Thurn 155
Schloss Thurnstein 81
Schloss Tirol 13, 78, 79, 84–85, 86, 210
Schloss Trauttmansdorff 78, 81, 82–83
Schloss Velthurns 165
Schloss Welsperg 203
Schloss Wolfsthurn 182–183
Schluderns 60, 63, 98
Schlüter, Franz 39
Schlüterhütte 39
Schnalstal 58, 72–73, 106, 210
Schnatterpeck, Hans 93
Schneeberg 88, 181
Schnitzler, Arthur 35, 202
Schrambach 166
Schupfenfest 108
Schutzhäuser 38–39
Schwanburg 91

Schwanthaler, Ludwig 61
Schwarze Lacke 176
Schwarzenberg, Mathilde, Fürstin 78
Schwarzhorn 140
Secadabahn 149
Seefeldsee 33
Seekofel 188–189, 204
Segeln 32
Seis 118–119, 217
Seiser Alm 11, 34, 41, 45, 112, 118–120, 144, 148
Sekt 109
Sella 100–101, 142–143, 144–145, 149, 155
Sellajoch 47
Sellaronda 34, 146–147, 216
Seres 156–157
Sexten 41, 207, 219
Sextner Dolomiten 41, 204–207
Sextental 207
Sigmund, Herzog 78, 170, 179, 186
Sigmund, König 121
Sigmundskron 12–13, 26, 213
Silvestertal 206
Similaungletscher 106–107
Sinich 16
Skifahren 34
Ski-Weltcup 146
Söll 134, 135
Sonnenberg 61, 68–71, 74
Sonnenburg 191
Spinges 190
Spitzweg, Carl 163
Spondinig 35
Spronser Seen 33
St. Anton 131
St. Christina 149–151
St. Gertraud 95
St. Jakob am Joch 169
St. Jakob in Lafenn 108
St. Jakob 180–181
St. Johann 35
St. Kassian 159
St. Katharina 96
St. Leonhard 86–87, 88, 154
St. Lorenzen 154, 190, 203, 210
St. Magdalena in Kampidell 108
St. Magdalena 169
St. Martin am Schneeberg 181
St. Martin im Kofel 70
St. Martin in Thurn 155, 156
St. Martin 86
St. Michael 124–127
St. Nikolaus 95
St. Pauls 124, 126–127, 218
St. Peter 169
St. Prokulus 70
St. Ulrich 42, 146, 148–150
St. Valentin auf der Haide 58
St. Vigil 154
Staffler, Franz 35
Staller Sattel 201, 214
Stampferbad 201
Stange 183
Stein 181
Steinhaus 198
Sterzing 23, 178–179, 180, 210, 220
Sterzinger Moos 180
Stettiner Hütte 39

Steub, Ludwig 78, 94, 195
Stilfser Joch 35, 47, 49, 65, 89
Stina Sella Alm 150
Stoanerne Mandeln 114–115
Stofels 167
Strauss, Richard 186
Stubaier Alpen 86, 112, 182
Stürz, Willi 24
Stufels 128
Südtirol Classic 47, 218
Südtiroler Archäologiemuseum 13, 106–107
Südtiroler Bergbaumuseum 181
Südtiroler Küche 50–51
Südtiroler Weinmuseum 128
Sulden 64–65, 67
Surfen 32

Talfer 114
Tappeiner, Franz 81
Tappeiner-Weg 12, 81
Tarsch 48
Tartscher-Bühel 62
Tauferer Ahrntal 196–199
Teis 169
Telfner Sattel 118
Teplitzer Hütte 39
Terenten 190, 191
Terlan 51, 90–91
Terner Bühel 191
Texelgruppe 33, 84, 139
Thinneschlucht 166
Thinnetal 165
Thöni, Gustav 65
Thun, Matteo 43, 44
Timmelsjoch 37, 88–89, 214
Tisens 94
Tisenser Mittelgebirge 90–91
Toblach 203, 206–207, 216, 218
Toblacher See 13, 49, 206
Tolomei, Ettore 16
Tomba, Alberto 158
Törggelen 52–53
Trafoi 21, 65
Tramin 20, 48, 124, 134–135, 136, 195, 216, 218
Trenker, Luis 41, 148
Tribulaun 41, 187
Troger, Paul 171
Trostburg 18, 121
Trudner Höhenweg 141
Trudner Horn 140
Tschars 68
Tscherms 92, 99
Tschögglberg 96–97, 99, 108–109
Tschötsch 166

Überetsch 122–133
Ultental 45, 51, 67, 94–95
Ultner Talmuseum 95
Unser Frau-St.-Felix 94
Unsere Frau in Schnals 72–73
Unterinn 113
Unterland 134–141
Untermontani 67
Uttenheim 196

Vahrn 133
Vals 190

Vellau-Algund 84
Verdings 165
Vernagt-See 73
Vian, J. A. 152
Vigiljoch 93
Viles 154, 156–157, 158
Villanderer Alm 166
Villanders 166
Villermoos 180
Villnösser Tal 39, 168–169
Vilpian 90, 108
Vinschgau 54–75
Vinschger Oberland 58–59
Vintl 190
Vintler, Franz von 105
Vintler, Nikolaus von 105
Volkskundemuseum Dietenheim 194–195
Völlan 45, 51, 92–93, 94, 220
Völs 43, 45, 51, 120, 217
Völan 25, 97

Waalwege 25, 37, 58, 69, 71, 74, 81, 92
Waidbruck 121, 166
Waldner, Sepp 99
Walten 88
Walther von der Vogelweide 18–19, 20, 57, 102, 162
Weber, Beda 67
Wein 23–24, 132–133, 175
Weinmuseum 128
Weinritt 24
Weinstraße 49, 91, 124
Weißbrunn 95
Weißhorn 140
Weißkugel 37, 57
Wellness 42–45
Welsberg 202
Welschnofen 116–117
Weltcup 149, 158, 200–201, 216
Wengen 155, 158
Wiesen 181
Wilde Freiger 37, 182
Wilde Kreuzspitze 176
Wilder Pfaff 182
Wilder See 176
Windegg, Ansitz 128
Windlahn 115
Wipptal 176–187
Withwell 204
Wolfsgruben 111
Wolkenstein 23, 149–151
Würzjoch 155

Zallinger, Josef von 211
Zebrú 64
Zenoburg 79, 81
Zidane, Zinedine 43
Zingerle, Ignaz Vinzenz 162
Zuckerhütl 182
Zuegg, Luis 93
Zufall 67
Zufall-Hütte 38–39
Zufallspitze 41, 66
Zufritt-Stausee 66–67
Zweig, Stefan 11, 35
Zwischenwasser 154

IMPRESSUM/BILDNACHWEIS

Autor
Robert Asam

Fotografie
Udo Bernhart, Ernst Wrba

Kartografie
Elsner & Schichor, Karlsruhe: 6–7, 55, 77, 81, 101, 105, 119, 123, 141, 143, 158, 161, 165, 189, 206;
Anneli Nau, München: 12, 39, 48, 67, 69, 91, 112, 124, 129, 151, 167, 172, 183, 196, 203

Wandertipps
Robert Asam: 39, 48, 67, 69. 124;
Helmut Dumler: 12, 151, 183, 196, 203;
Manfred Föger und Karin Pegoraro: 81, 105, 119, 141, 158, 165, 206;
Georg Weindl: 91, 112, 124, 129, 167, 172

Bildnachweis
o = oben, u = unten, l = links,
r = rechts, M = Mitte:
Udo Bernhart: Umschlagvorder- und rückseite, 1, 2-3, 9 (1. und 2. von oben), 12 (2), 16, 17o, 17u, 18, 19ur, 20 u, 22, 23 (2), 24 (2), 25 (3), 26, 27 o, 30, 31 (1.,2.3. und 5. von oben), 33r, 34 (2), 38 (2), 40o, 43 or, 44 (2), 45o, 46, 47(2), 48, 49, 50l, 50-51,51o, 54-55, 58 (2), 60 (3), 61 (2), 63 r., 64u, 68, 71, 72, 72-73, 73, 74–75 (4), 76-77, 82o, 83, 85 (2), 88l, 89, 90u, 103o und r, 105o, 112, 114o, 115o, 116, 119o, 121o, 124, 125 (2), 126-127, 127, 130 (2), 131, 132o.133 (2), 137r, 138l, 139u, 146l, 147o, 148 (2), 149, 150o, 151, 154–155 (drei Masken), 154u, 156u, 158o, 160-161, 163, 164l, 165u, 166, 167, 172, 174–175 (3), 184 (2), 191, 192u, 194l, 205 (2), 207l, 211ru, 212o, 214o, 215u, 216ur, 217 u, 217l, 217r, 219l, 219Mu, 219r.
Bildverlag Bildwerbung Dr. W. Bahnmüller: 177. Dumler, Helmut: 139o. Europa Wanderhotels: 45u. Arno Gisinger Atelier für Fotografie und Visual History, Innsbruck: 15. huber-images.de: 41o (Johanna Huber), 64o (Nicola Angeli), 78u, 81 (Gräfenhain), 102 (Stefano Amantini), 110-11 (Sandra Raccanello), 121 (Klaus Thiele), 204 (Gräfenhain). Landesberufsschule für Gast- und Nahrungsmittelgewerbe Emma Hellenstainer, Brixen: 35o. LOOk-foto: S.185 o (Andreas Strauß).
mauritius images: 32 (imageBROKER / Joerg Reuther), 33o (imageBROKER), 33u (imageBROKER / Martin Braito), 86 (Prisma), 95o (CuboImages), 111o imageBROKER / Martin Braito), 117u (imageBROKER / hwo), 146-147 (Peter Lehner), 163r (ANP Photo), 178-179 (Peter Lehner), 218u (Alamy). Mertz, Peter: 140–141. MEV Verlag GmbH, Augsburg: 91. Palace Merano - Espace Henri Chenot: 42 l. Picture Alliance: S. 37u, 57o (Westend61), 65 (Eventpress Herrmann), 91 u (Foodcollection),128-129 (Arco Images), 187 (blickwinkel), 194 (Bernhart), 200 (picturedesk). Ritschel, Bernd: 150u, 154u. Schaller, Martin: S. 185 u. Sei Südtiroler Archäologiemuseum, Bozen: 106o und u, 107l und r (Augustin Ochsenreiter). Tourismusverein Dorf Tirol: 218o. Tourismusverein Innichen/Foto Kromar: 216l. TZ Dolomiten-Archiv/HS: 176. Wanderhotel Jagdhof/Armin: 219r. Weinmuseum Kaltern: 128ro.

Alle anderen Bilder: Ernst Wrba

Umschlagvorderseite
Großes Bild: Bauernhof im Villnösstal; kleine Bilder: Trachtenhut aus Schenna, Weinkeller Werner Tscholl, Vinchgauer Brot © picture alliance/foodcollection)

Umschlagrückseite
Großes Bild: Schloss Kastellbell © Tourimusverein Kastelbel-Tschars/Udo Bernhart; kleine Bilder: Finailhof in Schnals, Laubengänge in Bozen.
Seite 1: Fronleichnamsprozession, Kastelruth
Seite 2-3: Kapelle St. Johann im Villnösstal
Seite 6-7: Reschensee

Verantwortlich: Dr. Birgit Kneip
Lektorat: Barbara Rusch
Layout: Annegret Wehland, Buch & Konzept, München; Frank Duffek, München
Herstellung: Bettina Schippel
Repro: Repro Ludwig, Zell am See
Druck und Binden: Neografia, Martin
Printed in Slovakia

★★★★★

Sind Sie mit diesem Titel zufrieden? Dann würden wir uns über Ihre Weiterempfehlung freuen.
Erzählen Sie es im Freundeskreis, berichten Sie Ihrem Buchhändler, oder bewerten Sie bei Onlinekauf.
Und wenn Sie Kritik, Korrekturen, Aktualisierungen haben, freuen wir uns über Ihre Nachricht an
Bruckmann Verlag
Postfach 40 02 09
D-80702 München
oder per E-Mail an
lektorat@verlagshaus.de.

Unser komplettes Programm finden Sie unter

www.bruckmann.de

Die Deutsche Nationalbibliothek verzeichnet diese Publikation in der Deutschen Nationalbibliografie; detaillierte bibliografische Daten sind im Internet über http://dnb.d-nb.de abrufbar.

Dieses Buch entstand in Zusammenarbeit zwischen der Bruckmann Verlag GmbH, der Reader's Digest Deutschland, Schweiz, Österreich – Verlag Das Beste GmbH und der ADAC Verlag GmbH & Co. KG, München

Grundlegend aktualisierte Ausgabe des Titels SÜDTIROL, Bucher Verlag 2003
© 2015, 2003 Bruckmann Verlag GmbH, München
Alle Rechte vorbehalten

ISBN 978-3-7343-0569-6